Profissão Docente
Profissionalidade e Autorregulação

*Coordenador do Conselho
Editorial de Educação*
Marcos Cezar de Freitas

Conselho Editorial de Educação
José Cerchi Fusari
Marcos Antonio Lorieri
Marli André
Pedro Goergen
Terezinha Azerêdo Rios
Valdemar Sguissardi
Vitor Henrique Paro

**Dados Internacionais de Catalogação na Publicação (CIP)
(Câmara Brasileira do Livro, SP, Brasil)**

Monteiro, A. Reis
  Profissão docente : profissionalidade e autorregulação / A. Reis Monteiro. – São Paulo : Cortez, 2015.

  Bibliografia.
  ISBN 978-85-249-2338-8

  1. Ensino 2. Prática de ensino 3. Professores - Formação profissional I. Título.

15-01933   CDD-370.71

Índices para catálogo sistemático:

1. Docência : Desenvolvimento profissional : Educação   370.71
2. Professores : Desenvolvimento profissional : Educação   370.71

A. Reis Monteiro

Profissão Docente

Profissionalidade e Autorregulação

PROFISSÃO DOCENTE: Profissionalidade e Autorregulação
A. Reis Monteiro

Capa: Cia. de Desenho
Preparação de originais: Carmen T. S. Costa
Revisão: Marcia Rodrigues Nunes
Composição: Linea Editora Ltda.
Coordenação editorial: Danilo A. Q. Morales

Nenhuma parte desta obra pode ser reproduzida ou duplicada sem autorização expressa do autor e do editor.

© 2014 by A. Reis Monteiro

Direitos para esta edição
CORTEZ EDITORA
Rua Monte Alegre, 1074 – Perdizes
05014-001 – São Paulo – SP
Tel. (11) 3864-0111   Fax: (11) 3864-4290
E-mail: cortez@cortezeditora.com.br
www.cortezeditora.com.br

Impresso no Brasil — maio de 2015

Sumário

Apresentação 7
Introdução 11

PRIMEIRA PARTE
Profissão e autorregulação profissional

1. Alguns conceitos 25
   1.1 Profissão 25
   1.2 Profissionalidade 28
   1.3 Profissionalismo 32
   1.4 Normas profissionais 35
   1.5 Outros conceitos 37

2. Autorregulação profissional 40
   2.1 Introdução histórica 40
   2.2 Regulação econômico-profissional 54
   2.3 Autorregulação das profissões 68
   2.4 Críticas e benefícios da autorregulação profissional 89
   2.5 Outras experiências 107

SEGUNDA PARTE

Autorregulação da profissão docente

3. Sobre a profissão docente 119
   3.1 Profissionalidade 119
   3.2 Identidade 137
   3.3 Qualidade 154
   3.4 Avaliação 166

4. O privilégio e a responsabilidade da autorregulação 181
   4.1 Panorama 182
   4.2 Resistências 208
   4.3 Benefícios 222
   4.4 Expansão 253

5. Futuro da profissão docente 264

Concluindo 275
Síntese 285
Referências 297

Apresentação

Em 2007, a McKinsey & Company publicou o relatório *How the World's Best-Performing School Systems Come out on Top*. Apresenta os resultados de um estudo sobre 25 sistemas educativos, na Ásia, América do Norte, Europa e Médio Oriente, realizado entre maio de 2006 e março de 2007. As escolas visitadas foram selecionadas como representativas dos dez melhores sistemas educativos do mundo, de acordo com os resultados do PISA (*Programme for International Student Assessment*), programa lançado em 1997 pela OCDE (Organização para a Cooperação Econômica e o Desenvolvimento; OECD em inglês) para avaliar os sistemas educativos com base nos resultados escolares obtidos por jovens de 15-16 anos. Incluía também escolas de sistemas educativos em rápido progresso e algumas de países em desenvolvimento (Arábia Saudita, Bahrain, Brasil, Emirados Árabes Unidos e Qatar). O relatório afirma: "A reforma da educação está no topo da agenda de quase todos os países do mundo", mas "o desempenho de muitos sistemas educativos pouco melhorou, durante décadas." Por exemplo, no Reino Unido, "um relatório publicado pela *National Foundation for Education Research* em 1996 demonstrava que, de 1948 a 1996, apesar de 50 anos de reformas, não houve significativa melhoria nos níveis de literacia e numeracia nas escolas inglesas" (BARBER; MOURSHED, 2007, p. 10).

Em 2008, foi publicado em França um *Livre Vert sur l'évolution du métier d'enseignant — Rapport au ministre de l'Éducation nationale*, elaborado por uma comissão presidida por Marcel Pochard. Nele se observa que muitas das suas conclusões sobre o estado da profissão docente, na França, são as mesmas a que já tinham chegado comissões anteriores, desde a comissão presidida por Alexandre Ribot (1899), passando pela comissão presidida por Louis Joxe (1972), até à comissão presidida por Claude Thélot (2004): burocracia, taylorismo, uniformização, falta de espaços e de condições de trabalho, mal-estar etc. (POCHARD, 2008, p. 12-13, 52).

Na realidade, desde há décadas que as escolas são estaleiros (para não dizer cemitérios) de reformas. Por quê? O bom diagnóstico é provavelmente o de Margaret D. LeCompte, a propósito dos EUA: "Um dos principais problemas com que se defronta a educação nos Estados Unidos, no começo do ano 2000, é a existência de um completo desfasamento entre o diagnóstico dos problemas educacionais e as soluções propostas" (LECOMPTE, 2009, p. 45).

Nas últimas décadas, além dos dois relatórios mencionados, foram publicados vários estudos e relatórios internacionais e nacionais sobre o estado da educação e da profissão.[1] Em 2011 e 2012, realiza-

---

1. Entre os quais:
— UNESCO (Organização das Nações Unidas para a Educação, a Ciência e a Cultura): *Learning to be: the world of education today and tomorrow* (FAURE, 1972), *Learning: the treasure within* (DELORS, 1996), *World education report — teachers and teaching in a changing world* (1998), *World education report — the right to education: towards education for all throughout life* (2000).
— OIT (Organização Internacional do Trabalho): *Handbook of good human resource practices in the teaching profession* (2012).
— Banco Mundial: *What matters most in teacher policies? — A framework for building a more effective teaching profession* (2012).
— OECD (Organização para a Cooperação Económica e o Desenvolvimento): *Teachers matter: attracting, developing and retaining effective teachers* (2005), *Building a high-quality teaching profession — lessons from around the world — background report for the international summit on the teaching profession* (2011a), *Strong performers and successful reformers in education — lessons from PISA for the United States* (2011b), *Teachers for the 21st century — using evaluation to improve teaching* (2013).
— Comissão Europeia: *Supporting the teaching professions for better learning outcomes* (2012).
— Estados Unidos (EUA): *Educating a profession* (AMERICAN ASSOCIATION OF COLLEGES FOR TEACHER EDUCATION, 1976), *A nation at risk: the imperative for educational reform* (NATIONAL COMMISSION ON EXCELLENCE IN EDUCATION, 1983), *The making of a profession* (AMERICAN

ram-se duas inéditas Cimeiras sobre a profissão docente, em Nova York, que continuaram em Amsterdã, em 2013. Três das suas principais conclusões podem ser assim enunciadas:

- A qualidade da profissão docente está no coração da qualidade da educação.
- Todavia, a profissão tende para o declínio, na maior parte dos países do mundo.
- Selecionar, formar, tratar e confiar nas professoras e professores como profissionais é essencial para elevar a qualidade da profissão e melhorar a qualidade da educação.

Em 2007, o relatório How the World's best-performing school systemss come out on top (BARBER; MOURSCHED, 2007, p. 40) apresenta os resultados de um estudo sobre 25 sistemas educativos E como afirma um relatório da OECD, "dar aos professores/professoras responsabilidade como profissionais e condutores da reforma" é "talvez o maior desafio da reforma" (OECD, 2011a, p. 5, 55).

FEDERATION OF TEACHERS, 1985), *A nation prepared: teachers for the 21st century — the report of the task force on teaching as a profession* (CARNEGIE FORUM ON EDUCATION AND THE ECONOMY, 1986), *tomorrow's teachers* (THE HOLMES GROUP, 1986), *What matters most: teaching for america's future* (NATIONAL COMMISSION ON TEACHING AND AMERICA'S FUTURE, 1996), *Tough choices or tough times* (NATIONAL CENTER ON EDUCATION AND THE ECONOMY, 2007).

— Reino Unido: *The status of teachers and the teaching profession in England: views from inside and outside the profession — final report of the teacher status projet* (HARGREAVES et al., 2007), *Great teachers: attracting, training and retaining the best — Ninth Report of Session*, 2010, n. 12, v. I, *Report, together with formal minutes* (HOUSE OF COMMONS, 2012).

— Austrália: *A class act — inquiry into the status of the teaching profession* (PARLIAMENT OF THE COMMONWEALTH OF AUSTRALIA, 1998), *quality matters — revitalising teaching: critical times, critical choices* (RAMSEY, 2000), *Top of the class — report on the inquiry into teacher education* (PARLIAMENT OF THE COMMONWEALTH OF AUSTRALIA, 2007).

— Nova Zelândia: *Perceptions of teachers and teaching — final report* (KANE; MALLON, 2006), *Perceptions of the status of teachers* (HALL; LANGTON, 2006).

— França: *Refondons l'École de la République — rapport de la concertation* (Dulot et al., 2012).

— Outros: *The International Summit Teaching on the Teaching Profession — Improving teacher quality around the world* (ASIA SOCIETY, 2011), *The 2012 International Summit Teaching on the Teaching Profession — Teaching and Leadership for the Twenty-First Century* (ASIA SOCIETY, 2012), *Lessons in country performance in education — 2012 Report* (PEARSON, 2012), *Future of Teaching Profession* (MACBEATH, 2012).

Uma medida de confiança na profissão docente, em vários países, foi conferir-lhe o estatuto de autorregulação. Contudo, na maior parte do mundo, a autorregulação profissional não está na agenda das organizações da profissão nem da política da educação.

Em Portugal, em 2009, a Associação Nacional de Professores (ANP) tomou a iniciativa de solicitar ao Centro de Investigação em Educação da Faculdade de Ciências da Universidade de Lisboa um estudo sobre a autorregulação profissional no campo da educação, de que fui autor. Na sequência desse estudo, publicado em 2010 com o título *Autorregulação da profissão docente — para cuidar do seu valor e dos seus valores*, a ANP assumiu como um objetivo estatutário "Pugnar pela autorregulação da profissão docente" (artigo 3.3 dos seus Estatutos).

Esta publicação, embora retomando muitos dados e os principais argumentos do estudo publicado, é sobretudo um desenvolvimento e aprofundamento da sua temática, aperfeiçoando extensamente a sua argumentação e sistematização. Compreende duas partes:

— A primeira parte começa por uma breve incursão na Sociologia das Profissões, incluindo a definição de alguns conceitos. Segue-se uma investigação sobre o Direito da Regulação Econômica e, em particular, a autorregulação profissional.

— A segunda parte começa por um panorama da situação atual da profissão docente. Entra, depois, na história e controvérsias da sua autorregulação, para argumentar a sua possibilidade e seus benefícios. Conclui com uma perspectiva do futuro da profissão e uma síntese do conteúdo do estudo.

Algumas ideias deste livro foram desenvolvidas pelo autor em *The teaching profession: present and future* (SPRINGER INTERNATIONAL PUBLISHING).[2]

---

2. Disponível em: <www.springer.com/education+%26+language/learning+%26+instruction/book/978-3-319-12129-1>.

Algumas observações preliminares:

As denominações de entidades e documentos em língua estrangeira são, em princípio, referidas na língua original, para evitar traduções duvidosas ou que podem não soar bem em língua portuguesa.

Introdução

Na origem da Sociologia das Profissões está a distinção anglo-saxônica entre *profession* e *occupation*.

Como observa Robert Dingwall, o progresso tecnológico tornou obsoletas ocupações antigas e novas ocupações apareceram (os eletricistas, por exemplo, no século XIX). Além disso, "à medida que as sociedades se desenvolvem, o trabalho torna-se mais complexo e a sua divisão mais especializada, através da dissecação das ocupações" (DINGWALL, 2008, p. 46).

Para evitar, tanto quanto possível, a tradicional linguagem sexista, nas páginas que se seguem diz-se, por exemplo, "as professoras e os professores" ou "professoras/professores" (e não apenas "os professores"). Convém, todavia, não levar a preocupação ao ponto de tornar a escrita rebarbativa e de leitura desagradável. Por isso se diz simplesmente, por exemplo, "os profissionais da educação" (e não "os e as profissionais da educação").

No que respeita à forma das referências bibliográficas, procura-se aplicar as normas de ABNT, com algumas adaptações.

Hoje, a internet é uma fonte documental cada vez mais valiosa e frequentemente incontornável. Nas páginas que se seguem, quando é citada uma fonte exclusivamente eletrônica, é referenciada apenas em nota de rodapé: sem data de acesso, se tem origem num sítio eletrônico institucionalmente estável; com data de acesso, se a presunção de estabilidade for incerta. Em todo o caso, não há *links* imortais... a sua volatilidade é grande (mas é sempre possível reencontrar documentos, se continuarem eletronicamente disponíveis). Quando uma publicação impressa estiver disponível também eletronicamente, a sua fonte é, em geral, incluída nas referências bibliográficas. Observe-se que a sigla HTTP (*Hyper Text Transfer Protocol*) é supérflua quando a fonte eletrônica inclui a sigla WWW (*World Wide Web*).

O trabalho é um objeto da Sociologia desde as suas origens. Karl Marx (1818-1883) descreveu a alienação dos trabalhadores nas relações de produção capitalistas. Friederich Engels (1820-1895) é autor de uma pioneira abordagem etnográfica em *The Condition of the Working Class in England* (1845), onde descreveu a desumanidade da exploração do trabalho infantil. Émile Durkheim (1858-1917) analisou a divisão social do trabalho. Max Weber (1864-1920) estudou o desenvolvimento do capitalismo e a desumanização burocrática do trabalho. Mas foi nas primeiras décadas do século XX que começaram a proliferar os estudos sociológicos sobre o trabalho, as ocupações e as profissões.

Segundo Dingwall, os cientistas sociais "fascinaram-se pelas profissões" como um tipo especial de ocupações e as suas análises "foram amplamente de apreço e simpatia" (2008, p. 77), dado o valor excepcional dos seus serviços para a satisfação de necessidades humanas vitais. O termo "ocupação" designa toda a atividade, função ou emprego que é a fonte principal dos meios de vida de alguém; o termo "profissão" distingue uma ocupação mais ou menos especializada, bem remunerada e prestigiada. A distinção entre *profession* e *occupation* está nas origens anglo-saxônicas da Sociologia das Profissões, que Andrew Abbot definiu como um ramo da Sociologia do Trabalho cujo objeto é o estudo das *professions*.

Na opinião de Dingwall, o verdadeiro ponto de partida da Sociologia das Profissões foram Talcott E. F. Parsons (1902-1979), em Harvard, com a sua crítica do utilitarismo econômico em *The structure of social action* (1937), e Everett Ch. Hughes (1897-1983), em Chicago, cujo ensino foi recolhido em *The sociological eye* (1971). Depois da Primeira Guerra Mundial, mas principalmente na segunda metade do século XX, a procura de estatuto profissional aumentou crescentemente e as profissões tornaram-se objeto de variada investigação.

No espaço cultural europeu e de influência europeia, não há um termo sociologicamente equivalente ao inglês *profession*. Nem mesmo "profissão liberal", pois aquele aplica-se a um número mais amplo de ocupações. Esta é uma das razões para o mais tardio desenvolvimento da Sociologia das Profissões na Europa continental, que começou apenas a partir de meados dos anos 1980.[1]

O conceito de "profissão" suscita três questões, nomeadamente: O que é que distingue as profissões das outras ocupações? Por que é que só algumas profissões conseguem alcançar estatuto profissional, sobretudo fora do mundo anglo-saxônico? No tempo da globalização e do império do neoliberalismo, que futuro podem ter as profissões tais como as conhecemos?

As primeiras abordagens/teorias das profissões são geralmente denominadas abordagens funcionalistas ou abordagens-atributos ou abordagens taxonômicas: são abordagens funcionalistas, porque se enquadram no funcionalismo sociológico (teoria que analisa os fatos sociais à luz da sua função para a conservação do todo social);[2] são abordagens-atributos, porque procuram identificar os atributos ou características que distinguem as profissões de outras ocupações; são abordagens taxonômicas, porque procuram classificar as ocupações segundo os atributos que as caracterizam.

A origem das primeiras abordagens/teorias é associada ao texto de A. Flexner "Is social work a profession?", publicado nos EUA em

---

1. *Sociologie des professions* de Claude Dubar e Pierre Tripier é um título sem precedentes em França, em 1998 (data da sua primeira edição). Os seus autores, que utilizam preferencialmente a expressão "grupo profissional", afirmam: "Para nós, a sociologia das profissões tem, pois, um triplo objeto: organização social das atividades de trabalho, a significação subjetiva destas e os modos de estruturação dos mercados de trabalho" (DUBAR; TRIPIER, 2009, p. 7).

Em Portugal, Maria de Lurdes Rodrigues publicou, em 1997, *Sociologia das profissões*, que é o "enquadramento teórico de uma tese de doutoramento sobre o processo de profissionalização dos engenheiros em Portugal, no domínio da sociologia das profissões", com a ambição de "inaugurar uma nova área disciplinar na sociologia em Portugal", como escreveu a autora na Introdução (v. RODRIGUES, 1997).

2. Segundo Charles Morris (1901-1979):

Na análise de Parsons, a ação humana é um sistema que contém três subsistemas: o sistema da personalidade, o sistema social e o sistema cultural. [...]
Na sua análise, os sistemas sociais podem ser vistos como organizações de instituições (como a família, as igrejas, os mercados); as instituições são vistas como sistemas de papéis (como os papéis de pai, de mãe e os filhos na família); e os papéis são vistos como sistemas de expectativas complementares (como quando um filho tem certas expectativas relativamente ao pai como pai, e o pai tem certas expectativas sobre o comportamento do filho como filho). (MORRIS, 1964, p. 57-58)

1915.[3] Nele propunha uma definição que se tornou canônica. Segundo Flexner, as profissões distinguem-se das outras ocupações por seis atributos:
- desempenham funções de grande responsabilidade;
- têm uma base teórica;
- aplicam os seus saberes à resolução de problemas práticos;
- os saberes que aplicam são transmissíveis através de um ensino sistemático;
- tendem a auto-organizar-se em associações;
- têm um ideal de serviço.

Uma ocupação que não apresenta todos estes atributos é uma "semiprofissão", uma "ocupação em vias de profissionalização" (cit. in DUBAR; TRIPIER, 2009, p. 3). Outros autores falam de "quase profissões" ou "subprofissões" ou "pseudoprofissões". No Prefácio a *The semi-professions and their organization: Teachers, nurses, social workers* (1969), Amitai Etzioni indicava os critérios de diferenciação das semiprofissões relativamente às verdadeiras profissões: são profissões com um grande número de profissionais, exercidas em grandes organizações burocráticas e com predominância de mulheres. São menos exigentes intelectualmente, menos autônomas, sem informação privilegiada dos clientes, com pouca ou nenhuma relação com matérias de vida ou de morte e, por isso, com menor reconhecimento social. Exemplos: ensino primário, enfermagem e trabalho social.[4]

Outras listas mais extensas de atributos foram propostas para caracterizar o *tipo-ideal* de profissão.[5] Entre os investigadores que

---

3. In: *Proceedings of the National Conference of Charities and Corretion*, Chicago.

4. "Isto deu o tom, durante 50 anos, a toda uma literatura taxonômica, quer de inspiração descritiva, refinando os critérios de Flexner, quer de ambição mais teórica, com os funcionalistas, tentando construir as profissões a partir da natureza e da importância do seu contributo social" (BOURDONCLE, 1993, p. 88).

5. Tipo-ideal é um conceito de Max Weber que tem um sentido analítico e não normativo: significa um modelo artificial que destaca algumas dimensões da realidade para identificar a sua especificidade e compará-la com outras.

desenvolveram a definição descritiva de Flexner, destacam-se Alexander M. Carr-Saunders e Paul A. Wilson, autores de uma publicação intitulada *The Professions* (1933), que é uma primeira síntese da história e significação das profissões. Em sua opinião, uma profissão emerge quando um número crescente de pessoas começa a responder, com sucesso, a uma necessidade social através da aplicação de certos saberes teóricos e práticos.

Estas primeiras abordagens/teorias das profissões — cujo paradigma eram a medicina e a advocacia — foram dominantes no mundo anglo-saxônico até aos anos 1960, época do seu apogeu. Mas também do princípio do seu declínio, favorecido pelo clima ideológico do movimento revolucionário de maio de 1968, na França.[6]

Foi principalmente a partir dos anos 1970 que se afirmou uma corrente de abordagens/teorias das profissões denominadas interacionistas ou da profissionalização. Rejeitando a distinção entre *occupation* e *profession*, considerada como fútil e inútil, partem do princípio de que profissão é qualquer ocupação reconhecida como tal.[7] Todas as ocupações laborais (*the humble and the proud*, no dizer de Hughes, cit. por Harper, 2006) têm um igual interesse sociológico, pois em todas elas há processos, práticas e problemas comuns. Em vez de focar a sua atenção nas diferenças entre profissão e ocupação, a nova corrente interessa-se por investigar por que é que só algumas profissões conseguem ser reconhecidas como tais, com sua organização e retórica de defesa do exclusivo da prestação de um tipo de serviços. O seu conceito principal não é, pois, o de atributos profissionais, mas o de profissionalização, entendida como um processo através do qual uma profissão é construída pelos que a exercem, coletivamente e como forma de realização pessoal. É uma construção

---

6. Em 1973, Halmos dizia mesmo que "o clima atual da opinião é radicalmente e violentamente antiprofissional" (cit. in BOURDONCLE, 1993, p. 86).

7. "O profissionalismo é um anacronismo [...]. *Não há uma coisa chamada profissão*. A única característica que alguma vez distinguiu realmente as profissões de outras ocupações foi o próprio rótulo 'profissional'" (RUNTÉ, 1995).

que se realiza tanto através de interações interprofissionais e intraprofissionais como das biografias profissionais, pois a profissão é uma das mais importantes componentes da identidade individual. Há, portanto, um *continuum* entre as ocupações sem, com poucos e com mais atributos.

A Sociologia das Profissões evoluiu, assim, para uma Sociologia da Profissionalização. Entretanto, floresciam abordagens/teorias ainda mais diversificadas.

As mais recentes abordagens/teorias do fenômeno profissional são frequentemente denominadas abordagens/teorias do poder ou conflito. As profissões passam a ser vistas sobretudo como atores do mundo econômico que conseguem o exclusivo do exercício de uma determinada atividade e a jurisdição sobre esse segmento do mercado dos serviços, monopolizando-o e fechando-o. O poder profissional é examinado de pontos de vista neomarxistas ou neoweberianos.

A abordagem neoweberiana foca o fechamento do mercado (*market closure*): uma profissão apodera-se do controle do acesso à prestação dos seus serviços e procura o reconhecimento do seu monopólio pelo Estado. A abordagem neomarxista foca as relações de produção e constata uma tendência para a desqualificação (*deskilling*), com efeitos de desprofissionalização e até de proletarização. Desprofissionalização significa perda de autonomia, poder e privilégios. Proletarização significa taylorização do trabalho, pela sua fragmentação em tarefas de execução robotizada, que requerem menos preparação e permitem diminuir os custos de produção, aumentar a produtividade e exercer maior controle sobre todo o processo produtivo. Entre os autores mais conhecidos dessas abordagens/teorias estão Magali Sarfati Larson, Terence J. Johnson, Andrew Abbott, Eliot Freidson e Julia Evetts. Segundo Johnson, há três formas de controle das ocupações: patronal, estatal e colegial, dependendo de quem identifica as necessidades dos clientes. Uma profissão é um meio de controle de uma ocupação cujo poder está na sua competência específica e na capacidade para alcançar o reconhecimento do monopólio de prestação dos seus serviços, com todas as vantagens que lhe estão associadas.

Os sociólogos mais críticos do clássico conceito funcionalista de profissão falam de uma *ideologia do profissionalismo*.[8] Os seus principais argumentos são os seguintes:

- O conceito de profissão é elitista, pois limita-se a refletir as características de algumas ocupações, nomeadamente a Medicina e a Advocacia, aderindo acriticamente ao discurso que elas produzem sobre si próprias, transformando em teoria a imagem que elas procuram dar de si mesmas e contribuindo para a legitimação dos seus privilégios. Não tem perspectiva histórica, pois está fixado nas características daquelas profissões numa determinada época, negligenciando a sua evolução e as transformações do fenômeno profissional.

- O ideal de serviço ("interesse público") — apontado como a *hallmark* daquelas profissões — é uma mistificação para dar cobertura aos seus interesses corporativistas. De resto, o número dos seus atributos não é consensual e há também desacordo sobre a sua importância relativa.

- A profissionalização é um processo histórico-social favorecido por interesses econômicos, políticos e outros, através do qual algumas ocupações conseguiram o estatuto de profissões, por vezes através de manobras corporativistas e com o apoio interessado do Estado.

- Há uma cumplicidade entre o poder profissional e os poderes político e econômico, cujo operador central é a universidade, cumplicidade que contribui para a legitimação e perpetuação de uma ordem social injusta.

---

8. No sentido da observação de George Bernard Shaw: "Todas as profissões são conspirações contra os laicos" [*All professions are conspiracies against the laity* (*The Doctor's Dilemma*, 1906, Act 1)]. Disponível em: <www.mirrorservice.org/sites/ftp.ibiblio.org/pub/docs/books/gutenberg/5/0/7/5070/5070-h/5070-h.htm>.

Por isso e porque o fenômeno profissional está em acelerada transformação, fala-se de um *pós-profissionalismo*,[9] de um *novo profissionalismo*,[10] de um *profissionalismo pós-moderno*... Alguns sociólogos vão ao ponto de sugerir o abandono do termo "profissão" como categoria sociológica. Todavia, escrevem Kathie Leeper e Roy Leeper (2004): "Embora os conceitos de *profissional* e *profissionalismo* sejam controvertidos, as profissões continuam a dominar o nosso mundo. São consideradas 'tanto necessárias como desejáveis para uma sociedade decente'". Esta é uma citação de Freidson que, examinando a lógica dos três modos de organização do trabalho nas sociedades contemporâneas — mercado, corporação empresarial e profissão —, demonstrou as vantagens do profissionalismo como exercício de autonomia profissional.

Eis uma conclusão de Rachael B. Kulick:

> Cada abordagem contribui para a nossa compreensão daquilo que é uma profissão e do processo pelo qual uma ocupação se torna profissão. A investigação recente assinala um número de áreas maduras para mais estudos, tais como as relações intraprofissionais, o tamanho e burocratização do lugar de trabalho, gênero e estratégias de profissionalização emergentes. Independentemente do seu foco ou localização temporal, todos estes estudos têm subjacente o mesmo pressuposto. Assumem que as profissões são diferentes e mais desejáveis do que as ocupações "vulgares". Isto conduz à questão: Por que é que o estatuto profissional é desejável ou, por outras palavras, por que é que as ocupações aspiram ao estatuto profissional? Em primeiro lugar, no plano individual, os profissionais podem ganhar mais dinheiro, gozar de mais autonomia e

---

9. "Com efeito, de um certo ponto de vista, pode afirmar-se que *toda* a teorização das profissões, hoje, é pós-profissional, na medida em que é feita num período *post* hegemonia da teoria dos atributos — o *standard model* — desde os anos 1970" (BURNS, 2007).

Segundo Herbert M. Kritzer, o pós-profissionalismo refere-se a uma combinação de três elementos: perda da exclusividade das profissões formais, crescente segmentação e especialização da aplicação do conhecimento abstrato e generalização do acesso à informação através das novas tecnologias (v. KRITZER, 1999).

10. "'Novo profissionalismo' é um conceito algo amorfo, de proveniência e conteúdo variáveis" (HOYLE, 2001, p. 148).

ter um estatuto mais elevado e maior controle sobre o seu trabalho do que pessoas que fazem o mesmo trabalho em ocupações não profissionais adjacentes. Em segundo lugar, há algumas provas de que profissionalizar melhora os serviços e a qualidade do trabalho feito pelos membros do grupo ocupacional. Deste modo, um compromisso com a qualidade pode servir de motivação. Em terceiro lugar, as profissões e as organizações profissionais exercem um poder considerável sobre o público e as esferas jurídicas. Em conjunto, estes benefícios do estatuto profissional podem contribuir para melhorar a qualidade de vida dos membros das profissões, para o contínuo interesse dos grupos profissionais na profissionalização e para a contínua relevância da profissionalização ocupacional como área de investigação acadêmica. (KULICK, 2006)

Descrevendo a situação atual da Sociologia das Profissões, Elizabeth H. Gorman e Rebecca L. Sandefur escrevem: "Depois do seu florescimento em meados do século XX, o trabalho sociológico focado nas profissões diminuiu consideravelmente" (GORMAN; SANDEFUR, 2011, p. 276). Nos anos 1960, o centro de gravidade da investigação deslocou-se do esforço de definição de conceitos como "profissão" e "profissionalismo" para o conceito de "profissionalização". Nos anos 1970 e 1980, as condições do trabalho profissional e a paisagem das profissões mudou significativamente. De tal modo que: "Nos anos 1990, muitos sociólogos concluíram que os quadros teóricos existentes se tinham tornado implausíveis, deixando de gerar questões interessantes" (p. 281). Contudo: "A investigação sobre o trabalho profissional e especializado não desapareceu. Embora a clássica sociologia das profissões se encontre em repouso intelectual, a crescente importância do trabalho profissional e baseado no conhecimento, na economia de hoje, tornou inevitável que os investigadores voltassem de novo a sua atenção para ela" (p. 290), centrando-se, agora, nos processos e seus atores sociais. Além disso, as correntes contemporâneas "estão unidas por linhas comuns que também as ligam ao passado. Os quatro temas que eram importantes para a sociologia das profissões na sua 'idade de ouro' — conhecimento especializado, autonomia, orientação normativa para o serviço apoiada pela comunidade, e estatuto, rendimentos e recompensas — continuam no centro da investigação atual" (p. 281). Os autores concluem:

> O mundo do trabalho está cada vez mais dividido em dois hemisférios: um que requer conhecimento especializado acessível apenas através de formação superior, outro que não o requer. Dentro do hemisfério do trabalho baseado no conhecimento, muitas questões são comuns às profissões tradicionais e às ocupações cujo estatuto "profissional" é questionável. Em vez de excluir o último grupo de ocupações, a investigação atual inclui-os. Na medida em que continua a haver diferenças entre as profissões tradicionais e as outras formas de trabalho baseado no conhecimento, esta nova perspectiva permite que sejam tratadas como variáveis que precisam de ser explicadas — abrindo assim a porta a intrigantes questões antes excluídas. (p. 291)

No que respeita à profissão docente, o seu estatuto não era consensual entre os pioneiros da Sociologia das Profissões. Carr-Saunders e Wilson, na sua obra seminal *The professions* (1933), acrescentavam às *big three* (*divinity, law, medicine*, citadas por Joseph Addison, designadamente, num escrito de 1711) o serviço militar e a educação, mas dedicavam especial atenção às profissões jurídica e médica. Sobre a função docente, concluíam que não é uma profissão porque as professoras e professores são principalmente funcionários inteiramente controlados pelo Estado, com uma dupla responsabilidade: são responsáveis perante aqueles a quem prestam diretamente os seus serviços (os estudantes e suas famílias), mas principalmente perante o Estado. Segundo Dubar e Tripier, na opinião de Parsons (1939):

> A separação entre "médico" e "não médico", "racional" e "irracional", "normal" e "patológico", nada mais era do que a separação durkheimiana entre o "sagrado" e o "profano", aplicada a uma civilização que fez da ciência o equivalente funcional da religião, e do profissional o equivalente do padre deste sistema cultural moderno. Se o subsistema educativo, na família e na escola, assegura a esse sistema a socialização dos indivíduos (o que justifica que, para Parsons, os professores sejam

profissionais), o subsistema médico assegura o seu controle social, minimizando os riscos de desvio. [...] O mesmo esquema está em ação em toda a parte: pela sua "posição intersticial" na estrutura social, o profissional pode desempenhar uma função de mediação que consiste sempre em pôr o "profano" em contato com o "sagrado". (DUBAR; TRIPIER, 2009, p. 80)

Como vimos, Etzioni considerava o ensino primário uma semiprofissão.

Segundo uma revisão internacional da literatura pertinente, têm continuado os "debates, ao longo dos anos e através das nações, sobre a questão de saber se as professoras e professores são profissionais e não meros 'trabalhadores', e se o ensino é uma profissão e não apenas uma 'ocupação'" (VILLEGAS-REIMERS, 2003, p. 33). Mark Ginsburg e Nagwa Megahed observam também que, "historicamente e hoje, os termos 'profissão', 'profissionalização' e 'profissionalismo' pontuaram os discursos sobre a reforma do ensino, das professoras e dos professores e da sua formação em todo o mundo" (GINSBURG; MEGAHED, 2009, p. 548, 540). Timothy Reagan (2010), escrevendo sobre o *Professional status of teaching*, depois de examinar os diferentes aspectos da questão, conclui interrogando-se: "Nos Estados Unidos, hoje, a docência deve ser considerada uma profissão?". A sua resposta é que:

[...] sob certos aspectos, a docência satisfaz claramente normas razoáveis para ser considerada uma "profissão" mas, quanto a outros, está certamente em vias de se tornar uma "profissão" e, relativamente a alguns, parece, atualmente, estar a afastar-se do estatuto "profissional". Não há, pois, uma resposta realmente fácil para a questão de saber se a docência é uma "profissão". Isto não quer dizer, todavia, que as professoras e professores não são obrigados a comportarem-se de um modo que possa ser considerado "profissional". (p. 220-221)

Para examinar a natureza ocupacional de uma profissão, há duas abordagens principais: *abordagem-atributos* ou *abordagem-diferença*. A primeira consiste em comparar uma ocupação profissional com as profissões clássicas, "liberais", nomeadamente a Medicina, geralmente considerada como o paradigma das profissões, e a Advocacia, duas profissões antigas e das mais estudadas, para ver se tem os atributos que as caracterizam. A segunda consiste em identificar e valorizar as suas características próprias, aquilo que mais a distingue das outras. Esta é a abordagem sugerida por Dingwall quando, depois de recordar que "profissão" é um termo sem definição fixa, observa que a abordagem-atributos das profissões é ainda dominante, mas atingiu os seus limites. A emergência das profissões modernas é "uma história mais complexa". Por isso: "Em vez de pressupor a significação sociológica das profissões como categoria, deve-se perguntar que espécie de ocupações elas são" (DINGWALL, 2008, p. 101, 10). Freidson pensa também que os sociólogos não devem "declarar por decreto o que é uma profissão", mas procurar analisar como é que os membros de cada profissão "constroem uma profissionalidade" (cit. in DUBAR; TRIPIER, 2009, p. 130).

Assim vamos proceder relativamente à profissão docente. Começaremos por uma abordagem de alguns conceitos, antes de proceder a uma investigação sobre a temática da autorregulação profissional, para depois examinarmos a questão da autorregulação da profissão docente como via para a elevação da sua profissionalidade.

PRIMEIRA PARTE

Profissão e autorregulação profissional

1

Alguns conceitos

Na publicação citada, Reagan (2010) começa por afirmar que o *Professional status of teaching* é "um tópico muito debatido" e que o problema está na falta de "clareza sobre o que significa ser 'profissional'", bem como na "falta de uma definição clara e coerente daquilo que realmente queremos dizer com 'profissionalismo'". De resto, o problema começa com o próprio significado do termo "profissão".

Este capítulo propõe definições para estes e outros conceitos.

1.1 Profissão

Profissão, etimologicamente, significa declaração de crença religiosa ou de convicções. Por exemplo: fazer uma "profissão de fé", professar o "ideário democrático".

Sociologicamente, a distinção entre ocupação e profissão subsiste na literatura sociológica anglófona, tendo o termo profissão uma conotação de superioridade, mas considera-se geralmente que toda a ocupação (com algum reconhecimento social) através da qual alguém obtém licitamente os seus principais meios de vida é uma profissão com sua utilidade e dignidade, seja qual for a sua realidade. No entanto, a palavra tem uma significação ampla e outra restrita:

- Em sentido amplo, profissão é toda a atividade, ocupação, função ou emprego que é a fonte principal dos meios de vida de alguém. É o sentido solicitado em questionários: nome, idade, profissão...[1]
- Em sentido restrito, profissão é uma ocupação muito especializada, bem remunerada e prestigiada. É um sentido elitista que data de fins da Idade Média, conotado com as *learned professions* (*divinity, law, medicine*).[2]

Pode-se distinguir, ainda, quatro utilizações do termo: imprópria, indiferenciada, diferenciada e restrita.

- Tem uma utilização imprópria quando designa atividades que vão desde o pedir esmola, arrumar carros, até ao roubo, passando pela prostituição como "a mais antiga profissão do mundo". Inclui também a situação de quem escreve "reformado" ou "proprietário" num questionário em que se pede a indicação da profissão, assim como o caso de um indivíduo que, num tribunal, respondeu ao juiz que tinha como profissão

---

1. Tal é o seu conceito constitucional, em Portugal, como comentam Gomes Canotilho e Vital Moreira:

> O conceito de *profissão* ou de *gênero de trabalho* cobre não apenas as profissões de conteúdo funcional estatutariamente definido, mas também toda e qualquer atividade não ilícita suscetível de constituir *ocupação* ou *modo de vida*. Na verdade, a "densificação" do conceito deve fazer-se de forma extensiva, englobando as profissões "principais" e as "secundárias", as profissões "típicas" e as "não típicas", as "profissões livres" e as "profissões estatalmente vinculadas", as profissões "autônomas" e as "não autônomas". O âmbito semântico-constitucional do termo não abrange apenas as profissões cujo "perfil" tradicional está juridicamente fixado; mas, também, as atividades profissionais "novas", "atípicas" e "não habituais". [...] A profissão é cada vez mais uma categoria jurídico-constitucional aberta, rebelde a caracterizações tradicionais e apriorísticas, devendo o seu âmbito de proteção ser oxigenado através do enriquecimento do seu setor normativo (realidades empíricas). (CANOTILHO; MOREIRA, 2007, p. 654-655)

2. Nos EUA, o *Code of Federal Regulations* tem uma seção sobre as *Learned professions* (29 CFR 541.301).

testemunhar acidentes de viação, pois era assim que ganhava a sua vida...

- Tem uma utilização indiferenciada quando designa uma ocupação socialmente útil, servindo para obter rendimentos regulares, embora geralmente modestos. Abrange atividades cujas características principais são a sua natureza principalmente física e repetitiva, sem nenhuma ou com elementar aprendizagem prévia e sem grande reflexividade. É o caso de atividades como vender jornais ou varrer ruas.
- Tem uma utilização diferenciada quando designa uma ocupação que consiste num saber-fazer-bem adquirido através de uma aprendizagem empírica ou formal (mas relativamente breve), exercida de modo independente ou dependente. Abrange a maioria das ocupações laborais, que proporcionam rendimentos mais elevados que as ocupações indiferenciadas.
- Tem uma utilização restrita quando designa as ocupações de maior relevância, responsabilidade e reconhecimento sociais. Estão no topo da hierarquia ocupacional porque prestam serviços de elevado valor para as pessoas e a sociedade, como aqueles que dizem respeito à saúde e à justiça.

Há, portanto, diferenças objetivas[3] e uma diferenciação social das profissões.[4] A sua diversidade é tão real quanto necessária. A

---

3. O *International Standard Classification of Occupations* (ISCO 08) da Organização Internacional do Trabalho (OIT ou ILO, na sigla inglesa) conta mais de 5 mil profissões. Disponível em: <www.ilo.org/public/english/bureau/stat/isco/index.htm>.

Em Portugal, a Classificação Nacional de Profissões (CNP 94) utilizada pelo Instituto Nacional de Estatística (que adota, naturalmente, a estrutura do ISCO 08, mas com denominações que derivam da versão em língua francesa, que é mais descritiva) conta cerca de 1.700 profissões. Eram cerca de 3800, inicialmente, redução que se deve, designadamente, a uma crescente polivalência profissional e a uma delimitação maior entre profissão e posto de trabalho. Disponível em: <www.iefp.pt/formacao/CNP/Paginas/CNP.aspx>.

No entanto, o Índice Alfabético das Profissões do Instituto do Emprego e Formação Profissional refere cerca de 2900. Disponível em: <www.iefp.pt/formacao/CNP/Documents/INDICE_ALFAB.pdf>.

4. Eric Hoyle define *prestígio ocupacional* como "a percepção pública da posição relativa de uma ocupação numa hierarquia de ocupações" e escreve:

construção de edifícios, por exemplo, precisa tanto de arquitetos e engenheiros como de trabalhadores de várias especialidades. São cada vez mais especializadas e as sociedades estão cada vez mais profissionalizadas.

As profissões distinguem-se pelo seu grau de profissionalidade. Profissionalidade e profissionalismo são dois termos cuja definição e relação são instáveis na literatura sociológica sobre as profissões, mas o segundo é mais comum. Propõe-se a distinção que se segue.

1.2 Profissionalidade

Profissionalidade é um termo de origem italiana (*professionalità*)[5] que emergiu das lutas dos sindicatos contra a organização capitalista do trabalho, nos anos 1960-1970. Entrou na França (*professionnalité*) e no Reino Unido (*professionality* ou *professionhood*) nos anos 1970. Existe também em alemão (*Professionalität*), mas ainda não se encontra em muitos dicionários (por exemplo, no *Oxford*, no *Littré* e no dicionário da língua portuguesa). Não é o caso do *Diccionario de la Lengua Española* da Academia Real Espanhola, que o define assim (*profesionali-*

Em todas as sociedades, mesmo nas mais simples, o reconhecimento geral de algumas ocupações como "superiores" ou "inferiores" a outras gera uma hierarquia de prestígio. Há uma história de 80 anos de estudos do prestígio ocupacional, um dos primeiros dos quais (Counts, 1928) foi especialmente realizado para estabelecer a posição social do ensino nos EUA. Subsequentemente, muitos estudos foram levados a cabo em todo o mundo. [...] Estes estudos mostram uma significativamente alta consistência na classificação das ocupações em países com diferentes culturas e sistemas políticos e em diferentes estádios de desenvolvimento econômico. Essa consistência persistiu através do período durante o qual esses estudos foram realizados. Treiman (1977) converteu as hierarquias de prestígio ocupacional registradas em 85 estudos levados a cabo em 60 países numa única métrica: a *Standard Occupational Prestige Scale* (SIOPS). A correlação entre as classificações registradas nesses estudos foi da ordem de 0,92. (HOYLE, 2001, p. 139)

A diferenciação social das profissões reflete-se mesmo, frequentemente, na denominação da sua retribuição, quando se diz, por exemplo, "salário" de um trabalhador, "vencimento" de um funcionário, "honorários" de um advogado.

5. *Professionalità* é o título de uma revista publicada pela editora La Scuola.

dad): "Qualidade da pessoa ou organismo que exerce a sua atividade com relevante capacidade e aplicação. Atividade que se exerce como uma profissão".

O termo "profissionalidade" pode ser utilizado numa acepção restrita e numa acepção ampla. Em sentido restrito, qualifica o que é profissional, é "expressão de um *agir profissionalizado*" (SCHRATZ et al., 2011, p. 8). Em sentido amplo, significa o perfil global de uma profissão, isto é, tudo o que a distingue de outros grupos ocupacionais. Os fatores de nível de profissionalidade são os seguintes:

- *Valor do serviço*, isto é, importância para as pessoas e para a sociedade do objeto da atividade profissional.

- *Conteúdo identitário*, formado pelos saberes, valores e qualidades que distinguem uma profissão e os seus membros.

- *Autonomia profissional*, ou seja, a independência e a responsabilidade com que a profissão pode ser individualmente exercida e coletivamente gerida.

- *Estatuto profissional e social*, que se traduz em rendimentos, influência e prestígio.

Estatuto profissional e estatuto social são duas faces da mesma moeda.[6] O estatuto profissional reflete o conteúdo identitário e a autonomia da profissão. O estatuto social reflete a posição de uma profissão numa hierarquia de prestígio ocupacional. Resulta tanto do valor do serviço que presta como do seu estatuto profissional.

Pode-se distinguir quatro graus de profissionalidade, paralelos aos quatro níveis de significação do conceito de profissão que foram propostos:

---

6. Juridicamente, Estatuto ou Estatutos é um conjunto de regras aplicáveis a uma situação jurídica determinada. Pode tratar-se de um grupo de pessoas (Estatuto dos funcionários públicos, por exemplo), consistindo no conjunto das regras jurídicas que definem, nomeadamente, os seus direitos e obrigações, ou de uma categoria de instituições/organizações (Estatuto do Ensino Superior Particular e Cooperativo, por exemplo). O Estatuto de uma associação/sociedade consiste nas regras aplicáveis às relações entre os seus membros e entre ela e terceiros. O termo pode aplicar-se também a objetos/bens (Estatuto dos Fundos Marinhos, por exemplo).

- *Profissionalidade zero*

  É a carência de profissionalidade de atividades como pedir esmola, arrumar carros ou dedicar-se ao roubo (profissões na acepção imprópria).

- *Profissionalidade mínima*

  É a profissionalidade de uma ocupação que tem algum reconhecimento social, como vender jornais ou varrer ruas (profissões na acepção indiferenciada).

- *Profissionalidade média*

  É a profissionalidade da maioria das ocupações, na sua diversidade funcional e utilidade social (profissões na acepção diferenciada).

- *Profissionalidade superior*

  É a profissionalidade das profissões com maior relevância, responsabilidade e reconhecimentos sociais (profissões na acepção restrita).

Profissionalidade superior é, nomeadamente, a das tradicionais "profissões liberais".[7] São profissões:

---

7. São profissões com formação de nível superior, elevadas exigências deontológicas e que podem ser exercidas de modo independente (não assalariado). Numa tese de doutoramento (*La Profession libérale*, 1947), P. Savatier caracterizou a profissão liberal como atividade intelectual, não manual; exercida de modo independente, não assalariada; e desinteressada, não comercial (v. DUBAR; TRIPIER, 2009, p. 198). São as profissões a que se refere o Parecer n. 2/78 da antiga Comissão Constitucional, em Portugal, citado num Parecer do Conselho Consultivo da Procuradoria-Geral da República (P000472007), isto é:

> [...] profissões que apresentam como traços distintivos um elevado grau de formação científica e técnica, regras de exercício ou de prática de atos extremamente relevantes e exigentes, necessidade de confiança pública ou social tão marcada, que se torna indispensável uma disciplina capaz de abranger todos os profissionais, traduzida não apenas em normas técnicas e deontológicas, mas também em verdadeiras normas jurídicas. É do interesse dos próprios profissionais que a disciplina jurídica do exercício da profissão seja definida e cumprida, mas é isso também (ou sobretudo) do interesse dos que recebem os

- que prestam serviços de elevado valor para os indivíduos e para a sociedade no seu todo, como aqueles que dizem respeito à saúde, à justiça e ao bem-estar em geral, exigindo um sentido de serviço;
- que consistem num saber-fazer-bem com uma base de conhecimentos muito especializada, adquiridos através de uma formação teórica e prática mais ou menos longa;
- cujo exercício, dada a sua especialização, indeterminação e imprevisibilidade, requer muita reflexividade teórica e grande autonomia de juízo e decisão, com a responsabilidade inerente;
- cujos profissionais devem respeitar normas de prática e de conduta exigentes, dado o poder que os seus saberes lhes conferem e a autonomia de que dispõem;
- que são objeto de regulação pública, geralmente delegada na própria profissão, que a exerce através de um organismo de autorregulação;
- e, como resultado de todos os atributos mencionados, são profissões com um estatuto profissional e social elevado, que as torna mais atrativas e seletivas.

---

serviços desses profissionais (que podem ser quaisquer cidadãos) e do interesse da sociedade no seu conjunto. Disponível em: <www.dgsi.pt/pgrp.nsf/7fc0bd52c6f5cd5a802568c0 003fb410/4fc5dad727fb8138802572ea0037c8e9?OpenDocument&ExpandSection=-3%2C- -1%2C-2%2C-4>.

Em meados dos anos 1980, a *American Bar Association* (ABA) formou uma comissão (*Stanley Commission*) para examinar a questão do profissionalismo dos advogados. A comissão caracterizou assim uma profissão:

> Uma ocupação cujos membros têm privilégios especiais, tais como o exclusivo do licenciamento, justificados pelas seguintes pressuposições: (1) Que a sua prática requer substancial formação intelectual e juízos complexos; (2) Que, considerando que os clientes não podem avaliar adequadamente a qualidade do serviço, têm de confiar naqueles que consultam; (3) Que a confiança do cliente pressupõe que o interesse próprio de quem a exerce é contrabalançado pela dedicação ao serviço, tanto ao interesse do cliente como ao bem público; (4) E que a ocupação é autorregulada [...]. (cit. in HAMILTON, 2007, p. 13)

A profissionalidade é, portanto, um *continuum* cujas variáveis principais são o valor do serviço que presta (sua utilidade e eticidade) e o seu estatuto (profissional e social).

1.3 Profissionalismo

Profissionalismo é um termo que se utiliza com um significado autoevidente ou cuja significação é objeto de descrições mais ou menos redundantes. Tem duas utilizações mais correntes:
- Profissionalismo consiste em fazer bem o que se faz (seja lá o que for).
- Profissionalismo é fazer bem aquilo que se é suposto saber e se pode fazer.

Julia Evetts distingue três interpretações de profissionalismo — como valor ocupacional, como ideologia profissional, como ideologia gestionária — e diz sobre esta última: "O discurso do profissionalismo entrou na literatura gestionária e foi incorporado nos manuais de formação. Até a regulação e o controle (tanto nas suas formas internas como externas) são agora explicados e justificados como meios de promover o profissionalismo no trabalho". Como consequência das mudanças em curso, agora há "duas típicas formas ideais de profissionalismo: profissionalismo ocupacional e profissionalismo organizacional", este último em expansão como discurso de controle gestionário (EVETTS, 2005).

Profissionalismo pode ser, portanto, um significante de mistificação (no sentido da crítica da *ideologia do profissionalismo*), de controle (no sentido da *ideologia gestionária*) ou de resistência (no sentido da *terceira lógica* de Freidson).[8]

---

8. *Professionalism, the third logic: on the practice of knowledge*, 2001. Neil Hamilton comenta:

Eliot Freidson define o profissionalismo como uma ideologia alternativa para a organização do trabalho, em contraste com a ideologia dominante do mercado-competição. [...]

Por definição, uma profissão consiste, antes de mais, na aplicação de conhecimentos especializados para a resolução/satisfação de problemas/necessidades individuais e/ou coletivos. Por isso, o critério de quem precisa e pode escolher um(a) profissional é principalmente a sua competência científico-técnica, e não tanto a (boa) pessoa que pode ser. Embora se espere que um bom profissional seja uma boa pessoa, um profissional competente pode ser uma pessoa má, e uma boa pessoa pode ser um profissional incompetente.

Portanto, o que está sobretudo em jogo, no exercício de uma profissão, é o poder dos seus saberes. Já Carr-Saunders e Wilson tinham escrito: "Um profissional põe um conhecimento assimétrico ao serviço do seu cliente e assim exerce poder sobre ele. Nesse poder residem os deveres e obrigações profissionais para com o seu cliente" (cit. in BEATON, 2010, p. 9). O poder médico, por exemplo, está bem patente na expressão: o médico *mandou-me*... Os saberes profissionais conferem tanto mais poder quanto mais especializados são e mais graves as consequências possíveis da sua má utilização. Por isso, tão importante como os saberes profissionais é o modo como são utilizados, bem ou mal, para o mal ou para o bem. Comenta George Beaton:

> Conhecimento é poder, como todos sabemos. É a assimetria de conhecimento entre o profissional e o cliente que dá ao primeiro o poder que tem sobre o segundo – e daí a sua responsabilidade ética.
> [...]
> É por isso que a confiança é a essência do profissionalismo e a sua componente mais necessária – é aquilo em volta de que rodam as outras marcas de profissionalismo. (p. 6, 9)

Beaton cita Freidson, que considera a dimensão ética das profissões "a alma do profissionalismo". Freidson escreveu: "Valores trans-

---

Na ideologia do profissionalismo, o público atribui aos membros de uma ocupação o controle do seu trabalho, porque as suas tarefas específicas são tão diferentes das da maioria dos trabalhadores (e envolvem valores transcendentais como a justiça, a saúde espiritual e física ou o desenvolvimento da razão) que o controla ocupacional do trabalho é essencial. (HAMILTON, 2008, p. 102)

cendentais acrescentam substância moral ao conteúdo técnico das disciplinas. Os profissionais reclamam tanto o direito moral como o direito técnico de controlar as utilizações da sua disciplina" (cit. in BEATON, 2010, p. 19). Também para Neil Hamilton, o sentido comum de profissionalismo está na "identidade profissional ética" (HAMILTON, 2008, p. 103). Neste sentido, Josef Mengele, o médico do campo de concentração de Auschwitz autor de bárbaras experiências sobre seres humanos, não era um verdadeiro profissional: exerceu o poder da sua profissão de um modo hediondo. Nem os juristas, médicos e psicólogos que colaboram na tortura de prisioneiros (v. MARKS, 2011).

Há ainda um *something else* no profissionalismo. Algo que transpira da maneira de ser, de estar, de falar, até de vestir etc. de um profissional. É neste sentido que também se poderá dizer do profissionalismo aquilo que um juiz do Supremo Tribunal dos EUA disse da pornografia: *I know it when I see it* (Sei o que é quando a vejo)...[9]

Assim compreendido, profissionalismo significa o exercício de uma profissão de acordo com o seu conteúdo identitário. As suas coordenadas são o grau de especialização e de exigência deontológica da profissão, tendo como bissetriz as qualidades dos seus profissionais. Profissionalismo não significa apenas, portanto, fazer bem o que se faz, significação meramente instrumental cujo critério é a eficácia. Significa também fazer bem aquilo que se sabe e se pode fazer, significação que lhe acrescenta uma dimensão normativa, da ordem da licitude e da eticidade. A súmula do profissionalismo está na unidade de ciência, consciência e excelência.[10]

---

9. Justice Potter Stewart, Jacobellis *versus* State of Ohio, 378 U.S. 184, 197 (1964). Estava em causa a decisão de um juiz do Estado de Ohio, confirmada pelo respectivo Supremo Tribunal, de condenar a exibição do filme francês *Les amants*, por ter sido considerado obsceno. O Supremo Tribunal dos EUA anulou a condenação. Na opinião do juiz Potter Stewart, a Constituição apenas interdita a pornografia *hard-core*, o que não era o caso. No entanto, a decisão não foi consensual.

10. Donald Irvine, que foi presidente do *General Medical Council* do Reino Unido, definiu assim o profissionalismo médico:

O profissionalismo médico repousa sobre três pilares que, em conjunto, constituem a base da nossa independência — ou autonomia: especialização, ética e serviço. A especialização

Cada profissão tem a sua exigência de profissionalismo, mas a literatura sobre o tema tem dedicado mais atenção às profissões no sentido restrito acima definido, nomeadamente a Medicina e a Advocacia, que são objeto, desde há alguns anos, de um *professionalism movement* ou *professionalism crusade*, motivado por abusos e erros profissionais que abalaram o seu prestígio. Se a preocupação com o profissionalismo destas profissões é maior, é porque nelas estão em jogo valores humanos superiores. São profissões em que, mais do que em outras, precisamos de poder confiar, confiar que os seus profissionais fazem o melhor que sabem e podem, mesmo que não tenham sucesso. Embora tenham uma legítima motivação econômica, têm uma inerente dimensão ética, cultural e social, indissolúvel na lógica do lucro e do mercado de serviços. Delas se espera que coloquem o interesse dos destinatários dos seus serviços acima dos seus próprios interesses, que tenham um sentido do interesse geral da sociedade e até da humanidade.[11]

O critério do profissionalismo são as normas profissionais.

1.4 Normas profissionais

Normas profissionais é uma tradução da expressão anglo-saxônica *Professional standards*, mas *standard* é um termo que tem utilizações diversas, como observa John Sayer:

> É, por vezes, utilizado para significar aquilo a que aspiramos, com superlativos associados: o mais elevado *standard*. Outras vezes, pode significar

---

deriva de um corpo de conhecimentos e capacidades cuja utilidade é constantemente revigorada pelos resultados da investigação. O comportamento ético flui de uma combinação única de valores e de normas. O serviço incorpora um compromisso vocacional de dar prioridade aos clientes. (IRVINE, 1997, p. 1540-1541)

11. Por exemplo, a *Declaration of Professional Responsibility — Medicine's Social Contract with Humanity*, adotada pela *American Medical Association* em 2001, proclama: "A humanidade é o nosso paciente". Disponível em: <www.ama-assn.org/ama/upload/mm/369/decofprofessional.pdf>.

norma geralmente aceite como medida *standard* ou média. Ou pode ser ainda utilizado para significar o mais baixo nível aceitável. Traduzido num código de conduta, o primeiro significado pode ser o de valores que inspiram uma profissão, o segundo seria o de normas segundo as quais o trabalho pode ser feito, e o terceiro teria a ver com aquilo que é profissionalmente inaceitável. Traduzido em regras codificadas de prática, o foco seria o terceiro, em que a palavra *standard* é proferida com censura e foi atingido o ponto em que a prática inaceitável se torna profissionalmente passível de procedimento disciplinar. (SAYER, 2000, p. 164)

Sayer cita Nigel Harris (1996) que:

[...] no seu enciclopédico diretório de códigos de conduta no Reino Unido, tenta distinguir amplamente entre códigos de ética, códigos de conduta e códigos de prática, observando que cada uma destas expressões tem uma utilização variada. Códigos de ética serão breves conjuntos de amplos princípios éticos; os códigos de conduta serão mais pormenorizados e específicos; os códigos de prática regulam o modo como as funções são desempenhadas. (p. 163)

Toda a profissão tem as suas normas ou "regras da arte", por mais elementares que sejam, mesmo que não estejam escritas, mas as profissões principais têm normas profissionais elevadas e codificadas. Definem o seu objeto e serviços, identificam os saberes, valores e qualidades que distinguem a profissão e devem distinguir os seus profissionais, e declaram as responsabilidades que assumem. São principalmente as normas de formação (inicial e contínua), de prática e de conduta, tendo em vista o exercício competente da profissão.

As normas de conduta de muitas profissões estão enunciadas numa Deontologia.

Deontologia é a Moral ou Ética de uma profissão. Consiste essencialmente na proclamação formal e pública dos seus valores fundamentais, que são a fonte das suas responsabilidades profissionais, formuladas em princípios e operacionalizadas em deveres dos seus membros para com todos os seus interlocutores (de que decorrem também direitos).[12]

Toda a profissão, em sentido próprio, tem uma dimensão deontológica, na medida em que implica uma relação de confiança e alguma forma de responsabilidade pelos serviços que presta. Há centenas de textos deontológicos adotados pelas mais variadas profissões em todo o mundo.[13]

A exigência ético-deontológica é tanto mais elevada quanto mais direta e essencialmente estiver em causa a pessoa humana no seu exercício; quanto mais poderosos forem os meios e mais ampla a autonomia da profissão; quanto maior for a assimetria entre os profissionais e os destinatários dos seus serviços; e também quanto maior for a sua exposição pública.

Ao proclamar que põe o interesse dos destinatários dos seus serviços e o interesse público em geral acima dos interesses dos seus membros, uma profissão ganha em credibilidade e prestígio.

A Deontologia de uma profissão exprime a quinta-essência da sua cultura profissional. Reforça o sentimento de pertença a uma comunidade de saberes e valores, contribuindo assim para a consciência da sua identidade e para a sua unidade.

1.5 Outros conceitos

São propostas definições para mais alguns conceitos subsidiários: competência profissional, profissionalização, profissional.

---

12. O *Code of Ethics of the National Association of Social Workers* (EUA), por exemplo, afirma: "O Código oferece um conjunto de valores, princípios e normas para guiar o processo de decisão e o comportamento, quando surgem questões éticas". Disponível em: <www.socialworkers.org/pubs/code/code.asp>.

13. V. base de dados do *Center for the Study of Ethics in the Professions* (CSEP, fundado em 1976), do *Illinois Institute of Technology* (US) (http://ethics.iit.edu/codes/coe.html).

Competência profissional é uma expressão que tem uma predominante conotação prática, designando sobretudo o que um profissional é suposto saber fazer. Todavia, importa não perder de vista que os saberes práticos especializados pressupõem saberes teóricos mais ou menos aprofundados. São saberes exclusivos dos membros de uma profissão, tanto mais profissionais quanto maior for o seu nível de abstração, sistematização, aplicabilidade e sucesso. Além disso, as profissões de profissionalidade superior, designadamente, têm outra dimensão — a do saber ser. Diz respeito aos valores, qualidades, atitudes, conduta e maneiras que se espera dos seus profissionais. A sua competência tem, portanto, um conteúdo cognitivo-prático, ético e pessoal.[14]

Profissionalização é um processo coletivo e individual de construção de uma profissão e de aquisição de uma competência profissional.

Com base no estudo de dezoito atividades, Harold Wilensky (*The professionalization of everyone?*, 1964) identificou seis etapas sucessivas no processo de profissionalização de uma ocupação (*occupational professionalization*): ser exercida a tempo inteiro; ter uma formação especializada; ter regras de exercício; ter uma associação profissional; ter proteção legal do monopólio da sua atividade; ter um código deontológico. A profissionalização passa principalmente pela sua *universitarização* e inclui um processo de *socialização profissional* que Merton definiu assim: "Processo pelo qual se adquire seletivamente os valores e atitudes, os interesses, capacidades e saberes, numa palavra, a cultura em vigor nos grupos de que se é parte ou de que se procura ser membro" (cit. in BOURDONCLE, 2000, p. 125). Por conseguinte:

- Coletivamente, profissionalização é o processo através do qual uma ocupação eleva o seu grau de profissionalidade. As suas principais variáveis são a natureza da ocupação, o pro-

---

14. Como afirma o *Canadian Code of Ethics for Psychologists*, os psicólogos "consideram a ação incompetente como não ética *per se*, pois é improvável que beneficie e provável que prejudique" (Princípio II) (www.cpa.ca/publications).

gresso dos seus saberes, o dinamismo dos seus atores, o estatuto social dos seus clientes e o interesse político.[15]
- Individualmente, profissionalização é o processo de aprendizagem e de socialização profissionais, isto é, tanto de aquisição de saberes como de interiorização de valores e atitudes através da qual o candidato ao exercício da profissão aprende toda uma cultura e postura profissionais.

Quem conclui um processo de profissionalização com sucesso obtém reconhecimento como profissional.

Profissional é um termo com três utilizações principais:
- Qualifica-se como profissional qualquer trabalho bem-feito, independentemente da sua licitude e valor.[16]
- Diz-se que é profissional numa atividade quem a exerce regularmente como fonte principal dos seus meios de vida. É a diferença, por exemplo, entre conduzir um automóvel para ir trabalhar ou passear e ser "condutor/motorista profissional". Ou entre praticar um desporto nos tempos livres e ser "atleta profissional".
- Considera-se profissional quem exerce a sua profissão com profissionalismo, no sentido que foi proposto.

Autorregulação profissional é a regulação ou governo de uma profissão pelos seus próprios membros. Porque se trata do centro de gravidade do estudo em curso, justifica a abordagem aprofundada que lhe vai ser dedicada.

---

15. "As profissões, em geral, surgiram e cresceram naturalmente a partir de baixos ofícios e ocupações, através de um lento processo de maturação. Estabeleceram-se, enraizaram-se e adotaram procedimentos e qualificações, obtiveram reconhecimento legal e político e assim cresceram em tamanho, poder e sofisticação, ao longo dos tempos, frequentemente a partir de modestas origens" (PETER MORRELL). Disponível em: <www.homeoint.org/morrell/misc/professions.htm>. Acesso em: nov. 2012

16. Chick Conwell, o ladrão de *Professional thief: by a professional thief* (de E. H. Sutherland), que utiliza correntemente o termo profissional, diz que trabalho profissional é, antes de mais, o "trabalho bem-feito" (cit. DUBAR; TRIPIER, 2009, p. 93).

2

Autorregulação profissional

Autorregulação é uma modalidade de regulação econômico-profissional. É um fenômeno multiforme que desafia a sistematização. Ian Bartle e Peter Vass sublinham "a potencial complexidade da autorregulação e da regulação e o seu campo de variação quase sem fim, e as sutis variações entre esquemas aparentemente similares" (BARTLE; VASS, 2005, p. 28). Este capítulo é uma tentativa de roteiro para conhecer e situar a autorregulação profissional no seu território conceptual.[1]

2.1 Introdução histórica

Regulação é um termo com variadas utilizações. Segundo António Damásio, a gestão da vida, a sua regulação ou homeostase, é "a função principal do cérebro", embora não seja "a sua característica mais distintiva" (DAMÁSIO, 2010, p. 89). Há uma homeostase básica,

---

1. Este capítulo reproduz amplamente o capítulo correspondente do estudo publicado pela ANP, mas com vários desenvolvimentos e reformulações.

automatizada, que teve início em criaturas vivas unicelulares, e a "homeostase sociocultural" (p. 46), com uma complexidade própria de organismos possuidores de "cérebro, mente e consciência" (p. 66), que se sobrepôs à homeostase básica sem a substituir. Consiste em dispositivos culturais de regulação da vida, tais como os sistemas normativos, políticos, econômicos, a ciência, a tecnologia, a arte etc. Foi a consciência que otimizou a regulação vital. "O eu da mente consciente é o representante máximo dos mecanismos individuais de regulação vital, a sentinela e curador do valor biológico" (p. 231). No plano sociopolítico, David Levi-Faur (2010) distingue duas acepções principais:

- Uma acepção restrita, que se refere apenas às normas que são adotadas, supervisionadas e aplicadas por atores políticos, econômicos e sociais, condicionando a liberdade de ação dos indivíduos e dos grupos, para harmonizar interesses diversos, tornando possível a convivência, a comunicação, a cooperação e a promoção do bem-estar geral. Inclui todas as normas estruturantes dos comportamentos individuais e coletivos, numa sociedade politicamente organizada, independentemente da sua origem e modo de aplicação.[2] Neste sentido, regulação significa ação tendente a um estado de equilíbrio desejável, com uma textura normativa, implicando sempre alguma forma de coercibilidade. Toda a nossa vida está enquadrada e dependente de múltiplas regulações.

- Uma acepção ampla, que inclui todos os mecanismos de controle social, públicos e privados, formais e informais, nacionais e globais, isto é, tudo o que produz efeitos nos comportamentos humanos. Portanto, ao lado dos reguladores institucionais, todos nós agimos, de algum modo, como reguladores recíprocos. Há uma *regulocracia* e uma *democracia da regulação*.

---

2. É o objeto da *École de la Régulation* francesa, uma teoria social da produção e conservação das estruturas de poder em geral, que se desenvolveu a partir dos anos 1970.

Os principais operadores da regulação sociopolítica são as instituições. Segundo Douglas North, elas são "as regras do jogo numa sociedade" (cit. in GREEN; HRAB, 2003, p. 5). Um regime político é um sistema de regulação social. "'Como viver juntos sem nos matarmos uns aos outros?' A política é a solução para este problema propriamente e exclusivamente humano" (BÆCHLER, 1994, p. 25). Os Estados, as famílias, as associações e os mercados são as fontes principais das regras ou normas de uma sociedade, tanto formais (desde a Constituição aos contratos) como informais.

Norma é também um termo com uma variedade de significações. Na sua etimologia grega (*nemô*), significa partilhar. Na sua acepção mais fundamental, antropológica, normas são regras que exprimem os valores compartilhados pelas comunidades humanas, nomeadamente os seus valores morais. Instituem permissões, interdições, obrigações e sanções. Definem identidades, posições, relações de poder. Formam uma rede invisível de expectativas de comportamento. Constituem uma espécie de aparelho circulatório de sentidos nutrientes e estabilizadores do corpo social. Todo o ser humano tem uma constituição normativa.

A normatividade social confunde-se com o Direito. Como diz o adágio latino *ubi societas, ibi jus* (onde há sociedade, há Direito), escrito ou não. A regulação jurídica é uma técnica de controle social para obstar ao império da lei do mais forte e *civilizar* as relações humanas.[3] A expansão do Direito escrito é, talvez, "a expressão por

---

3. Freud definiu assim civilização ou cultura (conceitos que ele não distinguia), em *Das Unbehagen in der Kultur* (*Mal-estar na civilização*, 1930): "O termo civilização designa a totalidade das obras e organização cuja instituição nos afasta do estado dos nossos antepassados animais e que servem para dois fins: a proteção do homem contra a natureza e a regulamentação das relações dos homens entre si". A cultura impõe limites às pulsões — um conceito-limite, entre o físico e o psíquico, equivalente, nos seres humanos, ao instinto animal. Escreveu Freud:

> A vida em comum apenas se torna possível quando uma pluralidade consegue formar um grupo mais poderoso do que cada um dos seus membros, por si, e manter uma forte coesão perante cada indivíduo em particular. O poder desta comunidade, enquanto "Direito", opõe-se, então, ao do indivíduo, desqualificado como força bruta. Ao operar esta substituição da força individual pelo poder coletivo, a civilização dá um passo decisivo. O seu caráter essencial reside no fato de que os membros da comunidade li-

excelência de uma civilização e de uma forma de sociedade" (GRZE-GORCZYK, 1982, p. 12). Expandiu-se à medida que as sociedades cresceram e se foram tornando mais numerosas e complexas, codificando regras organizadoras dos comportamentos e atividades dos indivíduos e dos grupos, desde os mais pequenos (como a família) até aos mais vastos (como o Estado e a comunidade internacional).

O Direito tornou-se o dispositivo preeminente de regulação das relações humanas, nos tempos modernos, o recurso mais apto para assegurar aquele mínimo de harmonia social e internacional indispensável à coexistência dos cidadãos e dos povos. Como escreveu Jacques Chevallier:

> [...] o Direito aparece como um ponto de referência estável num mundo onde os valores tradicionais se liquefazem. [...] Parece que estamos a assistir a uma "juridificação" crescente das condutas, tornando-se a norma jurídica o vector privilegiado de enquadramento e orientação das atividades individuais e coletivas. Este movimento é, à primeira vista, o subproduto da crença nas virtudes da norma jurídica, que está no coração do Estado de Direito [...]. (CHEVALLIER, 1994, p. 10, 105)

A juridificação de valores morais fundamentais compartilhados, relativos ao bem e ao mal, ao lícito e ao ilícito, ao desejável e ao reprovável, permite a organização pública da sanção da sua violação. A expressão mais elevada e universal da juridificação de valores morais fundamentais encontra-se no Direito Internacional dos Direitos Humanos.[4]

---

mitam as suas possibilidades de prazer, uma restrição ignorada pelo indivíduo isolado. [...] O resultado final deve ser a edificação de um Direito para o qual todos – ou, pelo menos, todos os membros suscetíveis de aderir à comunidade – tenham contribuído, sacrificando os seus impulsos instintivos pessoais, e que, por outro lado, não deixe nenhum deles ser vítima da força bruta, exceto aqueles que a ela não tenham aderido. (FREUD, 1984, p. 202, 204-205)

4. A expressão clássica "direitos do homem" (*droits de l'homme*) é cada vez mais preterida em favor da expressão "direitos humanos" (*human rights*), para evitar sexismo na linguagem. A expressão "direitos da pessoa" é também utilizada, principalmente pelos canadianos. E há também a expressão "direitos do ser humano". Todas se equivalem.

Um dos domínios mais intensamente juridificados, nas sociedades contemporâneas, é o da economia, domínio da produção, comercialização e consumo de bens, da prestação de serviços e das relações que geram. Regulação econômico-profissional é o complexo de dispositivos legais e orgânicos para proteção do interesse público no exercício dessas atividades.

A Economia Política nasceu no século XVIII como "a primeira ciência social não normativa". O seu criador foi Adam Smith, com a sua teoria da "mão invisível" que guia os agentes econômicos para a realização involuntária de fins coletivos ("cada um, ao procurar o seu interesse, concorre para a prosperidade de todos") (cit. in DUBAR; TRIPIER, 2009, p. 44). Uma economia de mercado caracteriza-se pela liberdade de competição entre os agentes econômicos, segundo a lei da oferta e da procura, num contexto de liberdade de propriedade e de liberdade contratual. É considerada como o sistema que melhor serve os interesses de quem produz bens, de quem presta serviços e de quem os procura.

O mercado ofereceria aos consumidores/clientes bens e serviços em quantidade suficiente, com qualidade e ao melhor preço, se não tivesse falhas (*market failures*), mas não há mercados perfeitos. As falhas ou imperfeições do mercado requerem a *mão visível* da regulação.[5] "O essencial do conceito de regulação é o de alterar o comportamento dos agentes econômicos (produtores, distribuidores, consumidores), em relação ao que eles teriam se não houvesse a regulação, isto é, se houvesse apenas as regras do mercado" (MOREIRA, 1997, p. 36).

O Direito Internacional dos Direitos Humanos pode ser assim amplamente definido: é uma disciplina do Direito Internacional cujo objeto são as origens, fontes normativas, mecanismos de proteção, jurisprudência, conteúdo, assim como as controvérsias dos direitos humanos. Tornou-se o Direito do Direito, que os Estados e a comunidade internacional organizada se comprometem a respeitar e fazer respeitar, de acordo com a Convenção de Viena sobre o Direito dos Tratados (1969). É o embrião de um futuro Direito da humanidade, na opinião de Mireille Delmas-Marty (1996).

5. De resto, o capitalismo tem as suas instituições básicas. *The economic institutions of capitalism* (1985) é o título de uma obra de Oliver Eaton Williamson, Prêmio Nobel da Economia em 2009.

O sistema econômico entra nos textos constitucionais do século XX principalmente com a Constituição de Weimar de 1919 (Alemanha). A Constituição Econômica define a esfera de intervenção do Estado na economia. Esta designa, em sentido lato, toda a forma de intervenção estatal. Em sentido menos amplo, designa a intervenção estatal sem participação direta na atividade econômica. Em sentido restrito, designa só a intervenção normativa, nomeadamente legislativa. Conforme o tipo de relação do Estado com a economia, distinguem-se três épocas na história da regulação econômico-profissional (v. BARTLE; VASS, 2005):

- Estado *laissez faire* (desde princípios do século XIX até meados do século XX).
- Estado *welfare* (sobretudo na segunda metade do século XX e até aos anos 1980).
- Estado Regulador, nas últimas décadas.

Nos EUA, até ao fim do séc XIX, não havia praticamente regulação econômica, imperando o poder do dinheiro (v. GLAESER; SHLEIFER, 2001). A situação mudou com o fim da *Gilded Age* (Era Dourada, nos anos 1870 e 1880) e o início da *Progressive Era* (dos anos 1890 aos anos 1920). Entram em cena agências reguladoras mais ou menos independentes (*Independent Regulatory Agencies*), tanto em nível federal como estadual. A regulação intensificou-se depois do *crash* da bolsa norte-americana, em 1929, seguido da *Great Depression* (durante a década seguinte). As agências reguladoras foram um instrumento da política do *New Deal* do presidente Franklin D. Roosevelt, nos anos 1930, tornando-se progressivamente um *invisible Government*. Na Europa, pelo contrário, durante a maior parte do século XX, regulação foi sinônimo de intervenção estatal direta, nomeadamente através da propriedade pública dos monopólios naturais (v. à frente).

A intervenção direta do Estado na economia, assumindo a produção de bens e a prestação de serviços considerados de interesse público, sobretudo depois da Segunda Guerra Mundial, significou a passagem "do Estado guarda noturno liberal [*night-watchman state*] para o Estado-providência keynesiano [*keynesian Welfare State*]" (BRAITHWAITE, 2005, p. 11).[6] Teve maior amplitude na Europa do que nos EUA, dada a maior influência das ideias socialistas e a maior força do movimento sindical no continente europeu.[7]

A partir de fins dos anos 1970, um *sismo* neoliberal abalou o mundo da economia, no contexto da crise da dívida externa dos países em desenvolvimento que, de 1972 a 1981, se multiplicou por dez, a uma velocidade muito superior à do crescimento do seu Produto Interno Bruto (PIB). Teve dois epicentros: a eleição de Margaret Thatcher no Reino Unido (1979-1990) e a de Ronald Reagan nos EUA (1980-1988). As suas réplicas atingiram a Austrália e a Nova Zelândia, designadamente, mas fizeram-se sentir em várias partes do mundo com a onda da globalização (explosão da mobilidade internacional das pessoas, dos bens e do capital), propulsionada pelas novas tecnologias da informação e da comunicação, muito especialmente pela internet.

Os mentores do neoliberalismo foram economistas da Chicago School of Economics (*Chicago Boys*) como Friedrich August von Hayek (1899-1992), Prêmio Nobel da Economia em 1974 (com Gunnar Myrdal), e Milton Friedman (1912-2006), Prêmio Nobel da Economia em 1976. Para Yoshihiro Francis Fukuyama, um dos ideólogos da *reaganomics* (política econômica do presidente Reagan), o neoliberalismo era *o fim da história*.

O "decálogo" do neoliberalismo foi o impropriamente chamado *Washington Consensus*, expressão utilizada em 1989 pelo economista John Williamson, que resumiu em dez recomendações o pensamento dominante no Departamento do Tesouro dos EUA e nas "instituições

---

6. A expressão *night-watchman state* terá sido utilizada, pela primeira vez, por Ferdinand Lassalle, num discurso pronunciado em Berlim em 1862. John Maynard Keynes (1883-1946) foi o mais conhecido teórico do envolvimento do Estado na esfera econômica. Recomendava a regulação social da economia de mercado e o aumento do investimento público em tempo de recessão, para estimular a economia.

7. "Aquilo que outros Estados frequentemente nacionalizaram, os EUA regularam" (LEVI-FAUR, 2010, p. 15).

de Bretton Woods": o Banco Mundial (BM) e o Fundo Monetário Internacional (FMI).[8]

O neoliberalismo apresenta-se como ideologia econômica do "mundo livre", uma ideologia do progresso social através da liberalização da economia, vantajosa para todos e para a democracia. A sua causa não é, todavia, o valor da liberdade das pessoas mas sim a liberdade dos mercados, de circulação de mercadorias, serviços e capitais. Significa o regresso aos princípios da economia liberal do século XVIII, cuja referência clássica é Adam Smith, mas já pouco tem a ver com o espírito liberal de Smith, um filósofo moral e economista progressista na sua época. É uma mitologia que favorece os interesses do capitalismo mundial, em prejuízo dos trabalhadores, da população em geral, da soberania nacional e do meio ambiente. Uma ditadura macroeconômica da hidra do lucro, governada pelo poder

---

8. Criados por uma Conferência monetária e financeira das Nações Unidas reunida em Bretton Woods, New Hampshire (EUA), em 1944, têm sede em Washington. O BM (formalmente BIRD: Banco Internacional para a Reconstrução e o Desenvolvimento) é a principal agência internacional em matéria de financiamento do desenvolvimento, sendo o seu parecer decisivo junto de outras fontes de financiamento dos Estados. A missão do FMI é garantir a estabilidade do sistema financeiro internacional.

Em 1947, foi instituído o Acordo Geral sobre as Tarifas Aduaneiras e o Comércio (GATT) como fórum de negociação, regulação e supervisão do comércio internacional. O maior ciclo de negociações da história foi o Uruguay Round (Ciclo do Uruguai), que durou oito anos e conduziu ao Acordo Geral sobre o Comércio dos Serviços (GATS), assinado em Marrakesh (Marrocos), em abril de 1994. Na sequência deste Acordo, o GATT foi substituído por uma nova organização internacional, a Organização Mundial do Comércio (OMC) que nasceu formalmente a 1º de janeiro de 1995. A OMC funciona com regras injustas e permissivas da concorrência desleal dos países ricos, principalmente dos EUA: os mais poderosos impõem aos mais fracos regras que eles próprios não cumprem.

Referindo-se às grandes organizações econômicas mundiais, Joseph Eugene Stiglitz, Prêmio Nobel da Economia em 2001 (com Andrew Michael Spence e George Arthur Akerlof), que foi chefe do Conselho de Consultores Econômicos do presidente Clinton e economista-chefe no BM, escreveu: "Não é uma questão de um homem, um voto, ou uma nação, um voto: os dólares votam" (STIGLITZ, 2006, p. 11). E Noam Chomsky escreveu, a este propósito: "Os EUA foram sempre pioneiros e bastião do protecionismo, e é por isso que são um país rico, poderoso" (cit. in Fox, 2002, p. 79). Na realidade, segundo muitos economistas, o protecionismo econômico favoreceu, historicamente, o pleno emprego, o crescimento econômico e o comércio internacional. Não é a abertura que traz o crescimento econômico, é o crescimento que permite às economias abrirem-se.

econômico (e militar) dos EUA, através do BM, do FMI, da OMC e das MNCs (*Multinational Corporations*). O seu mundo é um mercado sem fronteiras nem escrúpulos, nem sentido do bem comum, através da submissão e enfraquecimento dos Estados e da instrumentalização das pessoas, reduzidas à condição de mão de obra e de consumidores. Não cuida das necessidades fundamentais da grande maioria da humanidade. Pelo contrário, a sua eficácia produtiva é de uma brutalidade destruidora dos seres humanos e da natureza. É verdade que o PIB mundial se multiplicou por nove na segunda metade do século XX, mas nas duas últimas décadas o crescimento global diminuiu e a desigualdade e a pobreza extrema cresceram. "Cerca de 40% dos 6,5 mil milhões de pessoas do mundo vivem na pobreza (mais 36% do que em 1981) e um sexto — 877 milhões — vivem na pobreza extrema (3% mais do que em 1981) (STIGLITZ, 2006, p. 11). Em princípios do século XXI, o rendimento por habitante dos 24 países mais ricos do mundo era cerca de 65 vezes superior ao dos 42 países mais pobres. Cerca de 1/5 da população mundial detém cerca de 4/5 dos recursos do planeta. Já nos princípios do século XX Ernst Troeltsch escrevia:

> O atual desenvolvimento [...] do capitalismo, com o seu rigor aritmético, a sua desumanidade, o seu caráter predador, a sua ausência de compaixão, a sua obsessão do lucro pelo lucro, a sua concorrência impiedosa e brutal, a sua agressiva necessidade de vencer e a alegria triunfante que tem em ver instalar-se, por toda a parte, o reino do comércio, rompeu toda a ligação com a sua ética de origem e tornou-se mesmo um poder diretamente oposto tanto ao verdadeiro calvinismo como ao protestantismo. (cit. in SUPIOT, 2005, p. 74)

Por conseguinte, o neoliberalismo é um fundamentalismo econômico cujos mandamentos são, nomeadamente, a privatização de tudo quanto pode ser fonte de mais-valias e o desinvestimento público nos setores "não produtivos" ou de "rendimento diferido" (saúde, educação etc.). Pierre Bourdieu definiu-o como "um programa de destruição das estruturas coletivas que possam impedir a pura lógica do mercado" (cit. in BRAITHWAITE, 2005, p. 2). E a globalização neoliberal é uma "globalização ultraliberal financeira e desregulada", como se afirma num importante relatório elaborado para o presidente francês (VÉDRINE, 2007, par. 3 e p. 19).

Contudo, o neoliberalismo provocou mais um movimento de reformas da regulação do que a sua diminuição.[9] A regulação pública

---

9. Vital Moreira distinguiu três vertentes na desregulação e liberalização econômicas:

[...] a *privatização* de empresas públicas ou de participações públicas em empresas mistas; a *liberalização* de atividades e setores econômicos, até então reservados para o setor público, ou pelo menos dependentes de concessão ou autorização pública (como era o caso das "public utilities", incluindo a eletricidade, a água, o gás, os transportes aéreos e ferroviários, as comunicações, a rádio e a televisão); a *desregulação* propriamente dita, que consiste no aligeiramento ou eliminação do controle público sobre a produção e o mercado de numerosas indústrias (MOREIRA, 1997, p. 43).

E acrescenta:

Mas esta orientação, se fez diminuir o papel econômico do Estado, não conduziu por isso a uma diminuição da regulação. Esta mudou de áreas, tomou novas formas, mas não desapareceu. Mais: as políticas de privatização obrigaram em muitos casos a uma densificação da regulação. [...]
Ao fim e ao cabo, muitas vezes a desregulação não quer dizer supressão da regulação mas a "desestatização" ou "privatização" da regulação (p. 43, 77).

Com efeito: "Nenhuma economia, por mais liberal que seja, dispensa hoje níveis de regulação mais ou menos intensa". Por isso, "a privatização e a liberalização dos setores econômicos reservados ao Estado foram em muitos casos acompanhadas de uma forte regulação pública das correspondentes atividades. [...] Em vez de uma economia dirigida, uma economia de 'mercado regulado'" (p. 32, 43-44). O movimento de desregulação da regulação é, assim, acompanhado por outro de regulação da desregulação.

Paul L. Joskow observa que "é uma abordagem ideológica da questão colocá-la em termos de regulação ou desregulação, porque não há mercados completamente desregulados, nas economias de mercado mais desenvolvidas" (JOSKOW, 2009, p. 2).

Lê-se também num estudo do *Centre for the Study of Regulated Industries* (CRI):

Os serviços públicos são, cada vez mais, prestados pelo setor privado, num quadro regulador que identifica as falhas de conduta (ou de mercado) que devem ser objeto de intervenção, elabora uma política reguladora nessa base e separa a responsabilidade política geral do governo da aplicação específica do esquema regulador. Um bom exemplo é o da regulação da indústria dos serviços e de rede [*utilities and network industry*], em que as principais falhas de conduta podem ser assim divididas:

- abuso do poder de monopólio e prática anticompetitiva;
- externalidades e bens públicos (em particular a poluição e os aspectos relacionados com a saúde e a segurança);
- exclusão social e efeitos não equitativos (SIMMONDS; VASS, 2002, p. 4).

direta, através da mão pesada do Estado (*command-control approach*), é objeto de várias críticas: falta de flexibilidade para se adequar a cada contexto e acompanhar as suas mudanças; elevados custos de transação ou administrativos (obtenção, processamento e disseminação da informação, custos da supervisão e aplicação); vulnerabilidade às pressões dos regulados, designadamente no campo empresarial; pouca eficácia etc.

As alternativas propostas para evitar os inconvenientes da regulação direta, e designadamente da sua captura econômica ou política, são várias: desregular (a mais controversa), diversificar o arsenal regulador, oferecer incentivos econômicos à autorregulação, promover uma maior participação do público nos processos de regulação, adoção de códigos de conduta voluntários, criação de organismos estatutários de autorregulação, autorregulação supervisionada, regulação a vários níveis, corregulação e outras configurações híbridas. Recomenda-se também, por exemplo, enquadrar a regulação com regras claras, de preferência estatutárias, e garantir a independência dos reguladores, escolhendo-os pela sua competência e pagando-lhes bem.

Por isso, na opinião de Levi-Faur, não vivemos numa era de desregulação, mas antes de "explosão reguladora" (LEVI-FAUR, 2010, p. 15). As crises financeiras têm contribuído para aumentar a consciência da necessidade de mais regulação. Na Europa, "tornaram-se uma forma de governação reguladora muito popular a partir dos anos 1990" (p. 15). No Reino Unido, designadamente, muitas funções reguladoras foram assumidas por entidades análogas às agências norte-americanas, isto é, entidades administrativas criadas e financiadas pelo governo, mas mais ou menos independentes dele.[10] O mesmo autor observa: "Um dos mais importantes indicadores do aumento das atividades reguladoras, em extensão e profundidade, na sociedade moderna, é a proliferação de agências reguladoras como coração

---

10. Conhecidas no mundo anglófono pelo acrônimo Quango [*qu(asi-)a(utonomous) n(on) g(overnmental) o(rganization)*].

administrativo e intelectual dos sistemas nacionais e globais de governação reguladora [*regulatory governance*]" (p. 15).

Distingue-se geralmente dois tipos de agência reguladora — de regulação económica e de regulação social —, mas Levi-Faur nota o aparecimento recente de um novo tipo de agência: agência integral (*integrity agency*).

- As agências de regulação económica lidam com o funcionamento dos mercados, nomeadamente questões de competitividade, qualidade e preços.
- As agências de regulação social lidam com questões de saúde, proteção dos consumidores, segurança no trabalho e meio ambiente, designadamente.
- Agências integrais são, por exemplo, as agências de auditoria e os Provedores dos direitos humanos.

Segundo o autor, as agências de regulação não meramente económica contribuem para diluir "a fronteiras entre o *Regulatory State* e os *Welfare States*" (2010, p. 16).

As metamorfoses do Estado e a expansão da sua função reguladora tornaram central a questão da regulação da regulação, do regime de regulação (normas, mecanismos, atores), isto é, dos problemas de legitimidade democrática e de eficácia que coloca, que está na origem de um novo tipo de agências para promover análises de impato regulador e o cálculo de custos/benefícios da regulação, que deve compreender tanto os custos diretos como os indiretos, e tanto os benefícios materiais, calculáveis, como os imateriais, incalculáveis.[11]

---

11. Por exemplo, em 1997, foi criada no Reino Unido uma *Better Regulation Task Force* (BRTF), que é um grupo consultivo multidisciplinar e independente de aconselhamento do governo em matéria de regulação económica. Adotou *Principles of Good Regulation* onde começa por afirmar:

> A regulação pode ser amplamente definida como sendo qualquer medida ou intervenção governamentais que procura alterar o comportamento de indivíduos ou grupos. Tanto pode

Por conseguinte, o Estado passou a ser sobretudo Estado Regulador, simultaneamente menos (diretamente) e mais (indiretamente) regulador. A sua função consiste em comandar a máquina da regulação, sob o lema *Better regulation, Less regulation*[12] com uma *Better Regulation Agenda* preocupada com o controle, eficácia, transparência, prestação de contas e a confiança pública na regulação. É um Estado vigilante da competitividade e garante da proteção social.[13]

John Braithwaite, citando outros investigadores, designadamente Levi-Faur, escreve: "Os Estados podem ser considerados como

---

atribuir direitos às pessoas (por exemplo, oportunidades iguais) como restringir o seu comportamento (por exemplo, o uso obrigatório de cintos de segurança).

As intervenções governamentais têm um impato em todos nós, tanto em casa como no local de trabalho. Nas sociedades prósperas, há constantes apelos a mais regulação, para proteger o ambiente, os trabalhadores ou os consumidores. Todavia, quando a regulação é mal concebida ou excessivamente complicada, pode impor custos excessivos e obstar à produtividade. A tarefa do governo é conseguir o equilíbrio certo, fornecendo proteção adequada e assegurando que o impato sobre aqueles que são regulados é proporcionado.

Os políticos divergem quanto ao nível de intervenção adequado, mas todos os governos devem garantir que as regulações sejam necessárias, justas, eficazes, comportáveis e gozem de um amplo grau de confiança pública. Para o conseguir, qualquer intervenção política, e a sua aplicação, devem corresponder aos cinco princípios seguintes, concebidos pela *Better Regulation Task Force* em 1997:
• Proporcionalidade
• Responsabilidade
• Coerência
• Transparência
• Focalização

A BRTF foi substituída pela *Better Regulation Commission* (BRC), em 2006.

Ainda no Reino Unido, a regulação econômica deve ser objeto de um *Regulatory Impact Assessment* (RIA). Em Ontário, para eliminar e prevenir excessos de regulação, o governo criou uma *Red Tape Commission* (red tape é uma expressão pejorativa para designar procedimentos administrativos excessivos, burocracia). Há um *Ontario's Regulatory Impact and Competitiveness Statement* (RICS) e, em nível federal, é exigido um *Regulatory Impact Assessment Statement* (RIAS). No quadro da União Europeia, em 2003 foi adotado um *Interinstitutional Agreement on Better Law-Making* que inclui disposições sobre a coregulação e a regulação. Nele se lê, designadamente, que a coregulação ou autorregulação "tem de representar também um valor acrescentado para o interesse geral" (par. 17). O BM lançou um *Doing Business Project* <www.doingbusiness.org> e inclui nos seus *Worldwide Governance Indicators* a *Regulatory Quality* de cada Estado. Disponível em: <http://info.worldbank.org/governance/wgi/index.asp>.

12. *Regulation — Less is More — Reducing Burdens, Improving Outcomes* é o título de um relatório preparado pela BRTF para o primeiro-ministro do Reino Unido, em 2005.

13. Será esta a natureza política da União Europeia.

provedores, distribuidores e reguladores", mas tornaram-se, desde 1980, "mais preocupados com a função de regulação e menos com a função de provisão". No entanto, "a regulação não estatal cresceu ainda mais rapidamente, de modo que a melhor maneira de qualificar a era em que vivemos não é como era do Estado regulador, mas do capitalismo regulador". É uma era mais de "governo das corporações [*corporate governance*] do que de governo estatal". A sua grande conclusão "é que a recíproca relação entre corporacionalização [*corporatisation*] e regulação cria um mundo onde há mais governação [*governance*] de todas as espécies" (BRAITHWAITE, 2005, p. 1-2), nomeadamente das MNCs, que controlam o comércio mundial e gerem grande parte da riqueza do mundo. *Freer Markets, More Rules* (STEPHEN K. VOGEL, 1996) significa também que *more capitalism, more regulation*, através da "proliferação de novas tecnologias de regulação e metarregulação" (p. 11). E de múltiplas instâncias de regulação internacional, como o FMI, a OMC, a União Europeia etc.

Na opinião do autor, as crises financeiras que provocaram a turbulência do sistema financeiro mundial nos últimos anos da década de 1990, nomeadamente a crise financeira asiática, e o fracasso do programa de privatizações na Rússia, preconizado pelo FMI, na mesma década, significaram o fim do conto de fadas (*fairytale*) do neoliberalismo.[14] Redescobre-se a importância da função do Estado e dos valores culturais e sociais. Friedman reconheceu que se enganara e que "o Estado de Direito é provavelmente mais básico do que a privatização" (cit. p. 10). Seguiu-se um *Washington Consensus Plus*, isto é, acrescentado de *Rule of Law* (Estado de Direito) e *Good Governance* (boa governação).

Stiglitz observa que "a defesa intelectual do fundamentalismo do mercado desapareceu amplamente", porque há "uma compreensão

---

14. Hoje, o autor não deixaria certamente de referir também as falhas que estão na origem da crise financeira e econômica internacional. Joskow escreve: "Ironicamente, um dos poucos setores importantes da economia que não tem sido sujeito a uma ampla reforma reguladora, durante os últimos trinta anos, é o setor dos serviços financeiros e os produtos financeiros associados, e os mercados em que são comercializados" (JOSKOW, 2009, p. 2).

das limitações dos mercados". O equilíbrio entre os interesses públicos e os interesses privados "é uma quinta-essência da atividade política" (STIGLITZ, 2006, p. xiv, 279). Como se lê num documento da OECD, "quando os governos recorrem a outros prestadores de serviços, a regulação é necessária para moldar as condições do mercado e satisfazer o interesse público" (cit. in PASCOE, 2008, p. 2).

O Capitalismo Regulador é, assim, "uma realidade de hibridismo entre a privatização do público e a publicização do privado" (BRAITHWAITE, 2005, p. 8). O *New Public Management* pós-1980 visa "a uma separação conscienciosa das funções de prestação e de regulação dentro do Estado" (p. 12).[15] Braithwaite conclui ironicamente: "Os rumores da morte de Keynes e da imortalidade de Hayek, no Fim da História, eram ambos exagerados" (p. 35).

A regulação socioeconômica é, portanto, um fenômeno paradoxal: critica-se o excesso de regulação e reclama-se cada vez mais regulação contra novos e cada vez maiores riscos. A *Regulatory Governance* tornou-se um tema transdisciplinar e central no campo das Ciências Sociais.

Depois desta digressão histórica, vamos tentar uma sistematização do fenômeno da regulação econômico-profissional.

2.2 Regulação econômico-profissional

A regulação econômica consiste, como vimos, na intervenção do Estado no domínio das atividades econômico-profissionais privadas. Johan Den Hertog, depois de constatar que, "na literatura jurídica e econômica, não há nenhuma definição fixa do termo 'regulação'", utiliza-o para significar "a utilização de instrumentos jurídicos para

---

15. *New Public Management* é uma teoria de gestão que preconiza a introdução de métodos da gestão privada na gestão pública para a tornar mais eficiente, reduzindo custos e melhorando resultados (*value for money*).

a realização de objetivos de política socioeconômica" (Den Hertog, 2000, p. 223).

Há dois grupos de teorias da regulação econômica: teorias do interesse público e teorias da captura.

- Segundo as *teorias do interesse público*, é do interesse dos consumidores/clientes poderem adquirir bens/serviços de elevada qualidade, sem riscos sérios e ao melhor preço. Como não está ao seu alcance garantir que assim aconteça, esperam que o poder público tome as medidas necessárias à sua proteção, de modo a poderem escolher a combinação qualidade/preço que lhes convém. A regulação econômica serve, pois, para proteger o público de potenciais riscos das falhas do mercado, e é tanto mais necessária quanto maiores forem esses riscos.[16] Esta foi a perspectiva dominante até aos anos 1960.

- Segundo as *teorias da captura*, o objetivo principal da regulação econômica não é a correcção das falhas do mercado, mas transferências de riqueza (*rent-seeking*) em favor de grupos de interesses mais ou menos poderosos e bem organizados que agem no sentido de obter das autoridades governamentais a adoção de medidas de regulação que os favoreçam, eventualmente com monopólios, em troca de contrapartidas financeiras e outras (designadamente para partidos políticos).[17]

---

16. "De acordo com a teoria do interesse público, a regulação governamental é o instrumento para a resolução das desvantagens da *competição imperfeita*, do *funcionamento desequilibrado do mercado*, da *falta de mercados* e de indesejáveis resultados do mercado" (DEN HERTOG, 2000, p. 225).

17. Conhecida também como "teoria econômica da regulação" ou "teoria de Chicago", a teoria da captura surgiu em princípios dos anos 1970, estando associada ao economista George J. Stigler, nomeadamente, Prêmio Nobel da Economia em 1982, que escreveu no seu texto "The Theory of Economic Regulation":

As tarefas centrais da teoria da regulação econômica são explicar quem receberá os benefícios ou encargos da regulação, qual será a forma da regulação e os efeitos da regulação na afetação de recursos.
A regulação pode ser activamente procurada por uma indústria ou pode ser-lhe imposta. Uma tese central deste texto é que, em regra, a regulação é uma aquisição da indústria e é pensada e operada, em primeiro lugar, para seu benefício.

Nenhuma destas teorias é satisfatória. Em todo o caso, há um consenso dominante sobre a necessidade da regulação econômico--profissional para proteção do público contra as falhas do mercado e realização de objetivos sociais. As causas das falhas de mercado são principalmente as assimetrias de informação e as externalidades negativas.

Há *assimetria de informação* quando quem oferece bens/serviços conhece as suas características e qualidade melhor do que quem os procura, situação que obsta à igualdade contratual (*meeting of minds*). Assim acontece na generalidade dos casos. De resto, a ignorância não está simplesmente na falta de informação, mas também na incapacidade para utilizar bem a informação que se tem.[18]

Na opinião de Sam Peltzman: "O mais importante elemento desta teoria é a sua integração da análise do comportamento político no domínio mais amplo da análise econômica" (PELTZMAN, 1989, p. 1).

Há também a *teoria da escolha pública* (*Public Choice Theory*, da *Virginia School*), que é ainda mais crítica da regulação estatal: os políticos e burocratas *vendem-se* a quem lhes paga mais (*Bidders*).

18. Para fazer as escolhas que lhes convêm, os consumidores/clientes precisam saber avaliar as características e qualidade dos bens/serviços que procuram. A liberdade e capacidade daqueles dependem, contudo, da natureza destes. Distinguem-se três tipos de bens ou serviços:

- Bens de procura (*search goods*)
  Bens de procura são aqueles cujas características e qualidade podem ser avaliadas antes de serem adquiridos. Por exemplo, a qualidade de um ramo de flores (a sua frescura e beleza) pode ser avaliada por simples observação imediata.

- Bens de experiência (*experience goods*)
  Bens de experiência são aqueles cujas características e qualidade só podem ser bem avaliadas depois de adquiridos. Por exemplo, a qualidade de um carro em segunda mão não pode ser avaliada apenas pela sua aparência, mas implicam a sua utilização.

- Bens de confiança (*credence goods*)
  Bens de confiança são aqueles cujas características e qualidade não podem ser suficientemente avaliadas mesmo depois de adquiridos. Por exemplo, a qualidade do trabalho ou da opinião de um médico ou do conselho de um advogado.

A distinção entre *search goods* e *experience goods* foi sugerida por Nelson em 1970, e os *credence goods* foram assim qualificados por Darby e Karni, em 1973 (v. VAN DEN BERGH, 2004).

A assimetria de informação pode ter efeitos de risco moral (*moral hazard*) e de seleção adversa (*adverse selection*), que se revestem de variadas formas.

- O *risco moral* acontece se a parte mais informada tira proveito da sua posição de vantagem e se comporta de um modo que prejudica os interesses da parte menos informada. Por exemplo, induzindo os consumidores/clientes a adquirir bens/serviços de qualidade superior às suas necessidades e, portanto, mais caros; ou a adquirir bens/serviços de qualidade inferior, mas sem diminuição de preço; ou quando alguém compra, por exemplo, um carro usado em mau estado, enganado (não informado) por quem o vende;[19] ou quando uma das partes tem comportamentos negligentes ou fraudulentos, por se encontrar numa posição de imunidade ao risco (por ter contratado um seguro, por exemplo).

- A *seleção adversa* acontece quando, por exemplo, os consumidores/clientes, não sabendo distinguir a qualidade dos bens/serviços, estão dispostos a pagar apenas um preço médio, que tende a provocar falta de procura daqueles que têm qualidade superior (mas são mais caros) e uma generalizada deterioração da qualidade.

Externalidades são os efeitos negativos ou positivos para terceiros que não são tidos em conta nas decisões de quem oferece ou procura os bens/serviços. A poluição é um exemplo familiar de externalidade negativa. Pelo contrário, a opção por bens/serviços de qualidade elevada pode gerar externalidades positivas, isto é, produzir benefícios para terceiros. Por exemplo, a compra de um automóvel menos poluidor ou de máquinas que consomem menos energia elétrica. Outro

---

19. É o problema dos *lemons*, termo utilizado em 1970 pelo economista americano George Akerlof no seu texto "The Market for Lemons: Quality Uncertainty and the Market Mechanism". Para ilustrar os riscos da assimetria de informação, em qualquer mercado, utilizou o exemplo de um carro usado, em mau estado, cujo proprietário o vende mais barato porque sabe que a compra é um mau negócio (o automóvel é *lemon*, uma sucata...).

exemplo é a restauração de um edifício degradado, que valoriza também aqueles que lhe são contíguos.

Outra falha de mercado menos referida acontece quando alguém exerce simultaneamente tarefas de diagnóstico e de serviço, com possíveis efeitos de agravamento do diagnóstico para tirar proveito do serviço prescrito (a chamada sobreprescrição). É o caso das reparações de automóveis ou de eletrodomésticos, que são fraudulentas quando são substituídas peças em bom estado ou são incluídos na fatura trabalhos não efetuados.

Há, ainda, o problema dos monopólios naturais dos serviços públicos (*public utilities*) ou serviços de interesse geral. Fala-se de monopólio natural quando a produção e distribuição de um produto/serviço se torna mais eficiente se forem feitas por uma só empresa, dados o investimento e custos fixos elevados que requerem, assim como as economias de escala (o baixo custo marginal, isto é, o custo de servir mais um cliente). Exemplos: a produção e distribuição de eletricidade, gás, água, as linhas telefónicas, as redes de caminhos de ferro etc. São serviços que, quando são monopólios privados, têm de ser intensamente regulados, para controlar a sua qualidade e preços.

E há também o dilema dos bens públicos (*public goods*). Denominam-se bens públicos os bens/serviços de interesse geral que, pela sua própria natureza, são não excludentes (*non-excludable*), porque ninguém pode ser excluído do seu usufruto, e não rivais (*non-rival*), porque o seu usufruto por uns não impede o seu usufruto pelos outros. O dilema está em que é praticamente impossível obrigar alguém a contribuir diretamente para os seus custos (isto é, impedir o *free-riding*). Por isso, podem ter de ser garantidos pelo Estado, através dos impostos. Exemplo clássico é um farol de navegação. Outros são a iluminação pública, a manutenção da ordem pública, a defesa nacional, os sinais radiofônicos etc. Embora talvez não haja bens intrinsecamente públicos, a sua gratuitidade pode ser preferível aos custos financeiros e/ou políticos que teria a exclusão de quem não está disposto a pagar (economia dita *productivity of publicness*).

Além das justificações econômicas da regulação, há justificações não econômicas, como é o caso dos bens de mérito/demérito (*merit/demerit goods*). Bens de mérito são bens que devem ser acessíveis a todos, mesmo a quem não pode pagá-los, por razões de justiça distributiva e pelas suas externalidades positivas. A educação e a saúde são bens de mérito por excelência. Bens de demérito são bens cujo consumo, pelo mal que pode fazer e pelas suas externalidades negativas, devem ser proibidos ou penalizados. Típicos exemplos desses bens são as drogas, o álcool e o tabaco.

Pode, ainda, dar-se o caso de não haver mercado para um bem/serviço ou de um mercado estar pouco desenvolvido.

Para corrigir ou atenuar as falhas do mercado, há soluções internas e soluções exteriores ao mercado.

- Soluções internas ao mercado são os contratos, a emissão de garantias, a publicitação de informação, a ameaça de ação judicial, o receio de má reputação etc. A eficácia destas soluções não é, contudo, satisfatória. A confiança numa garantia pode tornar o consumidor/cliente menos previdente e atento, expondo-o ao risco moral. A reputação de qualidade tende a refletir-se nos preços, além de que é menos fácil estabelecê-la numa grande cidade. A ação judicial pressupõe que o consumidor/cliente tem capacidade para fazer uma avaliação da qualidade dos bens/serviços e dispõe dos necessários recursos.
- Soluções exteriores ao mercado são aquelas que requerem a intervenção pública. São tipicamente os mecanismos de regulação.

Quando se conclui pela necessidade de regulação de uma atividade econômico-profissional, duas questões principais se colocam: Quem regula? Como?

A regulação econômico-profissional é um fenômeno multiforme. É um *continuum* que vai da não regulação até à regulação estatal

direta, passando pela autorregulação e corregulação. A BRTF distinguiu os seguintes tipos de regulação econômica:
- Ausência de intervenção estatal.
- Intervenção através de informação e educação, para reforçar a capacidade de escolha.
- Estruturas de incentivo, que podem ser de natureza financeira, para encorajar certo tipo de condutas.
- Autorregulação, quando as normas regulamentadoras são adotadas e aplicadas pelos próprios regulados.
- Corregulação, se há um envolvimento estatal, mais ou menos formal, na regulação.
- Regulação clássica, com intervenção estatal prescritiva de condutas determinadas.

Ainda no Reino Unido, o *National Consumer Council* (NCC) enumera as seguintes modalidades de regulação econômica: códigos legais, códigos oficiais de orientação, códigos "reconhecidos", códigos de associações comerciais aprovados, códigos negociados, códigos setoriais unilaterais, cartas dos consumidores, códigos unilaterais de conduta. Os códigos de conduta são também denominados códigos de ética e códigos de prática. Estabelecem normas de comportamento de quem produz/vende bens e de quem presta serviços, na sua relação com os consumidores/clientes. Podem ter um conteúdo geral ou pormenorizado; o seu respeito pode ser obrigatório ou não; podem, ou não, prever sanções para as infrações e incluir, ou não, mecanismos de resolução dos diferendos, para a reparação de eventuais prejuízos dos consumidores.

Na Austrália, um documento oficial (Minister for Customs and Consumer Affairs, 1998) distingue os seguintes níveis de regulação econômica: não regulação, autorregulação (sem intervenção do poder público), quase regulação (quando o poder público intervém com um impulso inicial, mas não na aplicação), corregulação (quando a autorregulação é legislativamente garantida pelo poder público) e regulação legislativa (quando organizada diretamente pelo poder público). O documento adota quatro princípios:

1. A presunção geral é que forças de mercado competitivas proporcionam maior escolha e benefícios para os consumidores.
2. O governo considerará a intervenção quando houver falha de mercado ou uma demonstrada necessidade de realizar um particular objetivo social.
3. Códigos de conduta voluntários e eficazes são o método de intervenção preferido.
4. Quando um código de conduta não for eficaz, o governo pode ajudar a indústria a regular-se com eficácia.

A OECD, na sequência de um processo de reformas da regulação iniciado em meados dos anos 1990, adotou em 2005 *Guiding Principles for Regulatory Quality and Performance*.[20]

Só aparentemente pode haver ausência de regulação, pois os agentes econômicos têm de respeitar sempre a moldura jurídica mais geral da sociedade e não podem ignorar normas não escritas decorrentes dos valores morais e sociais dominantes, nem os costumes do respectivo campo de atividade. As organizações econômicas ou financeiras podem também aderir a instituições privadas de certificação voluntária, para dar uma imagem pública de credibilidade e responsabilidade social.[21]

---

20. Disponível em: <www.oecd.org/dataoecd/24/6/34976533.pdf>.

21. Por exemplo, a Organização Internacional para a Normalização (International Organization for Standardization, ISO) é uma organização não governamental que é uma federação das entidades nacionais de normalização, em 157 países, uma só e a principal em cada país (em Portugal, é o Instituto Português da Qualidade, IPQ). Colabora com outras organizações internacionais, nomeadamente agências especializadas das Nações Unidas, e tem um Código de Ética comprometido com o desenvolvimento sustentável. As normas ISO são consensos normativos internacionais construídos por mais de 50 mil especialistas de todo o mundo. Já são mais de 17 mil e, embora de adesão voluntária, têm uma ampla aceitação e aplicação nos mais diversos setores de atividade. Por exemplo, o número ISBN (International Standard Book Number) que se encontra na ficha técnica dos livros. Disponível em: <www.iso.org>.

A Social Accountability International (SAI) é "uma organização não governamental multilateral cuja missão é agir em favor dos direitos humanos dos trabalhadores pela promoção de

A intensidade da intervenção pública depende da natureza da economia: é diferente numa economia planificada ou numa economia de mercado. E há duas culturas de regulação econômica no Ocidente: a europeia e a anglo-saxônica. No continente europeu, é mais centralizada e burocrática. No mundo anglófono, é sobretudo subsidiária, mais em função das "falhas do mercado".

Anthony Ogus, um dos principais investigadores nesta área, distingue quatro tipos de entidades/autoridades reguladoras (2002, p. 8-9):

- Entidade/autoridade governamental, no âmbito de um Ministério ou Departamento, envolvendo eventualmente a consulta de especialistas. É a regulação direta, predominante no domínio da regulação social, como é o caso da proteção dos consumidores e da proteção do ambiente.

- Entidade/autoridade semiautônoma, através de uma instância de regulação criada para o efeito, independente mas sujeita a alguma tutela governamental, sob a forma de: nomeação dos seus membros (que podem ser membros da atividade regulada); inclusão de representante(s) governamentais; exigência ou presunção de que os seus regulamentos e decisões estejam de acordo com as orientações governamentais; alguma modalidade de ratificação das suas decisões pelo governo.

- Entidade/autoridade autônoma, isto é, não sujeita às principais tutelas referidas, mas com independência estatutária e cujos membros são especialistas independentes. É um organismo

---

condições de trabalho decentes, dos direitos laborais e da responsabilidade social empresarial através de normas voluntárias". O Social Accountability 8000 (SA8000) Standard é uma norma de certificação dos locais e condições de trabalho fundada nas normas fundamentais da OIT, da Declaração universal dos direitos humanos (Nações Unidas, 1948) e na Convenção sobre os direitos da criança (NAÇÕES UNIDAS, 1989). Disponível em: <www.sa-intl.org/index.cfm?&stopRedirect=1>.

A Associação Portuguesa de Certificação de sistemas de gestão, produtos, serviços e pessoas representa em Portugal a rede internacional de entidades certificadoras (International Certification Network). Disponível em: <www.iqnet-certification.com/index.php?page=homecontent&ID=1>.

regulador criado para o efeito, com independência orgânica (pela sua composição) e funcional (pelas suas atribuições). São tipicamente as agências federais ou estaduais, nos EUA, entidades independentes que não recebem orientações governamentais e têm um mandato relativamente longo e irrevocável. Foram replicadas na Europa, como se disse.[22]

- Entidade/autoridade autorreguladora, designadamente no campo profissional, cujos membros provêm maioritariamente ou em número significativo do setor regulado, por eleição e/ou designação. As suas funções típicas são a adoção de normas de entrada na profissão, de prática e de conduta, bem como o exercício do poder disciplinar. A sua responsabilidade pública (*accountability*)[23] é assegurada principalmente pelo

---

22. Por exemplo, lê-se no preâmbulo do Decreto-lei n. 309/2003, de 10 de dezembro, que criou a Entidade Reguladora da Saúde (ERS), em Portugal:

São duas as razões principais para essa solução [criação de um organismo regulador independente], em relação à tradicional solução da regulação governamental direta ou indireta, por meio de direções gerais e de institutos públicos convencionais, submetidos a orientação ministerial.
Por um lado, a necessidade de estabelecer uma adequada distância entre a política e o mercado, conferindo à atuação reguladora uma estabilidade que só uma autoridade independente pode proporcionar, justamente porque não sujeita a evoluções conjunturais.
Por outro, mantendo o Estado, sobretudo nos serviços públicos, um papel muitas vezes decisivo como operador, então tudo justifica que o papel como regulador e como operador não se confundam, já que o regulador deve regular não somente os operadores sociais ou privados mas também os operadores públicos. Disponível em: <www.iapmei.pt/iapmei-leg-03.php?lei=2487>.

23. *Accountability* é um termo inglês antigo que está no centro dos debates sobre *governance* e governo democrático. Tem a sua etimologia em "contar" (*count*), mas foi adquirindo a significação ampla de capacidade para prestar contas e obrigação de fazê-lo. No campo político e administrativo, era mais utilizado o termo mais latino *responsibility*, na acepção técnica de ter de responder pelos seus atos. No campo jurídico, prevalece o termo *liability* para significar uma obrigação contraída através de determinado ato (a assinatura de um contrato, por exemplo).
A significação e utilização específicas que o termo *accountability* tem, hoje, são muito recentes. Segundo Dario Castiglione (2006), o termo só entrou nos dicionários e enciclopédias nos anos 1980. Uma das dificuldades que apresenta é a da sua tradução noutras línguas, num tempo de internacionalização da vida académica e da expansão do inglês como *lingua franca*. Nas línguas europeias, o termo de significação mais próxima é responsabilidade (*responsabilidad*, *responsabilité*, *Verantwortlichkeit*...). *Liability* também não tem equivalente nas línguas europeias.

seu estatuto, pela possibilidade de recurso das suas normas e decisões e pela eventual presença de representantes de outros interesses na sua composição.

No domínio laboral, há uma tradição de regulação tripartida (com a participação do Estado, patrões e trabalhadores), que é o modelo que caracteriza a OIT (instituída em 1919).

As medidas regulatórias podem ser de vária ordem, como:

- Controle das técnicas e da quantidade da produção, para evitar excessos de exploração e de produtos (como acontece com as quotas no âmbito da União Europeia).
- Controle da qualidade dos bens/serviços, nomeadamente através de sinais de qualidade, de regras para a sua publicidade, de normas relativas às emissões de gases poluentes, à qualidade dos alimentos e dos medicamentos, da obrigação da emissão de garantias etc.
- Restrições à entrada no mercado dos bens/serviços, para evitar monopólios ou excessos de competição que podem ter efeitos nos preços e na qualidade dos bens/serviços, na segurança dos consumidores/clientes, assim como na segurança e proteção social dos trabalhadores.
- Restrições, em particular, à entrada e exercício das profissões (no que respeita à formação requerida, à mobilidade profissional, à prestação de serviços equivalentes ou complementares por outras profissões) e à conduta profissional (no que respeita aos preços, à publicidade e à organização da prestação dos serviços).

Castiglione observa que "o progresso recente da cultura da *accountability* pode ter obscurecido o papel crucial que a cultura da responsabilidade desempenha numa *governance* boa e democrática". Com efeito, o termo "tem crescentemente assumido alguns dos significados mais facilmente associados com responsabilidade", na sua acepção subjetiva e moral. Por isso, é bom "manter vivos ambos os termos" e procurar evitar que o primeiro (*accountability*) seja utilizado para significar "tudo e nada" e se caia num círculo vicioso (*circle of accountability*).

Den Hertog resume:

> A regulação econômica consiste em dois tipos de regulações: regulação estrutural e regulação da conduta [...]. A "regulação estrutural" é utilizada para regular a estrutura do mercado. São exemplos as restrições à entrada e à saída e as regras contra indivíduos que prestam serviços profissionais sem qualificações reconhecidas. A "regulação da conduta" é utilizada para regular o comportamento no mercado. Exemplos são o controle do preço, regras contra a publicidade e normas de qualidade mínima. (DEN HERTOG, 2000, p. 223-224)

As infrações às normas reguladoras incluem multas, suspensão de atividade ou até prisão.

A terminologia das formas de regulação econômico-profissional é variável. As principais denominações são *licenciamento, certificação, registro*, termos que são utilizados, por vezes, com significações sobreponíveis.[24] Nas suas acepções mais rigorosas, designam níveis de regulação de natureza restritiva decrescente e amplitude crescente, conforme o grau de risco das atividades em causa.

- *Licenciamento* é uma forma de regulação que consiste no controle do exercício de uma atividade econômico-profissional através da emissão de uma autorização, com base na verificação de conformidade com requisitos estabelecidos, sem a qual não pode ser exercida por indivíduos ou entidades. Esses requisitos dizem respeito à estrutura e processo de produção dos bens ou às condições para a prestação dos serviços, como: limites quantitativos à entrada no mercado, formação escolar/acadêmica (prévia e/ou controlada por exame *ad hoc* administrado pela entidade reguladora ou por outra reconhecida

---

24. V. por exemplo o *Glossary of General Terminology Used in Professional and Occupational Regulation* do *Council on Licensure, Enforcement and Regulation (CLEAR)*, que é a principal organização internacional no domínio da regulação profissional. Tem sede no Kentucky (EUA) e uma delegação em Bristol (Reino Unido). Disponível em: <www.clearhq.org>.

por ela); aspectos pessoais (idade, nacionalidade, registro criminal) etc.

- *Certificação* é uma forma de regulação que consiste numa declaração formal de conformidade com pré-requisitos, para informar os consumidores/clientes sobre quem está e quem não está reconhecidamente habilitado para a oferta competente e fiável de bens/serviços, deixando-lhes a liberdade de escolha da relação qualidade/preço.
- *Registro* é uma forma de regulação que consiste apenas na inscrição do nome, morada, qualificações e outras informações elementares junto de uma entidade oficial ou privada. É a forma de regulação de atividades econômico-profissionais de risco baixo ou moderado.

Acreditação é outro termo por vezes utilizado como sinônimo de registro, certificação ou licenciamento, mas é mais frequentemente aplicado ao ato de aprovação ou validação de um programa ou instituição de formação profissional que satisfaz as normas estabelecidas por uma entidade competente.

Credenciação é também um termo utilizado para significar o reconhecimento, baseado em pré-requisitos, da habilitação de um indivíduo ou entidade para o exercício de uma atividade econômica ou profissional.

Se não há mercado perfeito, também não há regulação perfeita. Nenhuma forma de regulação econômica é, por si, satisfatória. Há uma tensão entre competição e regulação, entre liberdade dos mercados e proteção do interesse público. A regulação pode ser prejudicial à competição e aos consumidores/clientes, se for obstáculo à elevação da qualidade e à descida dos preços.

- O licenciamento é, em princípio, a forma de regulação mais protetora dos consumidores/clientes, mas pode ter efeitos anticompetitivos, sem melhoria de qualidade nem reflexos na relação qualidade-preço dos bens/serviços. Pelo contrário, por um lado, aumenta os custos de acesso e de exercício da profissão, por outro, está frequentemente associado a remunerações mais elevadas[25]. Além disso, os consumidores/clientes que utilizam certos bens/serviços com mais frequência adquirem uma experiência que os ajuda a tomar decisões cada vez mais esclarecidas. Por isso, os economistas, em geral, pensam que o licenciamento deve ser limitado às atividades econômico-profissionais suscetíveis de elevados riscos e prejuízos para os consumidores/clientes.[26]

- A certificação tem a vantagem de permitir aos consumidores/clientes maior liberdade de escolha (entre entidades/profissionais certificados ou não), mas se fizerem escolhas erradas, elas podem reverter em custos significativos e causar externalidades negativas.

- O registro permite aplicar a sanção da exclusão da inscrição, em caso de erro grave, mas um só erro pode causar muito mal e quem o comete não fica impedido de continuar a exercer a atividade (sem registro).

De acordo com a BRC (Reino Unido), uma decisão sobre uma boa regulação deve resultar das respostas às seguintes interrogações:

---

25. É um tema já abordado por Adam Smith (em termos críticos: considerava o licenciamento um meio de controlar a entrada numa profissão e, assim, aumentar os seus rendimentos). O licenciamento expandiu-se com o progresso e crescente especialização do conhecimento científico-tecnológico, a partir da segunda metade do século XIX, principalmente no século XX, e o aparecimento de novas profissões. Essas transformações acentuaram a assimetria da informação entre os produtores/fornecedores de bens/serviços, de um lado, e os consumidores/clientes, do outro.

26. Segundo o *Competition Bureau* do Canadá, há muitas provas de que "a redução da regulação aumenta a produtividade" (COMPETITION BUREAU, 2007, p. xi). E cita como exemplo a Austrália onde, em meados dos anos 1990, foram lançadas amplas reformas pró-competição que, em poucos anos, tornaram a economia australiana numa das mais competitivas da OECD e baixaram significativamente as taxas de desemprego (p. 15). Por isso, o *Competition Bureau* recomenda, por exemplo, que os reguladores evitem estabelecer ou recomendar preços máximos, que podem funcionar, na prática, como preços fixos, e não coloquem restrições às práticas multidisciplinares entre serviços complementares, que podem ter um efeito anticompetitivo.

- *É necessária?* Quando não é necessário regular, é necessário não regular. O melhor a fazer é, por vezes, nada fazer.
- *Não há alternativa melhor?* Há muitos modos de alterar o comportamento, e a "regulação clássica" deve ser utilizada como último recurso.
- *Respeita os cinco princípios da boa regulação?* Os cinco princípios são uma experimentada e testada maneira de avaliar a regulação.
- *Há um equilíbrio sensato e uma repartição do risco?* Perguntamos de que risco se trata, por que e com que custos, quais são os equilíbrios e quem beneficiará e pagará pela mitigação do risco.
- *Produz os efeitos desejados pelo menor custo possível?* Uma avaliação custo-benefício. Queremos assegurar que os benefícios excedem os custos, que a regulação funcionará, queremos evitar consequências não esperadas e não impor custos desnecessários ou não razoáveis. (in AA.VV., 2007, p. 241-242)

Resumindo, a regulação econômico-profissional deve ser justificada pela proteção do interesse público, ser precedida de uma análise de custos-benefícios e ter em conta, nomeadamente, os princípios de proporcionalidade e de não discriminação.

A regulação econômica diz respeito a todas as atividades econômicas, incluindo as profissões, mas a regulação profissional tem, obviamente, especificidades.

2.3 Autorregulação das profissões

Regulação profissional é o controle do acesso ao exercício de uma profissão e a supervisão do modo como é exercida. Mas é um "mundo esotérico" e "um processo complexo e frequentemente confuso", como escreveram duas autoridades nesta matéria (SCHMITT; SHIMBERG, 1996, p. vi, 102).

Segundo Carolyn Cox e Susan Foster (1990), já se encontram referências à regulação das profissões no *Código de Hammurabi*, na Babilônia (*circa* 1790 a.C.). Em Roma, sobretudo a partir do século III, havia *Collegia* comunais de artesãos, comerciantes etc. Na Idade Média, a regulação era operada pelas Guildas (corporações de ofícios, de que há notícia já no século VIII), com a proteção interessada dos monarcas.

Nos EUA, as primeiras leis de regulação foram promulgadas em meados de 1600, para controlar os preços cobrados pelos médicos (embora se leia também que o primeiro Estado a adotar legislação com esse fim terá sido o Texas, em 1873). O licenciamento ocupacional expandiu-se durante a *Progressive Era* e ao longo de todo o século XX, com o número das profissões reguladas a passar de apenas algumas (inicialmente só a Medicina e a Advocacia) a mais de mil. Segundo dados oficiais recentes, há mais de oitocentas ocupações licenciadas em, pelo menos, um Estado e mais de 1.100 licenciadas, certificadas ou registradas. Os profissionais licenciados são cerca de 29%, e os licenciados ou certificados são cerca de 35% (v. KLEINER; KRUEGER, 2009).[27]

A principal imperfeição do mercado dos serviços profissionais é a assimetria de informação e o consequente problema da relação Principal-Agente (*Principal-Agent Problem*), isto é, da relação entre clientes (Principal) e fornecedores dos serviços (Agente), que permite ao Agente tirar proveito da sua posição de vantagem sobre o Principal. Está sujeito também às externalidades negativas da prestação

---

27. O licenciamento profissional é uma competência de cada Estado e, em geral, tem quatro tipos de requisitos: formação escolar, experiência, situação pessoal (condições de cidadania e residência, designadamente) e aprovação num exame. É geralmente confiado a um organismo público, criado por lei, cujos membros provêm, em muitos casos, da profissão regulada e são nomeados pelo governador. As suas características variam de Estado para Estado, no que respeita à sua autonomia, à modalidade de escolha dos seus membros, número de eventuais representantes do público na sua composição, normas e procedimentos disciplinares, fonte do seu financiamento.

de serviços de baixa qualidade aos clientes (que podem ser indivíduos, famílias, grupos ou comunidades inteiras que procuram qualquer serviço especializado). Por exemplo, se um médico falha no diagnóstico de uma doença contagiosa, pode contribuir para uma epidemia; se um advogado perde uma causa por incompetência ou negligência, as consequências podem ser graves para várias pessoas e para a confiança pública na justiça; se uma escola contrata professores ou professoras sem a competência necessária, isso reverte em prejuízo para muitos estudantes e suas famílias (e toda a sociedade, afinal). A regulação dos serviços profissionais complicou-se com a sua terceirização (mediação contratual de agentes terceiros, ou subcontratação de pequenas empresas de profissionais).

A regulação profissional tem como finalidade:

- assegurar que o público é protegido de praticantes sem escrúpulos, incompetentes e não éticos;
- oferecer ao público alguma garantia de que o indivíduo sujeito a regulação é competente para prestar certos serviços de um modo seguro e efetivo; e
- proporcionar um meio através do qual os indivíduos que falham no cumprimento das normas profissionais podem ser disciplinados, incluindo a revogação das suas licenças. (SCHMITT; SHIMBERG, 1996, p. 1)

Por outras palavras, o Estado, como Órgão do Interesse Geral, tem a obrigação e o direito de regular uma profissão na medida em que tal for necessário para proteger o público, designadamente quando este não tem capacidade para avaliar a competência dos profissionais, ou não tem escolha, e os riscos são elevados. A regulação pública procura garantir que os serviços profissionais são prestados de um modo competente, ético, seguro, com a maior qualidade e pelo melhor preço.

A necessidade da regulação profissional tem analogia com a que está na origem da intervenção mais ou menos intensa dos Estados no mercado de trabalho, para corrigir a assimetria das posições contratuais de empregadores e trabalhadores. Difere, no entanto, da regulação laboral na medida em que não tem por objeto as relações de trabalho, mas antes uma jurisdição profissional (no sentido de Andrew Abbot, em *The system of professions*, 1988), com os seus privilégios de *gatekeeping* (controle de entrada).

A liberdade de escolha de profissão está, pois, sujeita a restrições legítimas. Em Portugal, na opinião de Gomes Canotilho e Vital Moreira: "A liberdade de escolha de profissão tem vários níveis de realização" e "está sob *reserva de lei restritiva*", prevista nos artigos 18.2 e 18.3 da Constituição da República Portuguesa (CRP), que admite restrições necessárias à salvaguarda de "outros direitos ou interesses constitucionalmente protegidos", consignadas no artigo 47.1: "Todos têm o direito de escolher livremente a profissão ou o gênero de trabalho, salvas as restrições legais impostas pelo interesse coletivo ou inerentes à sua própria capacidade".[28] A liberdade de profissão não é, designadamente, "incompatível com a reserva de *atos típicos* de uma profissão para profissionais habilitados com o respectivo título profissional ('atos médicos', 'atos de procuradoria forense', 'atos farmacêuticos')", embora a exclusividade não deva ser tão injustificadamente ampla que possa "invadir o espaço próprio de outras profissões" (CANOTILHO; MOREIRA, 2007, p. 656-657).

A generalidade das profissões são exercidas, hoje, sob alguma forma de regulação. São mais intensamente reguladas aquelas em que estão em causa interesses individuais mais valiosos ou que têm mais impato social. A decisão de regular uma profissão requer, então:

- avaliar se, em virtude do objeto da sua atividade, a incompetência grosseira ou conduta imprópria dos seus profissionais podem pôr em risco a vida, a saúde, a segurança, a propriedade, o bem-estar ou outros bens e interesses dos destinatários diretos dos seus serviços e do público em geral;[29]

---

28. <www.parlamento.pt/LEGISLACAO/Paginas/ConstituicaoRepublicaPortuguesa.aspx>.
29. Por exemplo, no Estado da Virgínia (EUA), as *Regulations of professions and occupations* (54.1.100) estabelecem:

- escolher a forma de regulação mais apropriada, que deve ser aquela que melhor serve todos os interesses em jogo, nomeadamente a mais favorável à elevação da qualidade e diminuição dos custos e preços das suas prestações, e a menos onerosa para o erário público.

A intensidade da regulação de uma profissão depende da natureza dos serviços que presta e dos prejuízos que pode causar se não forem bem prestados. Devem ser mais intensamente reguladas as profissões que prestam serviços de valor mais elevado para a sociedade no seu todo e em que há maior assimetria de informação e de posições entre quem os presta e quem os procura.

O exercício de uma profissão regulada é objeto de uma autorização cujas modalidades principais são, como vimos, as seguintes:

- *Licenciamento* obrigatório para o seu exercício. As profissões licenciadas são profissões de prática reservada (*reservation of practice*).[30] É a modalidade de regulação mais restritiva e, por isso, a mais excepcional.

Nenhuma regulação será imposta a qualquer profissão ou ocupação a não ser com a exclusiva finalidade de proteger o interesse público quando:

1. A prática não regulada da profissão ou ocupação pode ser prejudicial ou perigosa para a saúde, a segurança ou o bem-estar do público e essa possibilidade é reconhecível e não remota ou dependente de argumentação tênue;
2. A prática da profissão ou ocupação tem particulares qualidades que lhe são inerentes, distinguindo-a do trabalho vulgar;
3. A prática da profissão ou ocupação requer capacidades ou formação especializadas e o público precisa e quer beneficiar de garantias de competência profissional e ocupacional inicial e contínua; e
4. O público não é eficazmente protegido por outros meios. Disponível em: <http://leg1.state.va.us/cgi-bin/legp504.exe?000+cod+54.1-100>.

30. Lê-se no *Accord Policy on Registration/Licensing/Certification of the Practice of Architecture of the International Union of Architects* (UIA):

O licenciamento ocupacional é um exercício do poder político inerente ao Estado para proteger a saúde, segurança e bem-estar dos seus cidadãos. Há cinco critérios geralmente aceites para decidir quando é que o licenciamento é indicado: 1) a prática não regulamentada da ocupação põe seriamente em risco a vida, saúde, segurança ou o bem-estar econômico do consumidor, e o risco potencial é reconhecível e é provável que aconteça;

- *Certificação* de quem tem um título profissional que comprova uma formação específica para exercê-la, mas sem excluir do seu exercício quem não tiver a certificação. As profissões certificadas são profissões de título protegido (*title protection*), que apenas pode ser usado por profissionais certificados.[31] É, pois, uma modalidade de regulação menos restritiva do que o licenciamento. Protege o título, não a prática, deixando a quem procura os serviços ocupacionais/profissionais a liberdade de escolha entre quem tem ou não uma certificação legal. Mas também há programas de certificação privados, voluntários. Esta forma de certificação começou, nos EUA, em 1916, quando um grupo de oftalmologistas, médicos licenciados, para se diferenciarem de outros médicos sem formação especializada no cuidado e tratamento dos olhos, formaram uma organização própria (*American Board of Ophthalmic Examination*).[32]

---

2) a prática da ocupação requer um elevado grau de capacidade, saber e formação; 3) as funções e responsabilidades do praticante requerem juízo independente e os membros do grupo ocupacional exercem-nas de um modo independente; 4) o âmbito da prática da ocupação distingue-se de outras ocupações licenciadas e não licenciadas; 5) o impato econômico e cultural sobre o público justifica a regulação deste grupo ocupacional. A prática da arquitetura satisfaz estes critérios clássicos.

Disponível em: <www.uia-architectes.org/image/PDF/UIA-Accord%20full_def.pdf>. Acesso em: ago. 2009.

31. Por exemplo, em janeiro de 2008, a *National Association of Social Workers — Washington State Chapter* reclamou a proteção do título de "Trabalhador Social", que já existe em 45 estados dos EUA, argumentando, nomeadamente, o seguinte: "*Outros profissionais que trabalham intimamente com populações vulneráveis, como os enfermeiros, os médicos e os advogados, têm proteção do seu título. Os Trabalhadores Sociais prestam serviços às mesmas populações vulneráveis, mas atualmente qualquer um(a) pode intitular-se trabalhador social sem estar obrigado aos requisitos de formação e de prática profissionais de um Trabalhador Social graduado*". Está em curso o necessário processo legislativo. Disponível em: <www.nasw-wa.org/associations/8192/files/Position%20Paper%20HB1357%2009.pdf>.

32. Em 1971, o Departamento da Saúde, da Educação e do Bem-Estar definiu a certificação privada como:

[...] processo pelo qual uma agência não governamental ou associação garante reconhecimento a um indivíduo que cumpriu com certas qualificações predeterminadas, especificadas por essa agência ou associação. Essas qualificações podem incluir a graduação por

- *Registro* de quem a exerce, com requisitos elementares: nome, morada, eventualmente certificado de registro criminal, mas sem controle de competência. É a modalidade de regulação menos restritiva, utilizada quando há uma probabilidade baixa de que uma atividade ocupacional/profissional possa prejudicar seriamente o público.

Na forma mais pura de registro, um candidato não tem que demonstrar nenhuma qualificação especial. Tudo o que se lhe pede é o registro do seu nome, morada e talvez alguma outra informação relevante. A forma de registro mais básica não dá nenhuma garantia de competência nem de que quem se registra cumpriu certas normas predeterminadas, tais como um nível de formação ou de experiência (SCHMITT; SHIMBERG, 1996, p. 21).

Por exemplo, o *Code of Virginia* (EUA) — segundo o qual um *Regulatory Board* deve ter cinco membros, pelo menos, dos quais dois devem ser cidadãos exteriores à profissão, que apenas não podem intervir em matérias relativas à competência profissional — utiliza as seguintes definições:

- *Registro* "significa um método de regulação pelo qual qualquer praticante de uma profissão ou ocupação pode ser obrigado a prestar informações sobre a localização, natureza e exercício da sua prática".
- *Certificação* "significa o processo pelo qual o Departamento [da Regulação Profissional e Ocupacional] ou qualquer órgão regulador emite, em nome da *Commonwealth*, um certificado a uma pessoa comprovando que possui o caráter e competências mínimas para praticar bem a sua profissão ou ocupação".
- *Licenciamento* "significa um método de regulação pelo qual a *Commonwealth*, através da emissão de uma licença, autoriza

---

um programa de formação acreditado ou aprovado, um resultado aceitável num exame de qualificação e/ou completar algum especificado tempo ou tipo de experiência de trabalho (cit. in SCHMITT; SHIMBERG, 1996, p. 21).

uma pessoa possuidora do caráter e das competências mínimas a praticar uma profissão ou ocupação cuja prática sem licença é ilegal".

- *Inspecção* "significa um método de regulação pelo qual uma agência estatal examina periodicamente as atividades e instalações dos praticantes de uma ocupação ou profissão, para verificar que o praticante está exercendo a sua profissão ou ocupação de um modo compatível com a saúde pública, a segurança e o bem-estar".[33]

Não obstante, registro, certificação e licenciamento são termos cuja utilização nem sempre é claramente diferenciadora e podem aparecer semanticamente encadeadas, como é o caso do citado *Accord Policy on Registration/Licensing/Certification of the Practice of Architecture of the International Union of Architects* (UIA), em que se lê: "Por brevidade, o termo 'registro' é utilizado ao longo destas orientações para denotar 'registro/licenciamento/certificação'".[34]

---

33. Disponível em: <www.dpor.virginia.gov/dporweb/lawsandregs.cfm>.

34. O documento começa com a seguinte definição:

Registro/licenciamento/certificação é o reconhecimento legal oficial da qualificação que permite a um indivíduo o exercício independente da profissão de arquiteto, acompanhado por regulamentos que impedem pessoas sem qualificação de desempenhar certas funções. Dado o interesse público num ambiente construído com elevada qualidade e sustentável, e os perigos e consequências associados com a indústria da construção, é importante que os serviços arquitetônicos sejam prestados por profissionais devidamente qualificados, de modo a que possam proteger adequadamente o público.

A *UK Commission for Employment and Skills* utiliza o termo "acreditação"

[...] para designar situações em que um indivíduo pode requerer a acreditação da sua competência por um organismo profissional ou associação laboral reconhecidos. A acreditação é análoga à certificação por conferir um estatuto de competência que é reconhecido como tal por outros praticantes ou consumidores. Em comum com a certificação tem ainda o fato de poder conferir um título ou denominação específicos [...]. Todavia, distingue-se da certificação por não haver envolvimento do Estado no seu processo. Os critérios que presidem à acreditação e aos procedimentos relativos à aplicação são, pois, inteiramente da responsabilidade do organismo de acreditação. (UK COMMISSION FOR EMPLOYMENT AND SKILLS, 2011, p. 3-4)

Uma alternativa às modalidades de regulação profissional tipificadas pode ser a sua combinação com a supervisão da qualidade do serviço, realizada com eficácia.[35]

Resumindo, licenciamento implica certificação, e certificação implica registro. A certificação protege principalmente a profissão, enquanto o licenciamento protege principalmente o público, através do reconhecimento de um monopólio profissional. Por isso, é da competência exclusiva de um organismo público, enquanto a certificação pode ser feita por associações profissionais privadas.

Todos os grupos ocupacionais procuram alcançar a marca de seletividade e prestígio conferida pelo estatuto de licenciamento, que permite controlar mercados de serviços através de restrições que são favoráveis à elevação dos seus rendimentos. Por exemplo, restrições à entrada, designadamente através dos custos de preparação, tanto diretos (o que é necessário pagar para frequentar a formação e para a emissão do licenciamento) como indiretos (os custos de oportunidade, isto é, o que se deixa de ganhar); ao âmbito de exercício de uma profissão e mobilidade dos profissionais; à comunicação profissional (publicidade dos serviços), por alegada incompatibilidade com a Deontologia da profissão; à organização multidisciplinar da prestação dos serviços (em termos de *Single Point Contact*, que a União Europeia recomenda), por tais práticas poderem criar conflitos de interesses e afetar a autonomia deontológica; à substituibilidade de serviços por serviços equivalentes prestados por outras profissões; à propriedade, tamanho e localização da entidade que presta os serviços; à variação dos preços.

A principal justificação apresentada em favor do licenciamento profissional é que ele é a melhor garantia da qualidade dos serviços e, assim, a melhor forma de proteção do público. A avaliação da qualidade é, todavia, sempre muito problemática. No que respeita

---

35. Por exemplo: "Quem repara televisões na Califórnia tem de registrar-se junto de uma entidade estatal. As alegações de reparações fraudulentas são investigadas por profissionais treinados contratados pelo Estado" (cox; foster, 1990, p. 48).

aos serviços profissionais, os fatores e critérios da sua qualidade situam-se em três níveis:
- Nível estrutural, relativo à disponibilidade e acessibilidade dos serviços, à competência dos profissionais e aos meios de que dispõem.
- Nível processual, relativo à aceitabilidade dos serviços e, designadamente, à relação entre os profissionais que os prestam e os seus destinatários.
- Nível dos resultados, relativo aos custos e à eficácia dos serviços prestados.

O indicador de qualidade mais visível e próximo dos destinatários dos serviços é o terceiro, mas os profissionais não controlam todas as suas variáveis. Pode ser injusto estabelecer uma correlação entre a qualidade dos serviços e os resultados obtidos. Por exemplo, um bom advogado não ganha necessariamente todas as causas cuja defesa assume.

A relação entre licenciamento e qualidade, no campo profissional, parecia evidente, mas a evidência começou a ser posta em causa por investigações empíricas a partir de meados dos anos 1970. O balanço geral dos estudos sobre os efeitos do licenciamento é que ele tem mais desvantagens do que vantagens: tem, designadamente, efeitos anticompetitivos e dissuasores da diversidade, da experimentação e da inovação.[36] Há provas de que, num sistema de mercado livre, a redução

---

36. Segundo David S. Young (2009), a maior parte dos estudos empíricos revela que "o licenciamento tem, quando muito, um efeito neutro na qualidade e pode até prejudicar os consumidores". Pode acontecer um efeito paradoxal de excesso de qualidade ou *efeito Cadillac*: os consumidores, ou procuram os serviços de profissionais de elevada qualidade, por um preço elevado, ou simplesmente não procuram os serviços profissionais, podendo recorrer à alternativa do *do-it-yourself* (faça você mesmo) ou do *mercado paralelo* (dito "negro"), com descida geral da qualidade e uma diminuição da segurança.

Por exemplo, está documentado que, nos EUA, a taxa de eletrocussões é mais elevada nos estados onde as restrições à entrada na profissão de eletricista são mais elevadas. Outros autores concluíram que o licenciamento favorece a cartelização e a subida dos preços dos serviços, como efeito das restrições ao seu exercício, sem necessariamente aumentar a sua qualidade.

da regulação aumenta a competitividade e, como consequência, a produtividade, com vantagens tanto para os consumidores dos serviços como para os seus fornecedores: os consumidores têm acesso a um maior número de serviços e mais baratos, os fornecedores são mais estimulados a reduzir os seus custos e assim aumentam a sua procura. Sendo assim, as restrições de entrada no mercado dos serviços profissionais e da conduta na sua prestação, se forem injustificadas, podem proteger sobretudo os profissionais, diminuir a oferta dos serviços, dificultar a escolha dos consumidores e elevar os custos.

Em consequência, muitos autores pensam que o licenciamento, no sentido antes definido, é necessário e benéfico apenas quando a prática de uma profissão envolve riscos elevados e os destinatários dos seus serviços não estão em condições de avaliar devidamente a sua qualidade. Não se justifica, porém, quando se trata de serviços de intensa e generalizada utilização, cujos resultados podem ser facilmente observados e avaliados, ou quando os seus custos não são elevados nem são graves as consequências de erros possíveis. Ou

---

Svorny observa, por exemplo, que a pedra angular do monopólio da *American Medical Association* (AMA, fundada em 1847) era o poder de licenciamento através do controle da acreditação das escolas de Medicina e de práticas anticompetitivas relativas à prestação dos serviços (SVORNY, 2000, p. 304-305). Os médicos também tinham que ser cidadãos norte-americanos, condição que foi judicialmente ilegalizada.

Também o *Competition Bureau* do Canadá observa que estudos empíricos sobre os efeitos nos preços e na qualidade dos serviços profissionais causados pelas restrições à entrada no mercado "concluíram que os rendimentos dos membros das profissões com restrições à entrada são mais elevados do que os de profissionais comparáveis que não encontram restrições. O efeito na qualidade não é claro" (COMPETITION BUREAU, 2007, p. ix). Estudos sobre os efeitos das restrições à publicidade no preço e qualidade dos serviços profissionais também "concluíram que as restrições à publicidade aumentam o preço dos serviços profissionais, aumentam os rendimentos dos profissionais e reduzem a entrada de certo tipo de firmas. O efeito na qualidade é pequeno, mas as restrições podem levar a que menos consumidores utilizem o serviço" (p. x).

Outra objeção ao licenciamento é que há fatores da qualidade dos serviços profissionais que ele pode não assegurar. Por exemplo, a formação profissional inicial, por si, não garante a contínua competência nem a boa conduta dos profissionais. Há também a prática protetora das *Grandfather Clauses*, disposições que isentam quem já está na profissão do âmbito de aplicação de novos requisitos para nela entrar. Consta que, no século XVIII, em Nova York, quando os advogados tinham o monopólio de exercício nos tribunais, decidiram não admitir mais estagiários durante catorze anos, com exceção dos seus próprios filhos...

ainda quando não são prestados em regime particular, direto, mas através de uma instituição que contrata os profissionais e que, portanto, assume também uma responsabilidade pela qualidade dos seus serviços.

Nessas situações, considera-se que a certificação, também no sentido anteriormente definido, é uma alternativa ao licenciamento que assegura as suas vantagens principais, evitando as suas desvantagens. Na opinião de Cox e Foster:

> O Estado pode exigir profissionais certificados em situações em que há a probabilidade de externalidades e permitir a escolha entre profissionais certificados ou não certificados quando não são prováveis externalidades. [...] Além disso, se o setor privado for mais eficiente do que agências públicas de regulação, os sistemas privados de certificação podem ser uma atrativa alternativa ao licenciamento. (COX; FOSTER, 1990, p. 46, 49)[37]

A administração pública pode ser direta, indireta ou autônoma, conforme o Estado dirige (centralização), superintende (desconcentração e descentralização funcionais) ou apenas tutela (a legalidade dos atos de entidades públicas mas independentes). Também a regulação profissional pode ser:

- operada diretamente pela administração pública;
- realizada por uma agência/autoridade reguladora mais ou menos independente;
- delegada num organismo de autorregulação.

---

37. Por exemplo, em Portugal, para autorizar a realização de obras particulares, as Câmaras Municipais podem exigir que os profissionais contratados para a sua execução estejam registrados no Instituto da Construção e do Imobiliário (INCI, ex-IMOPPI), que é a entidade reguladora do setor, definido como "um instituto público integrado na administração indireta do Estado, dotado de autonomia administrativa, financeira e património próprio". Uma das suas competências é: "Atribuir os títulos habilitantes para o exercício das diversas atividades do setor da construção e do imobiliário, cujo licenciamento, habilitação, qualificação, registro ou inscrição legalmente lhe incumba, bem como verificar as respectivas condições de permanência e avaliar o respectivo desempenho" (artigo 1.1 e artigo 3.3.b do Decreto-lei n. 144/2007, de 27 de abril). Disponível em: <www.inci.pt/Portugues/Legislacao/Legislacao/DecLei2007144.pdf>.

Entre os raros extremos da pura regulação pública e da pura autorregulação privada, há todo um espectro de configurações híbridas.

A diversidade e complexidade das tarefas da administração pública, por um lado, e o interesse e a melhor preparação de uma profissão para se regular a si própria, por outro, recomendam a autorregulação profissional, sempre que possível, como princípio de racionalidade político-administrativa.[38]

"Nos países da *Commonwealth*, o estatuto de 'profissão' é atribuído àquelas ocupações a quem foi conferido o privilégio da autorregulação." As primeiras (Teologia, Medicina e Direito) "existem formalmente, sob uma forma ou outra, na Grã-Bretanha desde os anos 1400. A noção de profissões reconhecidas espalhou-se através da *Commonwealth* no decurso dos séculos seguintes. No Canadá, os governos provinciais conferiram autorização legislativa aos membros de algumas profissões para regular os assuntos que lhes dizem respeito desde fins dos anos 1800".[39]

Nos EUA, em meados do século XIX, apareceram associações com o objetivo de distinguir os médicos qualificados dos não qualificados, através de exigentes critérios de admissão, de normas de exercício e de conduta. Não tinham, porém, poderes para impedir os não membros de exercer a profissão. Por isso, procuraram convencer o poder público a tornar ilegal o seu exercício por quem não tivesse as qualificações necessárias nem a exercesse de acordo com as normas profissionais.

> Ao adotar as primeiras leis sobre o licenciamento médico, os legisladores incorporaram geralmente os requisitos de admissão, as normas de prática e os códigos de conduta que tinham sido elaborados pelas sociedades

---

38. Em Portugal, segundo o artigo 264.1 da CRP: "A administração pública será estruturada de modo a evitar a burocratização, a aproximar os serviços das populações e a assegurar a participação dos interessados na sua gestão efetiva, designadamente por intermédio de associações públicas, organizações de moradores e outras formas de representação democrática".

39. The global context of self-regulation in teaching — The history of self-regulation in education around the world" (*TC — The Official Magazine of the BC College of Teachers*, p. 8, 7, summer/fall 2011, 6-11). Disponível em: <www.bcct.ca/documents/TC/TCMagazine_Current.pdf>.

médicas. Reconhecendo que não tinham os conhecimentos ou a experiência necessários para administrar a lei, os legisladores conferiram aos órgãos [*boards*] criados pelos médicos o poder regulador. Era, pois, natural que os governadores designassem para aqueles órgãos os dirigentes das sociedades médicas que tinham estado na vanguarda dos esforços para obter a adoção das leis de regulação.
Assim nasceu a tradição da autorregulação nos Estados Unidos. Tendo outras profissões reconhecido o valor do licenciamento como um modo de afastar da sua prática os incompetentes, também elas pediram poderes de autorregulação, que lhes foram geralmente concedidos. (SCHMITT; SHIMBERG, 1996, p. 3)

A BRC (Reino Unido) recomenda: "Não havendo provas em contrário, o governo e os reguladores devem assumir que aqueles que eles regulam são capazes e fiáveis" (cit. in PASCOE, 2008, p. 3).

Há duas perspectivas sobre o lugar da autorregulação na regulação econômico-profissional:

- Subsidiariedade da autorregulação: deve ser excepcional, justificando-se apenas quando a regulação estatal falha ou é insuficiente.
- Subsidiariedade da regulação estatal: deve ser a regra, justificando-se apenas quando falha a autorregulação.

Escreve Vital Moreira:

A tradução jurídico-administrativa da autorregulação chama-se *administração autônoma* (ou autoadministração). Esta é a autorregulação por meios jurídico-administrativos. [...] A administração autônoma significa rigorosamente que as instâncias de autorregulação, emergentes da economia e das profissões, são promovidas a instâncias da administração reguladora. (MOREIRA, 1997, p. 177-178)[40]

---

40. Em sentido amplo, explica o autor, "são associações profissionais (ou econômico-profissionais) todas as organizações de agentes econômicos ou profissionais, desde que tenham funções representativas, ou seja, desde que tenham por fim a representação e a defesa dos

Todavia, autorregulação é também um conceito de amplo espectro, sem definição bem estabelecida. Literalmente, é o contrário de heterorregulação. Significa ação/reação espontâneas, sem interferência externa, em função de um estado desejável. No plano comportamental e social, trata-se de agir/reagir voluntariamente, mas de acordo com normas. No campo da economia, significa a regulação de uma atividade econômica pelos seus atores, com um enquadramento normativo, organizados em associações, ou através de organismos representativos.

De acordo com Dingwall, há duas teorias sobre a autorregulação profissional, paralelas aos dois grupos de teorias da regulação econômica, a que chama *demand theory* (teoria da procura) e *supply theory* (teoria da oferta).

- Segundo a *teoria da procura*, a conquista do estatuto de autorregulação é "um processo de captura através do qual grupos profissionais bem organizados convencem os Estados a estabelecer segmentos de mercado [*market shelters*] legalmente protegidos" (DINGWALL, 2008, p. 137) que lhes permitem monopolizar os seus serviços através de barreiras que limitam o acesso à profissão.

- Segundo a *teoria da oferta*, o estatuto de profissão autorregulada é concedido pelo Estado a uma ocupação quando os seus interesses coincidem. Neste caso, o monopólio profissional não é um obstáculo à competitividade do mercado, mas antes uma defesa contra os seus possíveis efeitos indesejáveis. Os interesses principais do Estado são de duas ordens: a proteção do

---

interesses correspondentes (o que exclui por exemplo as associações limitadas a finalidades de estudo ou de investigação)" (MOREIRA, 1997, p. 58). É um conceito que abrange, portanto, tanto associações profissionais como associações empresariais. Esclarecendo melhor:

> Em sentido estrito a autoadministração profissional tem a ver somente com as profissões liberais, enquanto a administração autônoma se refere à dos agentes econômicos propriamente ditos (agricultores, industriais, comerciantes etc.). Os mesmos qualificativos utilizam-se para designar os respectivos suportes orgânicos (corporação profissional, corporação econômica). Todavia, em sentido amplo, qualquer dessas duas expressões é utilizada para designar ambas as espécies de administração autônoma (p. 186).

público, dado que a assimetria informacional não permite aos consumidores, em geral, avaliar a qualidade dos serviços profissionais; e a governabilidade, na medida em que as profissões podem ser vistas como "associações ocupacionais que fizeram um contrato com o Estado não apenas para regular os seus próprios membros, mas também para regular o comportamento de outros" (p. 74). A especialização profissional ajuda a facilitar a governação e a reforçar os laços sociais, contribuindo também para fortalecer a legitimidade do Estado.[41]

Bartle e Vass (2005) distinguem cinco categorias de autorregulação profissional:

- Cooperativa: há cooperação entre o regulador e os regulados.
- Delegada: atribuição de funções reguladoras a organismos de autorregulação.
- Devolvida: atribuição de poderes estatutários a organismos de autorregulação.
- Facilitada: autorregulação com apoio estatal, mas sem base estatutária.
- Tácita: autorregulação quase pura, com apoio estatal apenas implícito.

Assim como nunca há completa ausência de regulação, também a autorregulação profissional nunca é puramente *auto*, pois se inscreve sempre num quadro de coercibilidade coletiva e de reciprocidade profissional. De resto, além do seu enquadramento legal público, pode haver agências públicas de supervisão com poderes de intervenção em caso de falhas da autorregulação.

---

41. Dingwall observa: "A decisão, no século XIX, de licenciar os farmacêuticos do Reino Unido, por exemplo, depois de meio século de pressão [*lobbying*], parece ter sido motivada pela produção de novos e poderosos venenos e pelo pânico moral causado pela possibilidade de os empregados domésticos os utilizarem contra os seus patrões, entre os quais estavam, obviamente, muitos legisladores" (p. 113). Também o licenciamento dos médicos está "claramente relacionado com o crescente envolvimento do Estado na saúde pública e na instituição de cuidados de saúde para os pobres" (p. 114).

A autorregulação é pública quando se realiza através de um organismo com um mandato público para o exercício de poderes e funções de natureza pública, que ele se compromete a exercer dando prioridade ao interesse dos clientes da profissão e do público em geral. A sua independência e autonomia situam-se "algures num espectro que vai desde a máxima autonomia até à máxima dependência compatível com a ideia mesma de autorregulação" (MOREIRA, 1997, p. 55).

As atribuições da autorregulação profissional são tipicamente os poderes e funções de autorregulamentação, de autodisciplina e de autoadministração. Reproduzem os três poderes do Estado:

- Legislativo: autorregulamentação ou autonomia normativa, nomeadamente através da adoção de normas profissionais.
- Judicial: autodisciplina, através da aceitação e investigação de queixas e aplicação de eventuais sanções que podem ir até à suspensão ou revogação da licença profissional.
- Executivo: autoadministração ou aplicação de normas por si adotadas ou de origem governamental e outras tarefas de gestão da profissão.

"Não quer isto dizer que para haver autorregulação tenha de haver todas estas dimensões. Pode haver apenas uma ou duas delas. A realidade exibe exemplos de todas as combinações possíveis" (MOREIRA, 1997, p. 69).

A autorregulação profissional é a modalidade de regulação de uma profissão mais apropriada apenas quando:

- os seus saberes têm um grau de especialização elevado e a sua prática implica uma margem de indeterminação e imprevisibilidade que requerem grande capacidade de juízo, decisão e responsabilidade profissionais;
- pela sua especialização e pela indeterminação e imprevisibilidade do seu exercício, são os seus membros quem melhor sabe determinar as respectivas normas profissionais e identificar e sancionar as práticas e condutas inaceitáveis;

- o grupo profissional é suficientemente numeroso para assumir a organização e o financiamento da sua própria regulação, através de um organismo de autorregulação apropriado.

Há dois tipos principais de autorregulação profissional no mundo: o tipo europeu e o tipo anglo-saxônico.

- *Tipo europeu*

Na Europa continental, a autorregulação profissional consiste principalmente na atribuição de poderes e funções de regulação a corporações profissionais denominadas geralmente *Ordem*, *Câmara* ou *Colégio*. As profissões autorreguladas são relativamente pouco numerosas. Tradicionalmente, eram só as profissões liberais, isto é, profissões tituladas por grau acadêmico superior, com elevadas exigências deontológicas e exercidas de modo independente (não assalariado).

> O seu nome e número variam de país para país. Mas, para além dessas diferenças, subsiste um conjunto de características comuns essenciais: a natureza jurídico-pública, como "corporações públicas" (excetuando o caso controvertido da França); a filiação obrigatória, como condição de exercício da profissão; o poder regulamentar; a regulamentação e/ou implementação das regras de acesso à profissão e do exercício desta; a formulação e/ou aplicação dos códigos de deontologia profissional; o exercício da disciplina profissional, mediante aplicação de sanções, que podem ir até à expulsão, com a consequente interdição do exercício profissional. (MOREIRA, 1997, p. 88)

Com o crescente exercício dependente das profissões liberais, a independência deixou de ser um critério distintivo, e o número cada vez maior de profissões que exigem formação de nível superior abriu a outras profissões as portas do "clube" da autorregulação profissional.

- *Tipo anglo-saxônico*

O Reino Unido tem sido considerado como o paraíso da autorregulação, tradição que exportou para todo o mundo anglófono. Nos países da *Commonwealth*, "as funções de regulação ora são delegadas nas organizações profissionais privadas ora cometidas a organismos reguladores públicos (*licensing boards, registration authorities*), em cuja composição entram em maior ou menor medida representantes da profissão, diretamente eleitos ou designados pelas associações profissionais voluntárias". Mas o organismo autorregulador pode ter uma composição mista e incluir membros de nomeação governamental. "Trata-se de um sistema de autoadministração por meio de organismos públicos representativos ou de coadministração por meio de organismos públicos participados" (p. 259).

Por exemplo, nos EUA, "a figura da ordem profissional (ou organização profissional com estatuto público e poderes reguladores) é, em geral, desconhecida. Em vez deles existem os *Boards* públicos, mas na verdade governados pela própria profissão como se fora um organismo de autorregulação" (p. 90). Estas agências estaduais são a forma mais comum de autorregulação profissional, pois são *capturadas*, na prática, pelas profissões, na medida em que são as suas associações que indicam os seus membros e propõem as regras a aplicar.

No Canadá, a autorregulação é o *Golden Standard* de estatuto profissional. Só na pequena província de Terra Nova e Labrador (a última a entrar na Confederação, em 1949), há 27 profissões autorreguladas, a primeira das quais foi a *Law Society of Newfoundland*, em 1834. Em Ontário, onde existe autorregulação profissional desde há cerca de dois séculos, são mais de quarenta, em *Saskatchewan* são cinquenta e na Colúmbia Britânica são mais de cinquenta.

No Quebec, há um sistema profissional em que participam o governo (que tem um ministro responsável pelas questões profissionais), a Assembleia Nacional, as 45 *ordres professionnels* (que abrangem 51 profissões e cerca de 330 mil profissionais), o *Conseil Interprofessionnel du Québec* (criado em 1965), formado pelos presidentes das ordens profissionais, e o *Office des Professions du Québec* (OPQ) (criado em 1974). Este tem o mandato de velar para que "cada ordem profissional em particular, assim como o conjunto do sistema profissional, assegurem à população uma plena proteção dos seus direitos", pronunciar-se sobre a criação de novas ordens profissionais, à luz dos critérios estabelecidos no *Code des Professions* (adotado em 1973), e aconselhar o governo. As suas decisões são definitivas. Segundo o *Code des Professions* (capítulo IV, seção I):

23. Cada ordem tem como função principal assegurar a proteção do público.
Para isso, deve, nomeadamente, controlar o exercício da profissão pelos seus membros.
[...]
25. Para determinar se uma ordem profissional deve ou não ser constituída, ou se um grupo de pessoas deve ou não ser integrado numa das ordens visadas na seção III do capítulo IV, é tido em conta, nomeadamente, o conjunto dos fatores seguintes:
1º os conhecimentos requeridos para exercer as atividades das pessoas a reger pela ordem cuja constituição é proposta;
2º o grau de autonomia de que gozam as pessoas que poderão ser membros da ordem, no exercício das atividades em causa, e a dificuldade que têm em pronunciar-se sobre elas pessoas que não possuem uma formação e uma qualificação da mesma natureza;
3º o caráter pessoal das relações entre essas pessoas e as que recorrem aos seus serviços, em virtude da particular confiança que as últimas são chamadas a depositar nas primeiras, pelo fato, nomeadamente, de estas lhes dispensarem cuidados ou de administrarem os seus bens;
4º a gravidade do prejuízo que poderão sofrer as pessoas que recorrem aos seus serviços, no caso de a sua competência ou a sua integridade não serem controladas pela ordem;
5º o caráter confidencial das informações que essas pessoas são chamadas a conhecer no exercício da sua profissão.
26. O direito exclusivo de exercer uma profissão só pode ser conferido aos membros de uma ordem por uma lei; esse direito só deve ser conferido nos casos em que a natureza dos atos praticados por essas pessoas e a latitude de que dispõem, em razão da natureza do seu meio de

trabalho habitual, são tais que, para a proteção do público, esses atos não podem ser praticados por pessoas que não possuam a formação e a qualificação requeridas para serem membros dessa ordem.[42]

Cada Ordem é administrada por um Conselho de Administração, formado por um presidente e por um número de administradores que devem ser, pelo menos, 8 quando a Ordem tem menos de 5 mil membros, e 12, pelo menos, se forem mais. São eleitos entre os membros da profissão, mas alguns são nomeados, devendo um ou mais ser exteriores à profissão (artigos 61 a 78). Cada Ordem deve instituir um *Comitê d'inspection professionnelle* (artigo 109), para supervisionar o exercício da profissão, e um *Comitê de discipline* (artigo 116), para receber e examinar queixas apresentadas contra os seus membros. E há um *Tribunal des Professions*, formado por juízes da *Cour du Québec*, que é um tribunal polivalente de primeira instância.

A diferença entre a autorregulação profissional de tipo europeu e a autorregulação profissional anglo-saxônica está sobretudo na natureza do organismo autorregulador:

- No tipo europeu, os organismos de autorregulação são corporações profissionais, isto é, organismos formados exclusivamente por membros da profissão, com funções de representação e de defesa dos seus interesses gerais, mas revestidos de estatuto jurídico-público para a sua regulação.

- No tipo anglo-saxônico, os organismos de autorregulação são principalmente institutos públicos, ou seja, organismos criados para o efeito pelo poder público, com base associativa ou representativos da profissão, incluindo frequentemente representantes do interesse público e de outros legítimos interesses. Têm denominações diversas: *Association, Society, Council, College, Board* etc.

---

42. Disponível em: <www2.publicationsduquebec.gouv.qc.ca/dynamicSearch/telecharge.php?type=2&file=/C_26/C26.htm&PHPSESSID=36617b2f4fa6d2928dd8ec6f1def1284>.

Pode-se distinguir, portanto, quatro espécies de autorregulação profissional pública:

> O primeiro caso é aquele em que as funções de regulação são exercidas diretamente por uma *organização profissional*, que desempenha as funções de regulamentação e de disciplina, ao lado das funções de representação e defesa dos interesses profissionais, embora possa sofrer certas constrições na sua função representativa em virtude das funções de regulação e disciplina. É o caso mais paradigmático de autorregulação profissional, que tem a sua mais nítida expressão nas ordens profissionais.
>
> O segundo caso é aquele em que as funções reguladoras são desempenhadas por um *organismo especificamente constituído para essas tarefas, formado por representantes das organizações profissionais*. Neste caso existe uma separação orgânica entre as funções de regulação e as de representação. [...] Exemplos deste esquema são as comissões vitivinícolas regionais entre nós, os conselhos reguladores das profissões liberais na Grã-Bretanha.
>
> O terceiro caso é aquele em que as funções de autorregulação são confiadas a um *órgão regulador, formado na base da eleição direta dos representantes da profissão, à margem das associações profissionais existentes*. [...] É o caso das câmaras de comércio na generalidade dos países (não entre nós).
>
> Por último, pode haver *soluções complexas, formadas pela combinação de mais do que um dos esquemas anteriores* (p. 63-64).

2.4 Críticas e benefícios da autorregulação profissional

A autorregulação profissional pode suscitar objeções que são principalmente as seguintes:
- Não tem legitimidade democrática
- É contrária à liberdade de associação
- Tem inerente um potencial conflito de interesses
- É um obstáculo à competitividade

Estas objeções não têm justificação ou têm solução.

- *A objeção à legitimidade democrática da autorregulação profissional não tem fundamento.*

Um organismo de autorregulação profissional não interfere com a legitimidade democrática e a responsabilidade jurídico-política do Estado pela prestação dos serviços públicos a que está obrigado. A autorregulação profissional pública:

— tem uma legitimidade democrática derivada da delegação estatutária de poderes públicos;

— os seus organismos podem incluir, além de membros da profissão, representantes de outros legítimos interesses;

— os seus regulamentos e decisões podem ser objeto de recurso administrativo;

— tem, ainda, a legitimidade (epistemológica) conferida pela especialização dos saberes da profissão e a legitimidade pessoal que distingue os seus melhores membros.

- *A autorregulação profissional não colide com a liberdade de associação.*

Por vezes, contrapõe-se à obrigação de registro/inscrição num organismo de autorregulação profissional a liberdade de associação, que não pode ser imposta. É um argumento que ignora ou não tem devidamente em conta a diferença de natureza jurídica entre uma associação profissional e uma associação ou organismo públicos de autorregulação. Estes não são uma expressão da liberdade de associação, mas uma forma de auto-organização do Estado, de administração descentralizada e participada, que não comprime a liberdade de associação, designadamente a liberdade sindical. Tem prerrogativas que não são próprias de uma associação profissional privada, tais como o privilégio da unicidade territorial, o controle do acesso à profissão e da sua prática, a obrigação de inscrição e quotização, o exercício do poder disciplinar.[43] Portanto, se uma profissão tem de ser regulada, no interesse público, é legítima a obrigação de registro/inscrição numa entidade autorreguladora.

Como disse o Tribunal Constitucional da Alemanha, em 1959 (*BVerfGE 10, 89*),[44] "associações de Direito Público só podem ser fundadas para que sejam cumpridas *legítimas* tarefas públicas. Mas faz parte do poder discricionário do legislador a decisão sobre quais dessas tarefas o Estado não cumpre por meio de órgãos da administração pública direta, mas por meio de institutos ou pessoas jurídicas de Direito Público fundadas exclusivamente para tal" (par. 92). Num caso que envolvia a Ordem dos Médicos na Bélgica (*Affaire Le Compte, Van Leuven et De Meyere c. Belgique* [*Requête*] *n. 6878/75; 7238/75, Arrêt le 23 juin 1981*),[45] o Tribunal Europeu dos Direitos Humanos disse que uma Ordem Profissional é "uma instituição de direito público", criada para proteger um "interesse geral". Para cumprir a sua missão, a lei confere-lhe "prerrogativas que exorbitam do direito comum, tanto administrativas como normativas e disciplinares, e utiliza assim procedimentos do poder público" (par. 64-65).

A existência de um organismo de autorregulação não impede a criação de outras associações profissionais, nomeadamente sindicais.

---

43. Por exemplo, diz o Decreto-lei n. 84/1984, de 16 de março, aprovando o Estatuto da Ordem dos Advogados, em Portugal:

> 1. O Estado, no uso de poderes que são seus, tem o direito e o dever de regular as associações públicas. [...]
> As associações públicas, é importante desfazer equívocos, não nascem do exercício do direito de associação dos particulares. Representam antes, como pessoas coletivas de direito público que são, uma forma de administração mediata, consubstanciando uma devolução de poderes do Estado a uma pessoa autônoma por este constituída expressamente para o exercício daquelas atribuições e competências. Entre as duas opções que se põem ao Estado: a de se ocupar diretamente da regulamentação e tutela dessas profissões ou a de, definindo os parâmetros legais de caráter geral, confiar aos próprios interessados a disciplina e defesa da sua profissão, o legislador preferiu a segunda.

Disponível em: <www.oa.pt/Conteudos/Artigos/detalhe_artigo.aspx?idc=30819&idsc=128&ida=504>.

44. Disponível em: <www.servat.unibe.ch/dfr/bv038281.html>.

45. Disponível em: <http://cmiskp.echr.coe.int/tkp197/portal.asp?sessionId=24404892&skin=hudoc-fr&action=request>.

Por exemplo, em Portugal há uma Ordem dos Médicos e sindicatos dos médicos (o Sindicato Independente dos Médicos e os sindicatos que formam a Federação Nacional dos Médicos).[46]

Um organismo de autorregulação profissional não concorre, pois, com outras associações profissionais, designadamente sindicais. Autorregulação e sindicalismo têm legitimidades e funções diferenciadas:

- Uma associação sindical é uma instituição de Direito Privado cuja base jurídica é a liberdade de associação, tendo como fim principal a defesa dos direitos laborais e a promoção das condições de trabalho e bem-estar dos seus associados.

- Um organismo de autorregulação profissional é uma instituição de Direito Público cuja base jurídica é um estatuto através do qual o Estado nele delega poderes de regulação da competência e conduta dos membros da profissão, no interesse público.

Todavia, os interesses estritamente laborais e os interesses mais amplamente profissionais, bem compreendidos, não são dissociáveis.

Embora no mundo anglófono haja casos em que certos poderes de regulação são exercidos por uma associação profissional — designadamente quando é única, o grupo profissional é pequeno e o seu exercício não envolve riscos elevados —, há um potencial conflito de interesses nessa duplicidade de funções que recomenda a sua separação.[47]

---

46. A este respeito, lê-se no Parecer n. 38/93 da Procuradoria-Geral da República:

[...O] direito de livre associação não prejudica nem compromete o campo de atuação do Estado de auto-organizar-se, criando, por exemplo, associações públicas para a prossecução de interesses públicos.

[...]

Não há compressão do direito de associação consagrado no artigo 46º da Constituição quando o Estado decide criar uma associação; a existência de uma tal associação pública não colide ou limita a possibilidade aos que estavam, por hipótese, obrigados a nela se inscreverem, de criarem, eles próprios, associações privadas para defesa dos seus interesses específicos [...]. (Procuradoria Geral da República, s/d., p. 629, 639)

47. Em Portugal, em princípios da década de 1990, o procurador-geral da República solicitou ao Tribunal Constitucional a apreciação e declaração de inconstitucionalidade de várias

- *A autorregulação profissional tem inerente um potencial conflito de interesses, mas não é insanável.*

Confiar a regulação de uma profissão aos seus profissionais é como pôr a raposa a tomar conta do galinheiro?

Quando procuram o estatuto de autorregulação, as profissões argumentam principalmente com a proteção do interesse público.[48] No entanto, o fato de ambicionarem tanto esse estatuto levanta a suspeita de que a sua motivação principal está menos no interesse público do que no privilégio que ele significa e nos benefícios próprios que lhe estão associados. A suspeita tem sido confirmada por investigações que concluem, designadamente, que:

— Os organismos de autorregulação profissional tendem a pôr os interesses da profissão em primeiro lugar, designadamente quando adotam normas mais protetoras dos seus interesses próprios do que do público, como é o caso das excessivas restrições de acesso à profissão e das normas de conduta anticompetitivas, com pretextos deontológicos, induzindo a ideia de que não há diferenças de qualidade entre os profissionais.

---

disposições do Regulamento da Carteira Profissional de Jornalista (Decreto-lei n. 513/1979, de 24 de dezembro), que atribuía ao Sindicato dos Jornalistas poderes para renovar, revalidar, suspender ou apreender aquele título profissional, assim como o poder disciplinar de aplicar sanções em caso de infrações deontológicas. O argumento central do procurador-geral era que os sindicatos são associações privadas, da iniciativa dos interessados, a quem está vedado o exercício de poderes públicos. O Tribunal Constitucional concordou e decidiu em conformidade (Acórdão n. 445/93) (MONTEIRO, 2004, p. 28-32). Disponível em: <www.tribunalconstitucional.pt/tc/acordaos/19930445.html>.

Já em 1978 o então Conselho da Revolução tinha declarado inconstitucional, com força obrigatória geral, parte da norma do artigo 6-b do Estatuto da Ordem dos Médicos, segundo a qual uma das finalidades da Ordem era: "Fomentar e defender os interesses da profissão médica a todos os níveis, nomeadamente no respeitante à promoção socioprofissional, à segurança social e às relações de trabalho". A parte que foi objeto da declaração de inconstitucionalidade foi a inclusão das "relações de trabalho" no mandato da Ordem (Resolução n. 11/78, publicada na 1ª Série do DR de 26.1.1978).

48. O Código de Ética dos Advogados do Alabama (EUA) foi ao ponto de afirmar: "Nenhum sacrifício ou perigo, nem mesmo a perda da própria vida, pode dispensar do cumprimento corajoso" do dever de agir no interesse superior do cliente (par. 10). Disponível em: <www.sunethics.com/1887_code.htm>. Acesso em: set. 2009.

— No que respeita à disciplina da profissão, tendem para a benevolência corporativa no juízo das infrações às normas profissionais, aplicando sanções mais frequentes e severas quando estão em causa a dignidade e prestígio da profissão, ou as relações intraprofissionais, designadamente em matéria de competitividade, do que quando se trata de incompetência ou conduta imprópria, que prejudicam mais os destinatários dos seus serviços. E se as infrações graves das normas profissionais são frequentes geram desconfiança pública na profissão.

As profissões são grupos de interesses e é legítimo que procurem vantagens na sua autorregulação, mas há efetivamente um risco de captura regulatória (*regulatory capture*), quando os reguladores sobrepõem os interesses dos regulados ao interesse público, nomeadamente quando se preocupam mais com a proteção da profissão, isto é, com a restrição do acesso ao seu exercício (*input regulation*), do que com a proteção do público, ou seja, com o modo como é exercida (*output regulation*). A este propósito, Camille Chaserant e Sophie Harnay argumentam que a autorregulação, na medida em que se preocupa com a reputação da profissão, favorece a elevação da qualidade dos serviços profissionais. Escrevem:

> A literatura jurídica e econômica critica habitualmente a autorregulação (SR) [*self-regulation*] como sendo uma forma moderna de corporativismo que reduz a competição e aumenta os preços. [...] No entanto, a SR reduz também a discrepância de informação entre o regulador e os regulados e pode, portanto, facilitar uma eficiente regulação em benefício dos consumidores. [...] Nós mostramos que, embora a SR proporcione um rendimento aos profissionais, também mantém um equilíbrio de elevada qualidade nos mercados dos serviços profissionais. [...] A profissão tem um incentivo para manter uma boa reputação coletiva, pois isso aumenta os rendimentos do grupo. Deste modo, a SR ajuda a regular a qualidade quando os consumidores são confrontados com profissionais oportunistas.
> (CHASERANT; HARNAY, 2011, p. 1-2)

De resto, a prevenção e sanção de reflexos e derivas corporativistas podem ser reforçadas através de um quadro autorregulador suficientemente robusto e ágil. Vão nesse sentido as reformas que têm sido introduzidas, nas últimas três décadas. Têm consistido no seguinte, designadamente:

— Separação entre funções de regulação profissional e de representação da profissão, para evitar que os organismos de autorregulação funcionem como quase sindicatos, sindicatos públicos.

— Separação das funções de investigação e de decisão, nos procedimentos disciplinares, para garantir a sua imparcialidade, e outras medidas de reforço da eficácia e credibilidade da autodisciplina.

— Inclusão de membros exteriores à profissão na composição dos organismos de autorregulação para representar outros legítimos interesses (*stakeholders*) no seu campo de atividade, que funcionam como contrapoder (*countervailing power*).[49]

— Adoção de um quadro normativo comum a várias profissões afins, como aconteceu no Ontário (Canadá), com o *Regulated Health Professions Act, 1991 (RHPA)*, que enquadra os organismos de autorregulação de 24 profissões da saúde.[50]

— Supervisão da autorregulação através da sua coregulação ou metarregulação por entidades públicas competentes para intervir com celeridade em caso de falhas da autorregulação.[51]

---

49. A presença de membros exteriores à profissão, que podem até ser majoritários, serve, por um lado, para que, no caso em que são nomeados para os organismos de regulação membros das associações profissionais, eles não se tornem uma extensão da respectiva associação. Por outro, para que a perspectiva do público seja tida sempre em conta.

50. Além disso, o RHPA adotou "um conceito de regulação radicalmente novo. Em vez do tradicional modelo de licenciamento *"Scope-of-Practice"*, adotou o conceito de *"hazardous acts"*, conceito mais restritivo que excluiu meia centena de ocupações/profissões (SCHMITT; SHIMBERG, 1996, p. 80).

51. No Reino Unido, por exemplo, o *General Medical Council*, criado em 1858, foi profundamente reformado. Na sequência do *Health and Social Care Act 2008*, a sua composição passou para 24 membros, com apenas 12 membros da profissão, sendo todos nomeados pela *Appointments*

- *A autorregulação profissional pode ser um obstáculo à competitividade, mas não tem que ser assim.*

Desde as suas origens, no século XVIII, com Adam Smith, que o liberalismo econômico tem uma fundamental reserva em relação às prerrogativas das profissões, na medida em que os fundamentos de uma política liberal são a democracia parlamentar, com o seu princípio de igualdade dos cidadãos, e o mercado livre, com o seu princípio da concorrência.

A autorregulação profissional pode ter efeitos de cartelização, isto é, de monopólio e anulação da concorrência, em prejuízo do público, se for utilizada, designadamente, para introduzir injustificadas restrições à entrada na profissão e à competitividade na prestação dos seus serviços (por exemplo, impondo ou recomendando tabelas de preços, proibindo toda a publicidade, não autorizando a prestação multidisciplinar de serviços afins). Por isso, têm sido eliminadas normas profissionais consideradas como obstáculos injustificados à competitividade dos serviços profissionais.[52]

Vejamos o caso dos EUA. Se até aos anos 1960 a regulação profissional tinha boa reputação, a partir daí a crença nas suas virtualidades começou a enfraquecer.

Na realidade, raramente a regulação de uma profissão lhe foi imposta contra a sua vontade. Com efeito, a autorregulação é presti-

---

Commission (comissão para as nomeações públicas); foram separados os poderes de investigação e de decisão disciplinares; o licenciamento profissional tem de ser renovado de cinco em cinco anos, com base em avaliações anuais que incluem, designadamente, observações diretas, testes de conhecimentos, atividades de desenvolvimento profissional e também a opinião dos pacientes; foi criada uma *Care Quality Commission* como nova entidade reguladora integrada.

Outra medida sugerida é a autorregulação competitiva, que consiste na abertura à competição intraprofissional de dois ou mais organismos de autorregulação (*franching solution*), de modo a obviar aos reflexos e possíveis desvios corporativistas do monopólio da autorregulação, ou a autorregulação interprofissional (entre profissões que oferecem o mesmo tipo de serviços).

52. Tradicionalmente, as profissões liberais não entravam no conceito de atividade econômica, mas o Tribunal de Justiça da União Europeia decidiu que, para efeitos do direito da concorrência, as ordens profissionais devem ser consideradas como associações de empresas, não podendo tomar decisões restritivas da concorrência na prestação dos serviços profissionais.

giante e, sobretudo, pode ser utilizada para estabelecer um monopólio na prestação de certos serviços, nomeadamente através do controle do acesso ao exercício da profissão e de restrições ao modo como é exercida, assim impedindo o aumento do número de profissionais e aumentando os preços dos seus serviços. Os resultados de estudos levados a cabo, designadamente sobre a autorregulação na Medicina e na Advocacia, acentuaram a percepção de que a sua prioridade não era, de fato, o interesse público, sobretudo em caso de conflito de interesses. Um exemplo de restrição excessiva era a proibição de publicidade profissional, que já em 1976 o Supremo Tribunal dos EUA considerou inconstitucional (*Case Virginia State Board of Pharmacy versus Virginia Citizens Consumer Council, Inc.*). Tornou-se evidente a necessidade de estabelecer critérios para avaliar quando é que a regulação se justifica e que tipo de regulação é a mais apropriada, assim como para avaliar as práticas de regulação já existentes. Para isso, foram criadas agências de metarregulação centralizadas e foi adotada legislação *sunrise* e *sunset* (v. SCHMITT; SHIMBERG, 1996, p. 16-19).

A legislação *sunrise* — adotada, pela primeira vez, pelo Estado de Minnesota, em 1973 — é proactiva, isto é, estabelece requisitos que os pedidos de regulação devem preencher, *guidelines* para decidir se o interesse público requer a regulação proposta e qual o seu nível menos restritivo. Em 1971, em Nova Jersey, uma comissão legislativa (*Bateman Commission*):

> [...] concluiu que as profissões e ocupações devem ser licenciadas apenas quando:
> - a sua prática não regulada pode ser claramente prejudicial para a saúde, a segurança e o bem-estar do público e quando esse prejuízo potencial for claramente reconhecível, e não remoto ou dependente de um tênue argumento; e
> - o público precisa e beneficiaria da garantia da capacidade profissional e ocupacional inicial e contínua; e
> - o público não está eficazmente protegido por outros meios; e
> - pode ser demonstrado que o licenciamento seria a forma de regulação mais apropriada. (cit. in SCHMITT; SHIMBERG, 1996, p. 17)

Outros critérios foram acrescentados, ao longo dos anos, noutros Estados, como: se uma atividade ocupacional/profissional tem características que a distinguem claramente de outras, que o público não está em condições de avaliar, quando procura os serviços de um profissional competente; se a associação ocupacional/profissional é capaz de regular os seus membros de modo a assegurar uma proteção do público tão eficaz quanto possível; se a legislação vigente não é, de um modo geral, adequada e eficaz; se, pelas características da ocupação/profissão, é praticamente impossível proibir as práticas prejudiciais ao público; se os serviços ocupacionais/profissionais podem ter efeitos prejudiciais para terceiros.

O processo *sunset*, isto é, de avaliação das ocupações/profissões já licenciadas, começou em 1976, no Colorado. Conduziu à adoção de reformas, como:

- modificação ou eliminação de regras de regulação obsoletas ou desnecessárias;
- maior eficácia das operações das entidades reguladoras [*board and agency*];
- reforço da função disciplinar ou de investigação;
- mudanças nos requisitos de elegibilidade para a realização de exames de licenciamento;
- estandardização dos exames;
- mais requisitos para a formação contínua dos profissionais licenciados;
- mais oportunidades de participação do público nas atividades das entidades reguladoras;
- eliminação das restrições à competição aberta; e
- formação dos membros das entidades reguladoras. (SCHMITT; SHIMBERG, 1996, p. 19)

As reformas da autorregulação profissional vão, portanto, no sentido de uma *autorregulação aberta*, que Christine Parker define assim: "Os objetivos da autorregulação aberta [*open self-regulation*] são permitir que a entidade regulada prossiga as suas atividades normais tanto quanto possível de um modo que também esteja de acordo com objetivos publicamente definidos, normas ou valores que a globalidade da democracia considera aplicáveis a essa atividade" (PARKER, 2007, p. 3-4).

Em todo o caso, importa sublinhar que a competição não é uma panaceia e pode ter efeitos socialmente inaceitáveis. As profissões principais não têm uma dimensão meramente econômica. Daí "a centralidade da ética no campo da regulação" (PASCOE, 2008, p. 3).

A autorregulação profissional está sujeita a reflexos e derivas corporativistas, não impede as falhas individuais, não pode substituir-se à responsabilidade das entidades patronais, nem exclui o recurso aos Tribunais. As suas vantagens continuam, no entanto, a ser reconhecidas, apesar das suas imperfeições e falhas possíveis. No Canadá, por exemplo, o balanço de muitos estudos realizados é favorável à autorregulação profissional, embora com recomendações no sentido de torná-la mais transparente, respeitadora dos direitos individuais e *accountable*. Na verdade, ela tem vantagens para todas as partes interessadas, que podem ser resumidas em "4 Ps": públicas, profissionais, pessoais e políticas.

Benefícios públicos

A razão principal para a delegação/devolução de poderes públicos de regulação na própria profissão está nas suas vantagens. O poder público aproveita o seu interesse nisso e reconhece que ela está em melhor posição para assumir a sua própria regulação.[53] O estatu-

---

53. "A ideia básica que subjaz às ordens profissionais é a de que existe convergência, ao menos parcial, entre o interesse público na regulação da profissão e o interesse coletivo da própria profissão nessa mesma regulação. Concretamente, trata-se de pôr ao serviço da realização do interesse público o interesse da própria profissão em garantir a qualidade dos serviços

to de autorregulação é um contrato mediante o qual o poder público atribui a uma profissão o poder e privilégio de se governar a si própria, mediante o compromisso de o fazer tendo como princípio o primado do interesse público sobre os interesses dos seus membros. Pode-se dizer da autorregulação profissional o que foi dito da democracia: é a pior maneira de regular uma profissão, mas não há outra melhor, quando o respectivo organismo faz o que dele se espera: garantir ao público que os seus profissionais satisfazem as exigências de normas profissionais elevadas, isto é, têm a idoneidade e a competência exigíveis e, se a sua conduta for profissionalmente imprópria, incorrem em ação disciplinar.[54]

De resto, a sociedade pode ter mais confiança na consciência e competência dos profissionais do que em agentes reguladores que podem estar partidariamente condicionados.

---

e em punir as infrações à deontologia profissional, em defesa do bom nome e do prestígio da profissão" (Vital Moreira, "As ordens na ordem", *Público*, 20 de dezembro de 2005). Lê-se num Parecer do Conselho Consultivo da PGR (em Portugal):

> A articulação entre o interesse público relativamente à forma como determinadas atividades devem ser exercidas e os interesses dos profissionais nelas envolvidos constitui a base em que o Estado associou aqueles profissionais à conformação do exercício daquelas atividades, atribuindo-lhes a autodisciplina das mesmas, mas enquadrando-as por um regime de direito público, garante em última instância da salvaguarda do interesse público.
> Tal associação tem por base a especificidade das atividades em causa e a complexidade da definição de parâmetros de exercício das mesmas, o que exige o concurso dos profissionais nelas envolvidos, mas tem também como fundamento uma tradição de autodisciplina que faz parte dos referentes culturais e da imagem pública de rigor associado ao exercício dessas atividades que é a base da confiança coletiva que nelas é depositada.

Disponível em: <www.dgsi.pt/pgrp.nsf/7fc0bd52c6f5cd5a802568c0003fb410/4fc5dad727fb 8138802572ea0037c8e9?OpenDocument&ExpandSection=-3%2C-1%2C-2%2C-4>.

54. Como escreve Hamilton:

> O público concede a uma profissão autonomia para se regular a si própria através do controle dos pares [*peer review*], esperando que os membros da profissão controlem a entrada e a permanência na profissão, adoptem normas sobre o modo como os seus profissionais realizam o seu trabalho, para que esteja ao serviço do bem público na área de responsabilidade da profissão, e promovam os valores fundamentais e ideais da profissão. (Hamilton, 2007, p. 5)

Benefícios profissionais

A autorregulação é "a mais valiosa e valorizada dádiva do público" a uma profissão, escreve o médico Stephen I. Wasserman (2011, p. 1). Se as profissões, em geral, aspiram à sua autorregulação, é porque dela esperam vantagens. A autorregulação profissional valoriza e prestigia uma profissão na medida em que é, acima de tudo, uma prova pública de reconhecimento e de confiança. Com efeito, se uma profissão se compromete com elevadas normas profissionais e o público sabe que pode queixar-se de profissionais que não as respeitem, isso aumenta a confiança na profissão. O estatuto de autorregulação profissional depende, em última instância, do Estado, mas a sua legitimidade depende principalmente da confiança do público em geral.

O monopólio inerente à autorregulação profissional é, pois, também do interesse público, na medida em que uma atmosfera de confiança e de respeito contribui para o bem-estar profissional e favorece o profissionalismo.

Benefícios pessoais

Tudo o que valoriza e prestigia uma profissão valoriza e prestigia os seus profissionais, com os benefícios e responsabilidade correspondentes, pois o modo como exercem a profissão projeta-se na respectiva imagem social.

Benefícios políticos

A autorregulação de uma profissão também tem vantagens para qualquer governo, porque:
- é uma forma de regulação profissional com menos custos políticos, na medida em que os governos ficam mais distanciados e são menos implicados em questões profissionais do

foro das responsabilidades estatutárias de um organismo de autorregulação;

- é uma forma de regulação profissional menos conflituosa, porque os regulados sentem-se mais responsabilizados por normas profissionais que eles próprios adotaram e não lhes foram impostas de fora, predispondo assim para melhor aceitação da disciplina da profissão;
- é uma forma de regulação profissional mais flexível e eficaz, por estar mais próxima dos interessados, do que uma entidade mais distante e burocratizada, flexibilidade que lhe dá mais agilidade para agir e reagir, assim como uma maior capacidade de adaptação à mudança;[55]
- é também uma forma de regulação profissional menos onerosa para o erário público porque, sendo organizada e financiada pela própria profissão, evita os custos da informação necessária à sua regulamentação e outros indispensáveis à sua gestão; com efeito, há uma assimetria de informação entre os reguladores governamentais e os profissionais regulados que implica a contratação de membros da profissão.

Acrescente-se que os beneficiários finais da autorregulação profissional são os destinatários diretos dos serviços da profissão.

Bartle e Vass, depois de afirmar que a primeira das referidas épocas da história da regulação (Estado *laissez-faire*) foi a idade de ouro da autorregulação, observam que a sua história recente é duplamente paradoxal: por um lado, o movimento de liberalização da

---

55. Sobre a autorregulação e a adoção voluntária de códigos de prática, disse a BRTF (Reino Unido):

> A autorregulação e a adoção voluntária de códigos de prática têm a vantagem de envolver os próprios interessados no processo de regulação e pode ser mais barata e mais flexível de usar do que normas impostas pelo governo. Há muitas formas de autorregulação e o nível de intervenção do governo será variável, de acordo com o risco inerente à atividade a ser regulada. Disponível em: <http://archive.cabinetoffice.gov.uk/brc/upload/assets/www.brc.gov.uk/principlesleaflet.pdf>.

economia foi acompanhado por um declínio da autorregulação; por outro, a emergência do Estado Regulador gerou, como vimos, uma *nova vaga* de autorregulação.

> O impato e o potencial da "nova vaga" de autorregulação surpreendeu-nos, e uma conclusão provisória é que as tendências atuais refletem um movimento na direção de um novo "paradigma" ou modelo regulatório. [...] A autorregulação, para todos os efeitos, foi incorporada [*embedded*] no Estado Regulador — e o nosso estudo mostra que ela reflete várias formas de "parceria" público-privado, talvez melhor refletida no termo geral de "co-regulação". (BARTLE; VASS, 2005: Prefácio)

Co-regulação é um termo ainda pouco utilizado e um conceito ainda mal estabelecido. Significa uma combinação de regulação estatal com autorregulação, procurando conjugar as garantias da primeira com os benefícios da segunda. Pode envolver não apenas reguladores e regulados, mas também o público e outras partes interessadas.[56]

Por conseguinte, há uma nova autorregulação que já não é a autorregulação tradicional permeável à sua captura por interesses privados, com falhas em matéria de competitividade e de prevenção e sanção de erros graves, posta em causa por escândalos no domínio da medicina e da advocacia, designadamente, que chocaram a opinião pública, atingiram a credibilidade dos respectivos organismos e obrigaram os governos a intervir.[57] A globalização também provocou o aparecimento de novas soluções de autorregulação.

---

56. Referindo-se ao Reino Unido, Robert P. Kaye fala também de *novo paradigma*. "A adoção da (auto)regulação regulada em, pelo menos, três grandes campos profissionais — contabilidade, cuidados de saúde e serviços jurídicos — é um forte indicador de que ela se tornou um novo paradigma." É o paradigma da *regulação da autorregulação*, que inclui "a diluição da autorregulação em organismos profissionais; a separação das funções de representação e de regulação; supervisão cada vez mais rigorosa e permanente; a importância crescente do desenvolvimento profissional contínuo". Não obstante, observa que "a confiança nos profissionais continua elevada e não mostra sinais de declínio: 91% das pessoas confiam nos médicos; 88% confiam nas professoras/professores das escolas; 77% confiam nas professoras/professores do ensino superior; 76% nos juízes" (KAYE, 2006, p. 117-118).

57. Um exemplo: o caso Shipman, médico de clínica geral inglês acusado, em 2000, da morte de 15 dos seus pacientes por envenenamento (mas terão sido 215). Foi condenado a

Em 2006, a União Europeia adotou uma *Diretiva sobre os serviços no mercado interno*[58] cuja transposição para as ordens jurídicas nacionais tinha como prazo a data de 28 de dezembro de 2009. Eis alguns destaques do seu conteúdo:

- Considerando que "os serviços constituem o motor do crescimento econômico e representam 70% do PIB e do emprego na maior parte dos Estados Membros" (par. 4), a Diretiva "estabelece um quadro legal geral que beneficia uma ampla variedade de serviços, mas tendo em conta as características que distinguem cada tipo de atividade ou profissão e o seu sistema de regulação" (par. 7).

- Tem em conta outros objetivos de interesse geral, nomeadamente "a proteção do ambiente, a segurança e a saúde públicas, assim como a necessidade de respeitar a legislação laboral" (par. 7). Por isso, "abrange apenas serviços de natureza econômica" e exclui "os serviços de interesse geral" (par. 17).

- Refere a jurisprudência do Tribunal de Justiça da União Europeia, que não considera como sendo serviços de natureza econômica as atividades desempenhadas "pelo Estado ou em nome do Estado no contexto dos seus deveres nos campos social, cultural, educacional e judicial, tais como os cursos organizados no âmbito do sistema nacional de educação", serviço que é essencialmente financiado pelo erário público (par. 34).

- É também referido o conceito de "razões superiores do interesse público" (*overriding reasons relating to the public interest*) desenvolvido pelo Tribunal (par. 40), tais como "a saúde pública, a proteção do consumidor, a saúde dos animais e a proteção do ambiente urbano", que "podem justificar a

---

15 sentenças de prisão perpétua, mas enforcou-se na cela prisional em 2004. Disponível em: <www.lawyersweekly.ca/index.php?section=article&articleid=732>.

58. Disponível em: <http://eur-lex.europa.eu/LexUriServ/LexUriServ.do?uri=CELEX:32006L0123:EN:NOT>.

aplicação de esquemas de autorização e outras restrições", as quais não podem "discriminar por razões de nacionalidade" e devem respeitar "os princípios de necessidade e de proporcionalidade" (par. 56).

- Outro conceito da jurisprudência europeia é o de "política pública", que "abrange a proteção contra uma genuína e suficientemente séria ameaça a um dos interesses fundamentais da sociedade e que pode incluir, em particular, questões relativas à dignidade humana, à proteção dos menores, dos adultos vulneráveis e do bem-estar dos animais" (par. 41).
- "A concessão de licenças para certas atividades de serviços pode requerer uma entrevista com o candidato pela autoridade competente, para avaliar a sua integridade pessoal e idoneidade para o desempenho do serviço em questão" (par. 53).
- O interesse dos destinatários dos serviços profissionais justificam a autorização da oferta de "serviços multidisciplinares", cuja restrição só pode ser justificada pela necessidade de "assegurar a imparcialidade, independência e integridade das profissões reguladas" (par. 101).
- "Os Estados-membros devem encorajar a adoção de códigos de conduta, particularmente pelos órgãos, organizações e associações profissionais em nível comunitário", cuja aplicação em nível nacional deve ser encorajada, com a finalidade, nomeadamente, de "assegurar a independência, a imparcialidade e o segredo profissional" (par. 114).
- Não deve ser proibida a comunicação comercial (publicidade) que respeite as normas profissionais relativas, em particular, "à independência, dignidade e integridade da profissão, assim como ao segredo profissional, de um modo coerente com a natureza específica de cada profissão" (artigo 24.3).
- No caso em que a prestação multidisciplinar de serviços é autorizada, os Estados devem procurar prevenir "conflitos de

interesse e incompatibilidades" e assegurar, nomeadamente, "que as regras de ética e conduta profissionais das diferentes atividades são compatíveis umas com as outras, especialmente no que se refere ao segredo profissional" (artigo 25).

- A Diretiva salvaguarda, em particular, os direitos dos cidadãos:
  — A realização do mercado interno deve assegurar um "justo equilíbrio entre a abertura do mercado e a preservação dos serviços públicos e dos direitos sociais e do consumidor" (4).
  — É respeitado "o exercício dos direitos fundamentais aplicáveis nos Estados Membros e reconhecidos na Carta dos Direitos Fundamentais da União Europeia" (15).
  — Restrições à mobilidade da prestação dos serviços são excepcionalmente permitidas apenas se forem "compatíveis com os direitos fundamentais que são parte integrante dos princípios gerais do Direito inscritos na ordem jurídica comunitária" (83).
  — Por conseguinte, não é afetado "o exercício dos direitos fundamentais reconhecidos nos Estados Membros e pelo Direito Comunitário" (artigo 1.7).

Esta Diretiva da União Europeia é, portanto, um texto prudente, equilibrado, que não dissolve a especificidade dos serviços profissionais na lógica mercantilista da competitividade, não olhando apenas para a sua dimensão econômica e não subestimando a sua dimensão ética e cultural.[59] Não cavalga a onda desreguladora que deita fora a água do banho com o bebê lá dentro...

---

59. Lê-se, por exemplo, no citado *Accord Policy on Registration/Licensing/Certification of the Practice of Architecture of the International Union of Architects* (UIA): "A UIA defende que as leis reguladoras da profissão da Arquitetura não devem ser indevidamente limitadoras do âmbito da prática e devem reconhecer que os arquitetos, através das suas práticas, exprimem as raízes dos valores culturais e estéticos de uma sociedade através da Arquitetura que desenham". Disponível em: <www.mimarlarodasi.org.tr/UIKDocs/4.pdf>.

Em suma, pode-se concluir como Schmitt e Shimberg (referindo-se aos EUA):

> Para o melhor e para o pior, o sistema regulatório, tal como existe hoje, vai provavelmente continuar por muito tempo, embora com algumas mudanças. Afinal, ele existe há 4000 anos! [...] Embora a regulação possa ser um instrumento imperfeito para a proteção do público, ainda tem muito para dar, até que seja criado um sistema melhor. (SCHMITT; SHIMBERG, 1996, p. 109)

2.5 Outras experiências

Em Portugal, o artigo 46 da CRP, relativo à "Liberdade de Associação", não menciona a possibilidade de autorregulação profissional, mas ela é abrangida pela figura das "associações públicas" (*Corporaciones de Derecho Público*, na Espanha, *Enti Pubblici Associativi*, na Itália), constitucionalizada pela primeira revisão constitucional, em 1982 (Lei Constitucional n. 1/1982, artigos 165.1.s, 267.1 e 267.4) (Estrutura da Administração).[60] Segundo Gomes Canotilho e Vital Moreira, trata-se de "*uma figura constitucional autônoma*, de um tipo particular de associações com um regime jurídico específico, não podendo, portanto, estar sujeitas *diretamente* ao regime constitucional geral das associações". O seu regime "sempre implica, em maior ou menor medida, *restrições* (ou compressões) da liberdade de associação em alguma das suas componentes (liberdade de constituição, autonomia estatutária, autogestão, liberdade de filiação etc.)" (CANOTILHO; MOREIRA, 2007, p. 649).

---

60. Vital Moreira observa: "A falta de referência do texto constitucional de 1976 às ordens permitiu a contestação da sua legitimidade constitucional, se não das próprias ordens como instituições públicas" (MOREIRA, 1997, p. 289). Foram legitimadas pela revisão constitucional de 1982, no artigo 267, como forma de "descentralização e desconcentração administrativas" (par. 2). Nos termos do seu par. 4: "As associações públicas só podem ser constituídas para a satisfação de necessidades específicas, não podem exercer funções próprias das associações sindicais e têm organização interna baseada no respeito dos direitos dos seus membros e na formação democrática dos seus órgãos".

A sua criação deve ser justificada "pela satisfação de relevantes necessidades públicas", na ausência de uma alternativa como, por exemplo, "a delegação de poderes públicos a associações privadas (*subsidiariedade* da associação pública)" (p. 650). Por isso, não é:

> [...] constitucionalmente ilícito nem a atribuição de um estatuto público a certas profissões, nem, muito menos, a submissão de certas profissões a um estatuto mais ou menos publicamente condicionado ou vinculado (advocacia, medicina etc.). As profissões sujeitas à disciplina pública tanto podem gozar de um regime de *autodisciplina*, através de associações públicas ("ordens" etc.), como podem estar submetidas diretamente ao poder disciplinar público (p. 656).

A este propósito, lê-se num Parecer do Conselho Consultivo da Procuradoria-Geral da República (PGR):[61]

> Para regular e disciplinar o exercício de uma profissão de interesse público, o Estado poderia eventualmente, em alternativa, utilizar vários modos ou modelos de atuação e intervenção.

---

61. Parecer sobre "Deontologia Médica e Interrupção Voluntária da Gravidez" (PGRP00002903, P000472007, PPA13092007004700), pedido pelo Ministério da Saúde e votado por unanimidade a 13 de setembro de 2007. Disponível em: <www.dgsi.pt/pgrp.nsf/7fc0bd52c6f5cd5a802568c0003fb 410/4fc5dad727fb8138802572ea0037c8e9?OpenDocument&ExpandSection=-3%2C-1%2C-2%2C-4>.
Disse também o Tribunal Constitucional no seu Acórdão n. 373/04, de 25 de maio de 2004, em resposta a um requerimento do procurador-geral da República, relativo à Ordem dos Enfermeiros:

> Para assegurar a defesa dos interesses públicos que a regulamentação de tais profissões postula, o Estado cria, por vezes, associações profissionais, a quem comete o encargo de organizar as respectivas profissões, controlando o ingresso nas mesmas, e o de garantir que os profissionais em causa exerçam o seu ofício, cumprindo um conjunto muito apertado de regras deontológicas, conferindo-lhes, para o efeito, diversos poderes de autoridade (entre eles, o de impor a inscrição na respectiva associação a todos quantos pretendam exercer a profissão em causa, o de lhes exigir o pagamento das respectivas quotas, e bem assim o de aplicar sanções disciplinares a quem não observar os deveres deontológicos). Está-se, então, em presença de associações públicas.
> Como qualquer associação pública, em virtude do disposto no artigo 267°, n. 4 da Constituição, a Ordem dos Enfermeiros é constituída para satisfação de necessidades específicas, não podendo exercer funções próprias das associações sindicais. Disponível em: <www.tribunalconstitucional.pt/tc/acordaos/20040373.html>.

Poderia organizar um serviço administrativo integrado na administração direta, ao qual competisse reconhecer a qualificação profissional e fiscalizar o cumprimento das normas fundamentais relativas ao exercício da profissão; poderia aceitar uma (ou mais) organização dos profissionais interessados como entidade privada, delegando nela o exercício de certos poderes públicos, mas sem a considerar como entidade pública; ou reconhecer a organização profissional como entidade, associação pública, devolvendo-lhe os poderes públicos necessários à regulamentação e disciplina de exercício da profissão [...].
Uma tendência não estatista e favorável ao pluralismo social, que a Constituição acolhe, privilegiará este último modo de atuação do Estado. Aqui se integram as "ordens profissionais", já com a estrutura com que passaram ao regime instituído em 1974 e agora expressamente constitucionalizadas, com a introdução da figura das associações públicas nas formas de descentralização da atividade administrativa.
[...]
A complexidade e a diversidade da ação administrativa e sobretudo a multiplicidade de áreas em que aquela administração é chamada a intervir são fatores determinantes da adoção de formas e estruturas de participação dos administrados nas tarefas administrativas que integram a matriz da chamada administração associativa.

Nos instrumentos legais que publicaram os Estatutos de algumas Ordens, evoca-se "a natureza mista das associações públicas profissionais — pública, enquanto prossegue atribuições públicas relativas ao exercício de profissões onde o interesse público está especialmente patente, privada, porque associação representativa dos profissionais inscritos".[62]

---

62. Por exemplo, diz o Decreto-lei n. 84/1984, de 16 de março, aprovando o Estatuto da Ordem dos Advogados:

1. O Estado, no uso de poderes que são seus, tem o direito e o dever de regular as associações públicas. [...]
As associações públicas, é importante desfazer equívocos, não nascem do exercício do direito de associação dos particulares. Representam antes, como pessoas coletivas de direito público que são, uma forma de administração mediata, consubstanciando uma devolução de poderes do Estado a uma pessoa autônoma por este constituída expressamente

Segundo a definição de Diogo Freitas do Amaral, "as associações públicas são pessoas coletivas públicas criadas pelo Estado por devolução de poderes — e nessa medida o seu regime jurídico aproxima-se do dos institutos públicos, que igualmente o são; mas as associações públicas têm, ao contrário dos institutos públicos, estrutura associativa e pertencem à administração autônoma".[63] Têm uma natureza intermédia, entre a associação privada e o instituto público. Como se lê em um Parecer do Conselho Consultivo da PGR (P0001111992):[64] "Decompõe-se o conceito em três elementos: a natureza associativa — os associados são os destinatários da atividade administrativa; a prossecução de interesses públicos — seja de interesses públicos coletivos específicos, seja de interesses públicos primários, e a inserção no âmbito da Administração — enquanto expressão de descentralização funcional" (III.2). As associações públicas profissionais (APPs) são próprias de algumas profissões. Como observa o mesmo parecer da PGR:

> Há, com efeito, profissões que apresentam como traços distintivos um elevado grau de formação científica e técnica, regras de exercício ou de prática de atos extremamente relevantes e exigentes, necessidade de confiança pública ou social tão marcada, que se torna indispensável uma disciplina capaz de abranger todos os profissionais, traduzida não apenas em normas técnicas e deontológicas, mas também em verdadeiras normas jurídicas. É do interesse dos próprios profissionais que a disciplina jurídica do exercício da profissão seja definida e cumprida, mas é isso também (ou sobretudo) do interesse dos que recebem os serviços desses profissionais (que podem ser quaisquer cidadãos) e do interesse da sociedade no seu conjunto.

---

para o exercício daquelas atribuições e competências. Entre as duas opções que se põem ao Estado: a de se ocupar diretamente da regulamentação e tutela dessas profissões ou a de, definindo os parâmetros legais de caráter geral, confiar aos próprios interessados a disciplina e defesa da sua profissão, o legislador preferiu a segunda. Disponível em: <www.oa.pt/Conteudos/Artigos/detalhe_artigo.aspx?idc=30819&idsc=128&ida=504>.

63. Cit. in Jorge Bacelar Gouveia, "As associações públicas profissionais no Direito português" (p. 36). Disponível em: <www.fd.unl.pt/docentes_docs/ma/jbg_MA_14420.pdf>. Acesso em: set. 2012.

64. Disponível em: <www.dgsi.pt/pgrp.nsf/7fc0bd52c6f5cd5a802568c0003fb410/7c5dda96dbad98a5802566170042030a? OpenDocument&ExpandSection=-2>.

Para regular e disciplinar o exercício de uma profissão de interesse público, o Estado poderia eventualmente, em alternativa, utilizar vários modos ou modelos de atuação e intervenção. Poderia organizar um serviço administrativo integrado na administração direta [...]; poderia aceitar uma (ou mais) organização dos profissionais interessados como entidade privada, delegando nela o exercício de certos poderes públicos, mas sem a considerar como entidade pública; ou reconhecer a organização profissional como entidade, associação pública, devolvendo-lhe os poderes públicos necessários à regulamentação e disciplina de exercício da profissão. (III.4)

As APPs são expressão do terceiro modelo. São uma forma de participação dos administrados na administração através da administração autônoma ou autoadministração profissional. Segundo o mesmo Parecer:

[...] tipicamente, neste tipo de associações públicas estão presentes o privilégio da unicidade, o princípio da inscrição obrigatória (e, como seu corolário ou consequência, a quotização obrigatória de todos os seus membros), a função de controle do acesso à profissão (verificação dos pressupostos legais e, eventualmente, da própria formação prévia à inscrição – v. g., o estágio) e o exercício do poder disciplinar sobre os respectivos membros. (III.4)

Em 2008, a Assembleia da República decretou um "Regime das Associações Públicas Profissionais" (Lei n. 6/2008, de 13 de fevereiro), estabelecendo critérios para a sua criação, que foi revista pela Lei n. 2/2013, de 10 de janeiro.[65]

As APPs mais típicas são as ordens profissionais. Sobre elas, lê-se no Parecer do Conselho Consultivo da PGR acima citado (P0001111992):[66]

As ordens profissionais, como se salientou, prosseguem determinadas finalidades de natureza pública estadual, ligadas à especificidade e carac-

---

65. Disponível em: <https://dre.pt/pdf1sdip/2013/01/00700/0011700117.pdf>.
66. Disponível em: <www.dgsi.pt/pgrp.nsf/7fc0bd52c6f5cd5a802568c0003fb410/ 7c5dda96 dbad98a5802566170042030a? OpenDocument&ExpandSection=-2>.

terização de certas profissões e à elevada qualificação científica e técnica de quem seja apto (qualificado) a exercê-las. A defesa das qualificações profissionais e da deontologia e a defesa dos interesses socioprofissionais estão permanentemente presentes nas atribuições estatutariamente configuradas das ordens profissionais.

Mas, por isso mesmo, na defesa dos interesses socioprofissionais relativamente a determinadas profissões com as referidas exigências coenvolve-se muito do interesse público (a qualificação, a garantia de adequada preparação, o respeito pelas regras deontológicas) e do interesse dos próprios profissionais na defesa do prestígio sociológico e da confiança pública na respectiva profissão. (IV.1)

E conclui (VII):

2ª) As ordens profissionais, que prosseguem interesses públicos traduzidos na garantia de confiança no exercício de determinadas profissões envolvendo particulares exigências de natureza científica, técnica e deontológica, detêm, simultaneamente, atribuições de representação da própria profissão perante a sociedade e o Estado;
3ª) Os estatutos das diversas ordens profissionais enunciam atribuições de representação da profissão e de defesa de interesses ideais, não econômicos ou laborais dos respectivos profissionais;

Há outra forma de autorregulação profissional em Portugal: é a Comissão da Carteira Profissional de Jornalista (CCPJ). É um organismo público sem atribuições de representação e defesa da profissão. Segundo o Decreto-lei n. 70/2008, de 15 de abril (que alterou legislação anterior):[67]

A CCPJ é um organismo independente de direito público, ao qual incumbe assegurar o funcionamento do sistema de acreditação profissional dos jornalistas, equiparados a jornalistas, correspondentes e colaboradores da área informativa dos órgãos de comunicação social, bem como o

---

67. Disponível em: <www.dre.pt/pdf1sdip/2008/04/07400/0221502220.PDF>.

cumprimento dos respectivos deveres profissionais, nos termos do Estatuto do Jornalista e do presente decreto-lei.

De acordo com o artigo 20, a CCPJ é composta de 9 membros: 4 jornalistas com um mínimo de dez anos de exercício da profissão, eleitos por ela; 4 jornalistas com um mínimo de dez anos de exercício da profissão, designados pelos operadores do setor, devendo refletir a sua diversidade; um jurista de mérito reconhecido e com experiência na área da comunicação social, cooptado por uma maioria absoluta dos restantes membros, que preside.

Além dos membros efetivos, são designados outros tantos suplentes. O seu mandato é de três anos. O artigo 20.2 afirma: "Os membros da CCPJ são independentes no exercício das suas funções, apenas estando vinculados à lei e às normas éticas que regem o exercício da profissão de jornalista".[68]

A diferença essencial entre a figura típica da Ordem e a figura atípica da CCPJ é, pois, a seguinte: a segunda não é exclusivamente corporacional, pois tem uma composição paritária de representantes da profissão e das entidades empregadoras, com um presidente exterior ao setor profissional.

Há dezesseis Ordens e duas Câmaras, nesta data.[69] São as seguintes (alfabeticamente ordenadas, começando pelas Ordens):

---

68. O Sindicato dos Jornalistas e a Associação Portuguesa de Imprensa anunciaram, a 18 de dezembro de 2008, a criação de um Grupo de Missão para estudar a possibilidade da criação de um Conselho de Imprensa (que já existiu, de 1975 a 1989), como estrutura de autorregulação (para a imprensa dos *media* escritos, porque os *media* audiovisuais têm outro tipo de regulação), à semelhança dos que existem noutros países. Disponível em: <www.jornalistas.online.pt/noticia.asp?id=7024&idselect=87&idCanal=87&p=0>.

69. Fevereiro de 2013.

Em 2004, foi constituída por escritura pública uma Ordem dos Avaliadores — Associação Nacional de Avaliadores Imobiliários. Depois de a Ordem dos Engenheiros, nomeadamente, ter chamado publicamente a atenção para a utilização ilegal e enganosa do termo "Ordem", a diretora do Registro Nacional de Pessoas Coletivas declarou a perda do direito de utilizar a denominação (Despacho de 28/11/2005), reparando assim o lapso das entidades que intervieram na sua legalização. A Ordem dos Avaliadores interpôs recurso, mas sem sucesso, tendo

- Ordem dos Advogados
- Ordem dos Arquitetos (1998, sucedendo à Associação dos Arquitetos Portugueses)
- Ordem dos Biólogos (1998)
- Ordem dos Economistas (1998, sucedendo à Associação Portuguesa de Economistas)
- Ordem dos Enfermeiros (1998)
- Ordem dos Engenheiros (1936)
- Ordem dos Engenheiros Técnicos (2011, sucedendo à Associação Nacional dos Engenheiros Técnicos)
- Ordem dos Farmacêuticos (1972)
- Ordem dos Médicos (1938)
- Ordem dos Médicos Dentistas (1998, sucedendo à Associação Profissional dos Médicos Dentistas)
- Ordem dos Médicos Veterinários (1991)
- Ordem dos Notários (2004)
- Ordem dos Nutricionistas (2010, promovida pela Associação Portuguesa dos Nutricionistas)
- Ordem dos Psicólogos (2008, sucedendo à Associação Pró--Ordem dos Psicólogos)
- Ordem dos Revisores Oficiais de Contas (1999, sucedendo à Câmara dos Revisores Oficiais de Contas)
- Ordem dos Técnicos Oficiais de Contas (2009, sucedendo à Câmara dos Técnicos Oficiais de Contas)
- Câmara dos Solicitadores (1927)
- Câmara dos Despachantes Oficiais (1945)

---

passado a denominar-se Associação Nacional de Avaliadores, por revisão dos seus Estatutos em 2009.

Há um Conselho Nacional das ordens profissionais (CNOP) que foi constituído em 2006 para substituir o Conselho Nacional de Profissões Liberais (CNPL), criado em 1989.

Outros grupos profissionais aspiram ao estatuto de APP (fisioterapeutas, técnicos da saúde, assistentes sociais, arquitetos paisagistas, arqueólogos etc.). Como observa Jorge Bacelar Gouveia:

> O principal problema é sempre, todavia, o da definição do âmbito profissional em que se torna necessário criar uma associação profissional, ainda que se possam estabelecer requisitos de cujo preenchimento depende a sua criação em concreto, como sejam a elevada autonomia científica e técnica da profissão a ponderar, o número de pessoas que a praticam e uma interação ampla com terceiros, índices esses que, conjugados entre si, devem criar um suficiente nível de responsabilidade para fazer intervir o poder público através da criação de uma associação com estas feições.[70]

A profissão docente não tem estatuto de autorregulação profissional, na maioria dos países do mundo, por várias razões. Para examinar a legitimidade, possibilidade e vantagens da sua autorregulação, importa começar por saber em que estado está e que profissão é.

---

70. In: "As associações públicas profissionais no Direito português" (p. 91). Disponível em: <www.fd.unl.pt/docentes_docs/ma/jbg_MA_14420.pdf>. Acesso em: set. 2012.

SEGUNDA PARTE

Autorregulação da profissão docente

3

Sobre a profissão docente

Paul Conway observa: "As acentuadas expectativas em relação a professoras e professores geraram um interesse político, profissional e da investigação sem precedentes em todo o mundo, da parte da teoria e da prática da formação docente. Isso é evidenciado pelo número de relatórios em vários países e estudos transnacionais sobre a docência e a formação docente nos últimos anos" (CONWAY, 2009, p. 2). Esses estudos e relatórios já foram mencionados. Neles se encontram abordagens de todos os aspectos da profissão. As suas conclusões vão ser examinadas e utilizadas para argumentar propostas relativamente às seguintes questões principais: profissionalidade, identidade, qualidade e avaliação da profissão docente.

3.1 Profissionalidade

Segundo Linda Evans, o termo *professionality* terá sido introduzido no campo da educação por Eric Hoyle, no Reino Unido, em 1975, diferenciando-o de *professionalism*.

> Foi há mais de trinta anos que Hoyle introduziu o termo "profissionalidade" na literatura dos estudos sobre a educação, mas continua pouco utilizado e relativamente não reconhecido, fora deste contexto, apesar de ter muito para oferecer ao debate no campo sociológico mais amplo. Se, como sugiro, o desenvolvimeno profissional envolve essencialmente o progresso dos indivíduos ao longo do *continuum* da profissionalidade na direção (segundo Hoyle, 1975) do extremo "amplo", então é mais sobre a profissionalidade do que sobre o profissionalismo que é preciso focar as iniciativas de mudança, e é para a profissionalidade como constituinte do profissionalismo que os sociólogos precisam de voltar a sua atenção. (EVANS, 2007, p. 10)

Para Hoyle, profissionalidade significa um modo de exercer a profissão. E faz a seguinte distinção:

> Entendo por *profissionalidade restringida* [*restricted*] uma profissionalidade que é intuitiva, focada na sala de aula e baseada mais na experiência do que na teoria. [...] O *profissional amplo* [*extended*], por outro lado, tem a preocupação de situar a sua docência na sala de aula num contexto educacional mais amplo [...]. Diferentemente do profissional restringido, interessa-se pela teoria e pelos atuais desenvolvimentos na educação. [...] Vê na docência uma atividade racional suscetível de ser melhorada com base na investigação e no desenvolvimento. (HOYLE, 1989, p. 49)

Esta é uma distinção entre profissionalidade e profissionalismo diferente daquela que foi proposta, a saber: profissionalismo é um termo de qualificação do exercício de uma profissão conforme ao seu conteúdo identitário, que é o núcleo da sua profissionalidade. Antes, porém, de entrar na problematização da profissionalidade docente, convém abordar o conceito da profissão docente.

No campo da educação encontram-se várias profissões. São categorizadas nas classificações e glossários internacionais e nacionais. Além da *International Standard Classification of Occupations* (ISCO 08),[1]

---

1. Disponível em: <www.ilo.org/public/english/bureau/stat/isco/index.htm>.

há a *International Standard Classification of Education 2011* (ISCED),[2] o *Glossário* do Instituto de Estatística da UNESCO (Organização das Nações Unidas para a Educação, a Ciência e a Cultura)[3] e o *Glossário* da OECD.[4]

O ISCO 08 (OIT) distingue emprego (*job*) e ocupação (*occupation*), assim definidos: emprego é "um conjunto de tarefas e funções desempenhadas, ou suposto serem desempenhadas, por uma pessoa, incluindo quem emprega ou quem trabalha por conta própria"; ocupação é "um conjunto de empregos cujas tarefas e funções se caracterizam por um elevado grau de semelhança" (a versão francesa traduz *occupation* por *profession*). As ocupações são hierarquizadas em quatro grupos: grandes grupos (*Major*), subgrandes grupos (*Sub-Major*), subgrupos (*Minor*) e grupos elementares (*Unit Groups*). O critério é o "nível de competência" (*skill level*) e a "especialização da competência" (*skill specialization*). Os grandes grupos são dez: o segundo denomina-se Profissionais (*Professionals*) e compreende seis subgrandes grupos, o terceiro dos quais é o dos Profissionais docentes (*Teaching professionals*). Este inclui cinco subgrupos (*Minor*), assim denominados: Professores/as universitários/as e do ensino superior, Professores/as da formação profissional, Professores/as do ensino secundário, Professores/as da escola primária, Educadores/as da primeira infância, Outros profissionais docentes. Só este último subgrupo se diferencia em grupos elementares (*Unit Groups*), que são os seguintes: Especialistas dos métodos de educação, Professores/as de necessidades especiais, Outros/as professores/as de línguas, Outros/as professores/as de música, Outros/as professores/as de artes,

---

2. Disponível em: <www.uis.unesco.org/Education/Documents/isced-2011-en.pdf>.

3. O ISCED faz parte da família dos sistemas de classificação internacional das Nações Unidas nos domínios económico e social, para reunir, organizar e analisar dados nacionais que possam ser comparados. Foi criado pela UNESCO nos anos 1970, revisto em 1997 e novamente revisto em 2011.
   Disponível em: <www.uis.unesco.org/TEMPLATE/pdf/isced/ISCED_A.pdf>.

4. Disponível em: <www.oecd.org/dataoecd/10/7/41274044.pdf>.
   Em Portugal, há a Classificação Nacional de Profissões (CNP 94). Disponível em: <www.iefp.pt/formacao/CNP/Paginas/CNP.aspx>.

Formadores/as de tecnologia da informação, Profissionais docentes não mencionados nesta classificação.

A ISCED inclui as seguintes definições gerais:

Educação

Processos pelos quais as sociedades transmitem deliberadamente a informação, conhecimentos, compreensão, atitudes, valores, capacidades, competências e comportamentos acumulados através das gerações. Envolve a comunicação destinada a gerar aprendizagens.

Aprendizagem

Aquisição ou modificação individual de informação, conhecimentos, compreensão, atitudes, valores, capacidades, competências ou comportamentos, através da experiência, da prática, do estudo ou da instrução.

Instituição de educação

Instituição estabelecida cuja finalidade principal é fornecer educação, como uma escola, colégio, universidade ou centro de formação. São instituições normalmente acreditadas ou aprovadas pelas competentes autoridades nacionais da educação ou equivalentes. As instituições da educação podem ser também operadas por organizações privadas, como organismos religiosos, grupos com interesses especiais ou empresas de educação ou formação privadas, com fins lucrativos ou não.

Programa de educação

Um conjunto coerente ou sequência de atividades educacionais concebidas e organizadas para alcançar objetivos de aprendizagem predeterminados ou realizar um conjunto específico de tarefas educacionais durante um período com uma certa duração.

Educação formal
Educação que é institucionalizada, intencional e planeada através de organizações públicas e organismos privados reconhecidos e que, na sua totalidade, formam o sistema de educação formal de um país. [...] A educação profissional, educação para necessidades especiais e algumas partes da educação de adultos são frequentemente reconhecidas como fazendo parte do sistema de educação formal.

Educação não formal
Educação que é institucionalizada, intencional e planeada por um fornecedor de educação. A característica que define a educação não formal é ser adicional, alternativa e/ou um complementar à educação formal no processo da aprendizagem ao longo da vida dos indivíduos. [...] A educação não formal, na maior parte dos casos, conduz a qualificações que não são reconhecidas como qualificações formais, ou equivalentes, pelas competentes autoridades da educação nacionais, ou a nenhuma espécie de qualificação. [...]

O ISCED não abrange a *aprendizagem informal*, que é assim definida:

Formas de aprendizagem que são intencionais ou deliberadas, mas não institucionalizadas. Por conseguinte, é menos organizada e estruturada do que a educação formal ou não formal. A aprendizagem informal pode incluir atividades de aprendizagem que têm lugar na família, no local de trabalho, na comunidade local e na vida quotidiana, numa base autodirigida, dirigida pela família ou socialmente dirigida.

Há ainda a *aprendizagem acidental ou aleatória*:

São várias formas de aprendizagem que não são organizadas ou que envolvem comunicação não destinada a gerar aprendizagens.

[...] Os exemplos podem incluir as aprendizagens que acontecem durante uma sessão ou enquanto se ouve um programa de rádio ou se vê um programa de televisão que não pretende ser um programa de educação.

O *Glossário* do Instituto de Estatística da UNESCO contém, entre outras, as seguintes definições:

Professoras/Professores (ou Pessoal Docente)
Pessoas empregadas a tempo inteiro ou parcial, a título oficial, para orientar e dirigir a experiência de aprendizagem de alunos e estudantes, independentemente das suas qualificações ou do modo de prestação do serviço, isto é, presencial e/ou a distância. Esta definição exclui o pessoal da educação que não tem funções docentes activas (por exemplo, diretores, diretoras ou outros responsáveis sem atividade docente) e pessoas que trabalham ocasionalmente ou a título voluntário nas instituições de educação.

Pessoal da educação
É um termo amplo que abrange três categorias: 1 — Pessoal docente são aquelas pessoas que participam na instrução dos alunos (v. Pessoal Docente). 2 — Outro pessoal pedagógico e administrativo inclui diretores/diretoras, administradores/as escolares, supervisores/as, conselheiros, pessoal da saúde escolar, bibliotecários/as, profissionais do desenvolvimento curricular, assim como administradores/as da educação em nível local, regional e central. 3 — Pessoal auxiliar inclui pessoal de secretaria, pessoal de operações e manutenção das instalações, pessoal de segurança, trabalhadores dos transportes, pessoal do setor da alimentação etc.

O *Glossário* da OECD distingue quatro categorias funcionais de "pessoal da educação" (*educational personnel*): "pessoal de instrução" (*instructional personnel*), "pessoal de apoio aos estudantes", "gestão/ controle de qualidade/administração", "pessoal de manutenção e operações". O pessoal de instrução inclui duas subcategorias: "pessoal docente" (*teaching staff*) e "assistentes do(a) professor(a)" (*teacher aides*). O pessoal docente é assim definido:

> As(os) professoras/professores [*classroom teachers*] incluem os profissionais diretamente envolvidos no ensino de estudantes, as/os professoras/ professores da educação especial e outras professoras/professores que trabalham com uma turma inteira de estudantes numa sala de aula, com pequenos grupos noutro tipo de sala ou em ensino individualizado dentro ou fora de uma aula normal. Também fazem parte do pessoal docente presidentes de departamentos cujas funções incluem algum tempo de ensino, mas não inclui pessoal não profissional de apoio aos professores/ professoras nas suas funções docentes, tais como auxiliares de professoras/professores e outro pessoal paraprofissional. A subcategoria do pessoal acadêmico [*academic staff*] inclui o pessoal cuja missão principal é o ensino, a investigação ou o serviço público. Este grupo inclui o pessoal de categorias acadêmicas com títulos tais como professor/a, professor/a associado/a, professor/a adjunto/a, monitor/a, conferencista [*lecturer*] ou títulos equivalentes. Inclui também pessoal com outros títulos (por exemplo, decano, diretor, decano assistente, adjunto de decano, presidente ou diretor de departamento), se a sua principal atividade for o ensino ou a investigação. Não inclui professores-estudantes ou assistentes de ensino ou investigação. O pessoal docente abrange apenas parte do pessoal de instrução.[5]

---

5. Em um relatório da OECD:

Um professor ou professora é definido como uma pessoa cuja atividade profissional envolve a transmissão de conhecimentos, de atitudes e de capacidades prescritos aos estudantes por um programa educacional. Esta definição não depende da qualificação possuída pela professora ou professor nem do mecanismo de ensino. Baseia-se em três conceitos:
1. Atividade, excluindo assim professoras e professores fora do exercício de funções docentes — embora incluindo os que não estão temporariamente em exercício (por exemplo, por razões de doença ou acidente, em licença de maternidade ou parental, em férias ou com dispensa de serviço).
2. Profissão, excluindo assim pessoas que trabalham ocasionalmente ou voluntariamente em instituições de educação.

Tendo em conta o que acaba de ser exposto, propõe-se uma categorização das profissões no campo da educação segundo três critérios principais:

— titularidade de formação especializada em educação,
— ocupação principal e permanente,
— em instituições de educação.

---

3. Programa educacional, excluindo assim pessoas que oferecem serviços diferentes da instrução formal de estudantes (por exemplo, supervisores, organizadores de atividades etc.). (OECD, 2005, p. 25)

Em Portugal, a CNP 94 inclui entre as profissões reguladas/regulamentadas — aquelas cujo exercício legal requer uma habilitação profissional certificada por um título (Cédula Profissional, Carteira Profissional, Licença ou outro) — as seguintes: educador(a) de infância, professor(a) do ensino básico, professor(a) do ensino secundário, docente do ensino superior politécnico, docente do ensino superior universitário. São profissões assim definidas:

Educador(a) de infância, professor(a) do ensino básico e *professor(a) do ensino secundário* são uniformemente definidos como sendo

[...] o(a) profissional com competências e conhecimentos científicos, técnicos e pedagógicos de base para o desempenho profissional da prática docente nas seguintes dimensões: profissional e ética; desenvolvimento do ensino e da aprendizagem; participação na escola e relação com a comunidade e desenvolvimento profissional ao longo da carreira. (*Fonte*: Decreto-lei n. 139-A/1990, de 28 de abril, com a nova redação do Decreto-lei n. 15/2007, de 19 de janeiro)

Docente do ensino superior politécnico

Professor adjunto
O(a) professor(a)-adjunto(a) é o(a) profissional que colabora com os professores-coordenadores no âmbito de uma disciplina ou área científica.

Professor coordenador
O(a) professor(a)-coordenador(a) é o(a) profissional a quem cabe a coordenação pedagógica, científica e técnica das atividades docentes e de investigação compreendidas no âmbito de uma disciplina ou área científica.

Professor coordenador principal
O(a) professor(a) coordenador(a) principal é o(a) profissional a quem cabe, para além da coordenação pedagógica, científica e técnica das atividades docentes e de investigação compreendidas no âmbito de uma disciplina ou área científica, desenvolver a coordenação intersetorial. (*Fonte*: Decreto-lei n. 185/1981, de 1º de julho)

Docente do ensino superior universitário

Professor(a) catedrático(a)
O(a) professor(a) catedrático(a) é o(a) profissional a quem são atribuídas funções de coordenação da orientação pedagógica e científica de uma disciplina, de um grupo ou

Utilizando estes critérios, poder-se-á distinguir entre profissões da educação, profissões na educação e outras funções com responsabilidades relacionadas com a educação.

- *Profissões da educação*

    Profissões da educação são aquelas cujos profissionais possuem uma formação de base especializada em educação, que é o seu campo de atividade principal e permanente, e exercem a profissão sobretudo em instituições de educação. São principalmente os professores e professoras de todos os níveis da

---

de um departamento e a quem compete reger disciplinas de licenciatura e de cursos de pós-graduação, dirigir seminários, coordenar programas e estudo e aplicação de métodos de ensino e investigação, dirigir e realizar trabalhos de investigação.

Professor(a) associado(a)
O(a) professor(a) associado(a) é o(a) profissional a quem é atribuída a função de coadjuvar os professores catedráticos e a quem compete reger disciplinas de licenciatura e de cursos de pós-graduação e dirigir seminários, orientar e realizar trabalhos de investigação.

Professor(a) auxiliar
O(a) professor(a) auxiliar é o(a) profissional a quem cabe, para além das atribuições dos Assistentes, reger disciplinas dos cursos de licenciatura e dos cursos de pós-graduação. Poderá, igualmente, ser-lhe distribuído serviço idêntico ao dos Professores Associados, caso conte cinco anos de efetivo serviço como docente universitário.

Assistente
O(a) assistente é o(a) profissional que leciona aulas práticas ou teórico-práticas e presta serviço em trabalhos de laboratório ou de campo, em disciplinas dos cursos de licenciatura ou de pós-graduação, sob a direção dos respectivos professores.

Assistente estagiário(a)
O(a) assistente estagiário(a) é o(a) profissional que leciona aulas práticas ou teórico-práticas e presta serviço em trabalhos de laboratório ou de campo, em disciplinas dos cursos de licenciatura, sob a direção dos respectivos professores. (*Fonte*: Decreto-lei n. 448/1979, de 13 de novembro, ratificado pela Lei n. 19/1980, de 16 de julho)

O sítio eletrônico do Instituto do Emprego e Formação Profissional informa que o exercício das profissões de educador(a) de infância, professor(a) do ensino básico e professor(a) do ensino secundário é regulamentado pela Direção-Geral dos Recursos Humanos da Educação; o exercício da profissão de docente do ensino superior politécnico é regulamentado pelo Conselho Coordenador dos Institutos Superiores Politécnicos; e o exercício da profissão de docente do ensino superior universitário é regulamentado pelo Conselho de Reitores das Universidades Portuguesas. Disponível em: <www.iefp.pt/formacao/certificacao/ProfissoesRegulamentadas/Paginas/ListaProfissoes.aspx>.

educação formal, desde a educação pré-escolar até ao ensino superior, incluindo a educação especial, profissional e de adultos.

- *Profissões na educação*

   Profissões na educação são aquelas cujos profissionais não possuem uma formação (principal) especializada em educação, embora esta possa ser o seu campo de atividade principal e permanente, exercendo a profissão em instituições de educação. É o caso do pessoal administrativo, auxiliar, de manutenção das instalações e outras trabalhadoras ou trabalhadores, bem como das psicólogas ou psicólogos escolares, das médicas ou médicos escolares etc.[6]

- *Outras funções com responsabilidades relacionadas com a educação*

   A educação pode entrar no âmbito de outras funções, nomeadamente de responsáveis políticos e de funcionárias e funcionários de outras instituições sociais.

A principal profissão no campo da educação é, portanto, a profissão docente, designação que inclui geralmente as educadoras e educadores das instituições de educação pré-escolar.

A qualificação da função docente não era consensual entre os fundadores da *Sociology of the Professions*, como sabemos. Etzioni incluía-a entre as "semiprofissões" mas, na opinião de Parsons, as professoras e professores eram profissionais. Em 1966, a *Recomendação sobre a condição do pessoal docente* (OIT/UNESCO) afirmava como um dos seus "Princípios de orientação": "O ensino deve ser visto como uma profissão: é uma forma de serviço público que requer das professoras e professores conhecimentos e competências especializados,

---

   6. No Brasil, a Confederação Nacional dos Trabalhadores em Educação é uma entidade de caráter sindical "integrada pelos trabalhadores em educação — professores, funcionários da educação e pedagogos/especialistas" (Estatuto, artigo 1). Disponível em: <www.cnte.org.br/images/pdf/estatuto_cnte_registrado_2011_2014.pdf>.

adquiridos e mantidos através de estudo rigoroso e contínuo; reclama também um sentido de responsabilidade pessoal e coletiva pela educação e bem-estar dos educandos a seu cargo" (III.6). No entanto, segundo o mencionado relatório da UNESCO publicado em 1998, tarda "o reconhecimento da docência como profissão". (UNESCO, 1998, p. 46)

Como vimos, a função docente é suscetível de uma abordagem-atributos ou de uma abordagem-diferença. Utilizando a primeira, conclui-se geralmente que não é uma "verdadeira" profissão.[7] Na realidade, continua a faltar-lhe o estatuto profissional, social e a atratividade que têm outras profissões socialmente relevantes. Segundo

---

7. Mas nem sempre. Há poucos anos, na Irlanda, Michael Sexton levou a cabo um estudo que consistiu em dois inquéritos realizados em cinco escolas secundárias, três urbanas e duas rurais: um com a participação de 72 professores e professoras de duas escolas, para saber se "se consideravam a si próprios profissionalizados, tendo como referência os atributos das profissões clássicas identificados na literatura" (SEXTON, 2007, p. 81); outro com a participação de 57 professores e professoras de três escolas, para saber se "se consideravam a si próprios profissionalizados, tendo como referência os atributos internos da função docente" (p. 82).

No que respeita ao primeiro inquérito (cuja percentagem de respostas foi de 86%), considerando que os atributos das profissões clássicas podem ser reduzidos a três categorias — saberes profissionais, autonomia profissional e sentido de serviço — o autor chegou às seguintes conclusões:

> Resumindo: relativamente aos atributos-*conhecimento*, pode-se concluir que as professoras e professores acreditam que a função docente tem uma base de saberes [*knowledge base*], embora reconheçam que ela está consideravelmente menos bem definida que a de outros profissionais e que tem uma base mais predominantemente prática [*craft-based*] do que teórica. [...] Relativamente ao segundo atributo-chave, *autonomia*, as professoras e professores são definitivos em considerar-se profissionalizados, embora haja indicações de que alguns possam sentir que essa autonomia está a sofrer uma lenta erosão. No que respeita ao terceiro atributo, *serviço*, afirmam não só que uma característica da profissão é um sentido de responsabilidade, mas que assim é cada vez mais. As professoras e professores creem também que têm um código de valores profissionais, como tem qualquer uma das profissões clássicas, embora a ausência de um código escrito seja vista por alguns como uma certa fraqueza, talvez (p. 90-91).

No que respeita ao segundo inquérito (cuja percentagem de respostas foi de 70%), os dados são menos conclusivos e até incoerentes. Por exemplo, os inquiridos não estão muito inclinados a "reconhecer que a dimensão moral da docência pode estar, de algum modo, associada ao profissionalismo docente" (p. 94). A principal conclusão do autor é que "a maior parte das professoras e professores são incapazes ou não querem ver o seu profissionalismo em termos de questões educacionais ou filosóficas mais amplas" (p. 96). Por outras palavras, têm uma visão limitada da identidade da profissão.

um estudo neozelandês, as profissões a que se atribui um estatuto mais elevado são a Medicina e a Advocacia. Numa escala de 0 a 10, a função docente aparece com a média de 6,8 entre os adultos, 6,5 entre os jovens e 5,8 entre os empregadores. Solicitados a dizer o que lhes vem à cabeça quando pensam na carreira docente, as respostas dos inquiridos foram mais negativas (50%) do que positivas (35%). E quanto à sua atratividade a tendência foi para situá-la a meio da escala de 0 a 10.[8] Hoyle observa que, nos estudos pertinentes, uma análise da posição do título de professora ou professor [*schoolteacher*]:

> [...] mostra que ele se encontra habitualmente na parte superior da escala, situado entre as semiprofissões do trabalho social, bibliotecários etc., mas abaixo das principais profissões. [...] Há variações mais significativas *dentro* da categoria das semiprofissões quando os títulos de *professora ou professor primário* e *professora ou professor do ensino secundário* são diferenciados. O primeiro é invariavelmente classificado abaixo do segundo, mas o grau de percepção da distância varia de país para país. (HOYLE, 2001, p. 140)

São múltiplas as causas do pouco elevado ou baixo grau de profissionalidade da profissão docente (v. MONTEIRO, 2010). Podem ser assim resumidas:

- **Estatuto profissional e social pouco prestigiado**
  — É geralmente vista como sendo uma profissão de acesso fácil.
  — Não é, em geral, bem paga, em comparação com outras profissões academicamente análogas.
  — Não controla os fatores principais do seu sucesso.

---

8. Os autores concluem: "A docência não é uma ocupação de estatuto elevado porque, apesar de requerer competências e formação consideráveis e de ter uma grande influência nas vidas dos outros, não tem a capacidade de dar fama, fortuna ou poder — os elementos essenciais do estatuto" (HALL e LANGTON, 2006, Executive Summary).

- A sua autonomia é limitada pela sua dimensão política e coletiva.
- É, muitas vezes, objeto de uma avaliação redutora, injusta e desmotivadora.
- É uma profissão muito numerosa e com uma base de recrutamento socialmente não elevada.
- É também afetada pelo fato de ter muitas mulheres a exercê-la.
- Os seus mais diretos "clientes" são "menores".
- Os seus níveis de exercício estão frequentemente abaixo do desejável e mesmo do aceitável.
- Não tem geralmente perspectivas estimulantes de progressão profissional.
- É uma profissão massificada, familiar, sem o mistério da distância de outras profissões mais esotéricas.
- A escola e a profissão docente perderam o quase monopólio da difusão do saber.

- **Condições de trabalho deficientes ou degradadas**
    - Desprofissionalização das professoras e dos professores, quando são tratados como meros executantes.
    - Ritmo acelerado das reformas escolares.
    - Turmas numerosas e muito heterogêneas.
    - Programas cada vez mais extensos.
    - Sobrecarga de tarefas.
    - Recursos escassos.

- **Outros aspectos de uma imagem social desvalorizante**
    - Subsiste na literatura e nas memórias a secular imagem do pedagogo ignorante e pedante.
    - Há uma generalizada presunção de competência em matéria de educação.

— Diz-se que as professoras e os professores trabalham pouco, têm muitas férias, faltam muito e não se lhes pede muitas contas pelo que (não) fazem.

— É, talvez, a profissão mais exposta à opinião pública, visibilidade que a torna mais escrutinável e potencia a repercussão pública da mediocridade e abusos dos piores profissionais.

— É uma profissão sem grande "consciência de classe", até porque é frequentemente uma segunda escolha, não para toda a vida.

- **Outros fatores**
  — Desgosto pela escola.
  — Agressividade dos estudantes e, por vezes, das mães e pais.
  — A escola e as professoras e os professores são frequentemente bodes expiatórios.

A profissão docente também é, por vezes, alvo de "discursos da derrisão [*discourses of derision*],[9] de culpabilização e vergonha [*blaming and shaming*], da parte dos políticos e dos *media*, que ajudaram a criar e a alimentar uma falta de confiança pública e de respeito por professores e professoras e seu trabalho" (WHITTY, 2006). Outras críticas dirigidas à profissão são um reflexo da experiência escolar de cada um(a), noutros tempos, e revelam algum desconhecimento das suas realidades atuais, designadamente das condições de trabalho e de tudo o que as professoras e professores fazem para além da sala de aula e mesmo dos muros da escola. E há quem os critique mas aprecie aquelas e aqueles que conhece. É por isso que a opinião dos estudantes é geralmente mais positiva. Por exemplo, o referido estudo neozelandês constatou:

---

9. *Discourse of derision* é uma expressão utilizada por Stephen Ball em *Politics and policy making in education* (ROUTLEDGE, 1990).

Em termos de níveis de respeito para com professoras e professores pelos diferentes grupos na sociedade, todos os participantes consideram que ele é mais elevado da parte daqueles que estão mais próximos das professoras e dos professores e mais baixo da parte daqueles que estão mais afastados e, em particular, dos *media*, que muitos consideram não terem nenhum respeito pelas professoras e pelos professores. (KANE; MALLON, 2006, Executive Summary)[10]

É uma grande injustiça responsabilizar professoras e professores por todos os males da escola. Politicamente, é do pior que um ministro ou ministra ou outros altos responsáveis pela educação podem fazer: denegrir a imagem pública da profissão docente. Para o pior e para o melhor, é com as professoras e os professores que há que se pode contar para começar a melhorar a escola. De resto, aquilo a que se chama "sucesso escolar" resulta da conjugação de três efeitos principais: efeito-professor, efeito-escola, efeito-estudantes. Como se lê no relatório da OECD de 2005:

A aprendizagem dos estudantes é influenciada por muitos fatores, incluindo: as suas capacidades, expectativas, motivação e comportamento; os recursos, atitudes e apoio familiares; as capacidades, atitudes e comportamento dos grupos de pares; a organização, recursos e clima da escola; a estrutura e conteúdo do currículo; e as competências, saberes, atitudes e práticas da professora ou professor. As escolas e as salas de aulas são ambientes complexos e dinâmicos, e a identificação dos efeitos destes variados fatores, e como é que eles se influenciam e relacionam uns com os outros — para diferentes tipos de estudantes e diferentes tipos de

---

10. Aqui, é pertinente a distinção de Hoyle entre estatuto e estima. Esta resulta principalmente da experiência pessoal de cada um(a) com as professoras e os professores que teve, ou do que contam, em casa, as crianças ou adolescentes que frequentam a escola, e depende principalmente da conduta profissional (v. HOYLE, 2001, p. 147).

Um documento da OECD confirma que "a investigação mostra que as pessoas que têm um contato estreito com as escolas — como as mães e pais que assistem a aulas ou empregadores que têm estudantes em programas de aprendizagem no local de trabalho — têm frequentemente atitudes muito mais positivas para com as professoras e os professores do que pessoas com pouco contato direto" (OECD, 2011a, p. 10).

aprendizagens — tem sido e continua a ser um dos maiores temas da investigação educacional. (OECD, 2005a, p. 24)

Por isso, o *Conseil Supérieur de l'Éducation* do Quebec:

[...] constatou que a maior parte dos organismos estão de acordo em reconhecer que o pessoal docente não pode ser tido como responsável "por aquilo sobre que não pode agir". Fatores muito numerosos intervêm na aprendizagem e são igualmente numerosos os fatores sobre os quais a professora ou o professor não tem controle absolutamente nenhum. [...] Neste sentido, os organismos consultados pelo *Conseil* concordam em reafirmar que a responsabilidade do pessoal docente não é sinônimo de obrigação de resultados. (CONSEIL SUPÉRIEUR DE L'ÉDUCATION, 2004, p. 13 e 68)

A escola e a profissão docente são vítimas, ainda, de um excesso de expectativas. Já o relatório norte-americano *A nation at risk* (1983) observava, logo no princípio, referindo-se às instituições escolares: "São habitualmente chamadas a resolver os problemas pessoais, sociais e políticos que a família e outras instituições ou não querem ou não podem resolver". O relatório da mencionada Comissão Pochard observa: "A sociedade parece esperar da escola que ela remedeie todos os seus males e que, sozinha, dê à juventude essa formação e essa educação que nenhuma outra instituição consegue dar-lhe" (POCHARD, 2008, p. 55).

Embora a situação varie de país para país, nomeadamente entre países economicamente mais ricos e mais pobres, os problemas fundamentais da educação e da profissão são transnacionais. Segundo um relatório da OECD, em quase todos os seus Estados Membros "a grande maioria de professoras e professores dizem que estão satisfeitos com o que fazem e consideram que fazem uma real diferença na educação" (OECD, 2011a, p. 5), mas Lawrence Saha e Gary Dworkin concluem: "As condições das professoras e dos professores e do ensino são semelhantes, através das fronteiras nacionais, de modo que é a uniformidade, mais do que a diversidade, que domina as práticas"

(SAHA; DWORKIN, 2009, p. 10). Com efeito: "Mesmo nas nações industrializadas, a deterioração das condições de trabalho e os baixos salários estão a desencorajar as pessoas de ingressar na profissão docente" (ANDERSON, 2004, p. 19), e muitas abandonam mesmo a profissão.[11] Ainda que os estudos revelem que a motivação da maioria das professoras e professores é principalmente intrínseca, isto é, não predominantemente económica, mas o gosto pelo trabalho com crianças, adolescentes ou jovens (v. OECD, 2005, p. 67-68),[12] há na profissão um sentimento geral de mal-estar e desmotivação que não contribui para a atratividade da profissão (p. 18, 82-83).[13] Muitas

---

11. "Está suficientemente demonstrado que, no mundo ocidental, entre 25% e 40% das novas professoras e professores abandonam ou não aguentam mais nos seus primeiros três a cinco anos de docência" (PARLIAMENT OF THE COMMONWEALTH OF AUSTRALIA, 2007, p. 9). Nos EUA, a satisfação de professoras e professores declinou 15% entre 2009 e 2011. Só 44% se dizem satisfeitos com a profissão (ASIA SOCIETY, 2012, p. 8). Daí que, "em algumas cidades dos Estados Unidos, o abandono da profissão durante os primeiros cinco anos chega aos 50%, enquanto no Reino Unido essa percentagem é de 25%" (p. 14). Por isso, na sequência da primeira Cimeira de Nova York (2011), foi lançado um programa para elevar a qualidade da profissão docente cuja sigla é significativamente RESPECT (*Recognizing Educational Success, Professional Excellence and Collaborative Teaching*), anunciado pelo presidente em fevereiro de 2012.

Em Portugal, segundo um estudo publicado pela ANP, 70,6% dos inquiridos não consideravam a carreira docente "prestigiante" e 43,6% não voltariam a escolhê-la, se pudessem voltar atrás (RUIVO et al., 2008).

12. "Quem já se encontra na carreira docente (diretoras e diretores, professoras e professores e estagiárias e estagiários) diz que as suas decisões tiveram predominantemente motivações intrínsecas, relacionadas com a vontade de trabalhar com crianças, contribuir para a sociedade e terem um trabalho de que sentem orgulho [...e não foram] necessariamente influenciados nas suas decisões de ensinar por querer um lugar de estatuto elevado, um trabalho com uma boa imagem ou pela necessidade de serem respeitados pelo público em geral" (KANE e MALLON, 2006, Executive Summary).

13. Segundo o estudo neozelandês *Perceptions of Teachers and Teaching*:

A maioria dos estudantes dos últimos anos do ensino secundário que participaram neste estudo não consideraram o ensino uma carreira atraente. Houve um generalizado consenso em que o ensino é mal pago, stressante e demasiado vulgar [...e dizem] que foram, muitas vezes, diretamente desencorajados de escolher o ensino por professoras e professores e indiretamente dissuadidos pelo seu encontro diário com professoras e professores sobrecarregados de trabalho, mal pagos e frequentemente abaixo do aceitável — todos eles desmentindo que a função tenha um estatuto elevado ou uma imagem atraente.
[...]
Há uma potencialmente nociva espiral de negatividade revelada nestes resultados. As professoras e professores continuam a transmitir uma imagem de incompreensão, grande

professoras e professores têm vergonha de dizer que o são e não recomendam a profissão, como refere também um relatório sobre a situação da profissão na Austrália publicado pelo Parlamento australiano em 1998: "Poucas professoras e professores recomendam a carreira docente às filhas ou filhos ou aos seus estudantes mais brilhantes. Alguns têm mesmo vergonha de admitir que são professores" (PARLIAMENT OF THE COMMONWEALTH OF AUSTRALIA, 1998, p. 11).[14]

Resumindo: A profissão docente é cada vez mais complexa, difícil, exigente, exercida em condições adversas, e sem elevada profissionalidade.

O discurso da profissionalização da função docente generalizou-se a partir de meados dos anos 1980. "No entanto — como observou o *Conseil Supérieur de l'Éducation* du Quebec — temos de constatar que este conceito abrange numerosas realidades que não é simples clarificar." Com efeito:

> 1. Por um lado, a profissionalização exprime a ideia da construção de um conjunto de competências que permitem o exercício da profissão. [...] Esse processo está forçosamente ligado ao desenvolvimento de uma autonomia profissional e à promoção de um certo ideal profissional, a que se chama, na literatura sobre o tema, "profissionalidade".
> 2. Por outro, a profissionalização faz referência a um processo mais externo, ligado à procura de um reconhecimento social e legal. (CONSEIL SUPÉRIEUR DE L'ÉDUCATION, 2004, p. 14-15)

Por isso, nuns casos, diz-se que a profissão está em vias de profissionalização, nomeadamente quando o nível de formação sobe, a

---

stress, sobrecarga de trabalho e baixa remuneração, e esta é a autoimagem que os estudantes mais velhos testemunham diariamente na sala de aula. (Kane & Mallon, 2006, Executive Summary, p. 148)

14. "Fora da escola, alguns professores já não ousam dizer que o são" (LESSARD e TARDIF, 1996, cit. in CONSEIL SUPÉRIEUR DE L'ÉDUCATION, 2004, p. 38). Segundo o estudo *Perceptions of the Status of Teachers*: "Houve algum consenso sobre a ideia (particularmente entre os jovens e especialmente aqueles que ainda estão na escola) de que a docência seria uma opção de carreira mais atrativa se as próprias professoras e professores fossem mais positivos a seu respeito" (HALL e LANGTON 2006, Executive Summary).

sua remuneração aumenta, se lhe reconhece maior autonomia e a sua atratividade cresce. Noutros casos, diz-se que ela está em progressiva desprofissionalização (*deskilling*) porque é cada vez mais controlada, separa-se a concepção e a execução do seu trabalho, que se torna rotineiro, as suas tarefas e dificuldades aumentam, o seu tempo de formação diminui, a sua remuneração perde competitividade, a sua imagem social piora e baixa a motivação para nela entrar e permanecer.[15]

Como realçou o *Conseil Supérieur de l'Éducation* do Quebec no seu *Avis* de 2004, "profissionalizar o ensino é progredir coletivamente para um certo ideal profissional" (CONSEIL SUPÉRIEUR DE L'ÉDUCATION, 2004, p. 26). No entanto: "A questão de saber em que e por que é que o ensino é uma profissão continua bastante pouco tratada no discurso das associações docentes", o qual é "mais desenvolvido e melhor articulado quando se trata do exercício da profissão do que quando se trata da natureza desta última" (p. 33).

3.2 Identidade

A profissão docente tem uma crônica patologia identitária. Professoras e professores vivem numa tensão de identidades.

Há duas abordagens sociológicas principais da identidade profissional, como vimos:

- *Abordagem-atributos*, que consiste em comparar uma ocupação com os atributos do chamado "modelo profissional". Este refere-se a ocupações de elevado estatuto profissional e social,

---

15. "*Deskilling*, no caso da profissão docente, refere-se à redução do papel da professora ou professor, na sala de aula, ao de transmissor de informação. [...] Neste processo, o professor ou professora é visto como mão de obra, uma não variável na sala de aula, alguém que simplesmente segue o currículo prescrito, sem introduzir nada de seu. [...] Capacidade pedagógica não só não é exigida como é indesejável. O resultado da desqualificação é a desprofissionalização da professora ou professor e da docência" (MULCAHY, 2008).

isto é, muito especializadas (*knowledge based*), com ampla autonomia (individual e coletiva), geralmente bem pagas e prestigiadas, cujo paradigma é a Medicina.

- *Abordagem-diferença*, que consiste em identificar as características próprias de uma ocupação, para valorizá-las e agir para melhorar o seu estatuto profissional e social.

A profissão docente não pode ser abordada segundo o modelo profissional. É uma comunidade epistêmica, isto é, uma profissão que possui e aplica saberes especializados, mas está longe de ter as certezas e de ser capaz de garantir uma eficiência comparável a profissões com outras bases epistêmicas.

Pode-se dizer que uma profissão consiste num *saber-fazer-bem* alguma coisa, ou seja, na utilização de saberes especializados para a satisfação de direitos, necessidades e resolução de problemas humanos. Definir a identidade da profissão docente é, pois, basicamente evidenciar o que distingue os seus profissionais das mães e pais que melhor sabem educar os filhos e filhas, bem como de outros profissionais com formação acadêmica análoga.

O objeto da profissão docente é a educação. A definição da sua identidade tem de começar, pois, pela determinação da natureza real do fenômeno educacional, incluindo o que nele está essencialmente em jogo. São propostas as seguintes ideias fundamentais:

A educação é uma forma de poder

Esta deve ser a ideia *princeps* sobre educação: educar é fundamentalmente exercer um poder.

As duas formas de poder mais extensamente estruturantes das sociedades e dos indivíduos, radicalmente consubstanciais, são o poder político e o poder pedagógico. O seu primado e interdependência são ilustrados pela literatura utópica: as utopias sociais, cujo protótipo é a *República* de Platão, são sempre político-pedagógicas, isto é, visam à construção de uma "sociedade nova" através da formação de um "homem novo".

A educação é uma forma de poder, porque o ser humano é naturalmente educável: nasce imperfeito, mas perfectível, biologicamente aberto à criação de uma segunda natureza. A sua educabilidade ou perfectibilidade consiste nas suas virtualidades: cada filho da espécie humana é um poder-ser humano, mediado pela educação como um poder sobre o ser humano, orientado por uma representação do dever-ser humano. É um poder de *conformar* que as gerações mais velhas exercem sobre a sensibilidade, a consciência, o pensamento, a personalidade e o destino das novas gerações. Tanto que a autoridade e a obediência são reconhecidamente e respectivamente o valor e a virtude fundamentais da educação tradicional.

Pode-se mesmo argumentar que a educação é o maior dos poderes humanos. Na realidade, se o poder político é o poder-quadro do exercício de todos os outros, na base da pirâmide social das relações de poder está o poder pedagógico. Todos os governantes tiveram uma educação. A educação é o mais natural, acessível, generalizado e difuso dos poderes, por ser o mais *natural*: basta "ter filhos" para exercer um poder sobre alguém. A escola tornou-se um operador da legitimação ideológica do poder político, da preparação cultural e técnica para o exercício de outros poderes, da reprodução psicológica e social das relações de poder. O saber tornou-se mesmo, em larga medida, fruto do poder, designadamente através do controle operado pelos exames. Sabe-se também que o exercício de um poder é uma das motivações profundas de muitos profissionais da educação.[16]

De resto, o ideal do exercício do poder político não é a dominação pela violência bruta, mas antes a forma pura da sua interiorização, por inculcação, persuasão, educação.

---

16. Segundo o estudo *Perceptions of the Status of Teachers*: "Na opinião de alguns dos grupos participantes, só os 'maus' professores/professoras são atraídos pelo poder conferido pelo estatuto em particular (a docência dá-lhes um *sentimento* de poder sobre as crianças)" (HALL; LANGTON, 2006, Executive Summary).

O poder da educação é um poder de comunicação

O poder da educação é um poder de comunicação, porque a educabilidade do ser humano reside na sua aptidão para a comunicação através de símbolos e signos, aptidão que faz dele, além de animal sentimental, isto é, movido por sentimentos, um animal cultural, ou seja, essencialmente racional, moral e político. O ser humano é um animal pedagógico, porque é um animal semiótico.

Com efeito, a educação é um fenómeno comunicacional antropológico (constitutivo da espécie humana) e ontológico (constituinte de cada ser humano). É um fenómeno de comunicação total — intergeracional e interpessoal, inconsciente e consciente, não verbal e verbal, informal e formal — que responde à necessidade social e individual de comunicação inerente à historicidade e educabilidade humanas. É um processo de comunicação de crenças, saberes, capacidades, atitudes, comportamentos. A educação pode até ser considerada como a comunicação humana mais profunda e vital, na medida em que, além de ser reprodutora das condições de sobrevivência e da identidade coletiva das comunidades humanas, é configuradora das identidades individuais. É um poder de impressão, de impregnação interior dos sentimentos, valores e sentidos que estruturam a personalidade humana e marcam uma vida.[17]

---

17. Comunicação é a ideia-chave da definição de educação da citada ISCED, segundo a qual atividades educacionais são "atividades deliberadas que envolvem alguma forma de comunicação destinada a suscitar aprendizagens" (par. 12). A comunicação é definida como "uma relação entre duas ou mais pessoas, ou entre um meio inanimado e pessoas, envolvendo a transferência de informação (mensagens, ideias, conhecimentos, estratégias etc.). A comunicação pode ser verbal ou não verbal, direta/face a face ou indireta/à distância, e envolver uma grande variedade de canais e meios" (par. 13). É uma comunicação "planeada segundo um modelo ou sequência com fins explícitos ou implícitos" (par. 15), com uma certa duração e continuidade.

O *Conseil Supérieur de l'Éducation* do Quebec também observou que:

> [...] o ato de ensinar implica o recurso a sólidas capacidades de comunicação. Da escola primária à universidade, é preciso revalorizar o papel da professora e do professor como comunicador num mundo de comunicação. Comunicar é simultaneamente uma ciência e

Todo o poder suscita a questão da sua legitimidade

Todas as formas de poder do homem sobre o homem suscitam a questão da sua legitimidade. O poder da educação suscita *a fortiori* a questão da sua legitimidade, que é a questão ético-jurídico-política do fundamento e sentido do poder que exerce, através dos conteúdos e formas da comunicação que realiza. Na verdade, a educação tem sido o mais arbitrário e impune dos poderes, na medida em que a naturalidade, a domesticidade e a assimetria próprias das relações educacionais são particularmente propícias aos abusos de poder. A história da educação mostra como a violência dos seus métodos é um longo capítulo da história da violência e sua reprodução entre os seres humanos.

A questão da legitimidade da educação renova a clássica questão pedagógica da "boa educação", análoga da questão política do "bom governo". Pode ser considerada como a questão mais radical que a educação suscita — a sua metaquestão (ou questão das questões) — na medida em que da resposta que lhe for dada dependem as respostas a todas as outras que são, nomeadamente, os fins, os conteúdos e os métodos da comunicação educacional. É uma questão tão radical, que tem sido praticamente impensável. Para a ideologia pedagógica tradicional, educar é tão natural que a questão da legitimidade da educação é geralmente dissolvida neste postulado: (se) educar é necessário, (toda) a educação é legítima, é sempre para "bem" do educando.[18] Um raciocínio falacioso, porque não distingue entre necessidade (biocultural) e legitimidade (ético-jurídico-política).

---

uma arte: uma ciência, no sentido em que há noções a dominar e teorias a conhecer; uma arte, no sentido em que há intuições a fazer emergir e reações a inventar. (CONSEIL SUPERIEUR DE L'ÉDUCATION, 1991, p. 22-23).

18. "Atormenta-se o infeliz, para seu bem" (*On tourmente le malheureux pour son bien*) (ROUSSEAU, 1762, p. 92).

O critério da legitimidade da educação deve ser o direito à educação

Em um Estado de Direito, ou seja, fundado no princípio do respeito dos direitos humanos, a questão da legitimidade da educação pode e deve ser formulada nestes termos: Com que direito educar?

Considerando que a educação tem, hoje, estatuto de direito humano — que é o mais elevado da normatividade contemporânea — a mais legítima resposta à metaquestão da legitimidade da educação e a todas as questões subsequentes deve ser procurada no conteúdo normativo do direito à educação, desenvolvido pelo Direito Internacional da Educação (v. MONTEIRO, 2008b) e refletido na ordem jurídica interna dos Estados Partes nos respectivos instrumentos.[19] De acordo com ele, o conteúdo normativo do direito à educação pode ser resumido deste modo:

- *O direito à educação é um direito de todo o ser humano*, desde que nasce até ao fim da sua vida, sem discriminação alguma. O primado do interesse superior do sujeito do direito à educação deve ser o centro de gravidade de toda a educação, designadamente da escola.[20] A sua dignidade, direitos e diferenças devem ser respeitados em todas as situações, o que exclui, nomeadamente, castigos corporais e outros castigos degradantes ou humilhantes.

- *O direito à educação é direito à integridade do seu conteúdo normativo*, cujo centro de gravidade está no conceito de "pleno desenvolvimento da personalidade humana", que requer as aprendizagens necessárias ao desenvolvimento de todas as

---

19. O Direito Internacional da Educação pode ser assim definido: é um ramo do Direito Internacional dos Direitos Humanos cujo objeto é o direito à educação — suas origens, fontes normativas, mecanismos de proteção, jurisprudência, conteúdo, doutrina, bem como as suas implicações político-pedagógicas.

20. "O foco da docência está no indivíduo, que é o cliente final, com necessidade e o direito de aprender" (BICENTENNIAL COMMISSION ON EDUCATION FOR THE PROFESSION OF TEACHING, 1976, p. 43).

suas dimensões: física, afetiva, ética, estética, intelectual, profissional, cívica, universal. O direito à educação é, portanto, um complexo de direitos.

- *O direito à educação é direito a todos os meios e condições para a sua realização.* Os meios incluem os fatores materiais e não materiais da sua possibilidade, efetividade e utilidade, dada a interdependência de todos os direitos humanos. Uma das suas condições é a consideração da correlação entre o respeito dos direitos do educando e o respeito dos direitos das suas educadoras e educadores, que são as mães, os pais e os profissionais da educação.

- *A garantia do direito à educação é uma obrigação dos Estados Partes nos respectivos instrumentos jurídicos internacionais*, pois são eles os principais responsáveis, juridicamente e politicamente, pela garantia de todos os direitos de todas e de todos.[21] A Comunidade Internacional tem uma responsabilidade subsidiária e supletiva. Contudo, os primeiros responsáveis são, obviamente, as mães e pais. São responsáveis também os profissionais da educação. E cada um é responsável pelos seus direitos, segundo a sua capacidade de responsabilidade.

Em consequência, as professoras e professores devem considerar-se e serem considerados como profissionais do direito à educação e da comunicação pedagógica, sendo a relação interpessoal o centro de gravidade da profissão.

- O direito à educação não é um direito qualquer a uma educação qualquer, mas um direito de todo o ser humano a toda a educação a que tem direito.

---

21. A proteção e promoção dos direitos humanos "é a primeira responsabilidade dos governos", como reafirmou a "Conferência mundial sobre os direitos humanos" (Viena, Áustria, 1993), na "Declaração e Programa de Ação de Viena" (I.1). Disponível em: <www.unhchr.ch/huridocda/huridoca.nsf/(Symbol)/A.CONF.157.23.En>.

- Pedagógica é a comunicação cujos conteúdos e formas têm como fonte de legitimidade e princípio de qualidade o conteúdo do direito à educação, que inclui o respeito da dignidade e direitos dos sujeitos.

- A centralidade da relação interpessoal na educação significa que a distinção da profissão docente reside, não apenas no saber a ensinar e em saber como ensinar mas, acima de tudo, na influência global que as professoras e professores exercem no desenvolvimento da personalidade de cada criança, adolescente ou jovem que passa por si.

Na verdade, as professoras e professores são, em geral, para os seus estudantes as mais *significant other persons*, depois dos pais, isto é, as suas mais influentes referências humanas.[22] O seu exemplo começa pelo seu modo de estar, de comunicar, de julgar, de tratar e tem

---

22. Dizia o citado relatório do *Steering Committee on the Establishment on a Teaching Council*, na Irlanda: "Pode-se argumentar que, entre todos os profissionais que servem as necessidades das famílias, são as professoras e os professores que têm maior impato, a curto e longo prazo, nas vidas e perspectivas futuras dos alunos" (1.5). Disponível em: <www.teachingcouncil.ie/_fileupload/Publications/Steering_Committee_Report_17189693.pdf>. Acesso em: jul. 2009.

Bruno Bettelheim escreveu: "A criança só aprende a distinguir o bem do mal na medida em que está rodeada de seres humanos exemplares que são tão atraentes aos seus olhos que ela quer imitá-los, para formar a sua personalidade e os seus valores à imagem daqueles que ela admira e com os quais se identifica" (in MENDEL, 1971, p. 245).

Lê-se no documento do NBPTS intitulado *Supporting Statement*:

Cada um de nós se recorda dos grandes professores e professoras que marcaram as nossas vidas, iluminaram os nossos interesses e nos estimularam a fazer o nosso melhor. Conservamos vivas recordações dessas professoras e professores. Manifestavam um profundo carinho e amor pelas crianças. Comunicavam paixão pelo que ensinavam, cativando com ela os seus estudantes. Abordavam o seu trabalho com criatividade e imaginação, esforçando-se constantemente por melhorar. Como profissionais empenhados, tinham orgulho em ser professoras e professores. Disponível em: <www.nbpts.org/UserFiles/File/what_teachers.pdf>.

Albert Camus, quando soube que lhe tinha sido atribuído o prêmio Nobel da Literatura, escreveu uma carta ao seu velho professor primário *monsieur Germain* (datada de 19 de novembro de 1957), em que dizia: "Mas quando recebi a notícia, o meu primeiro pensamento, depois da minha mãe, foi para si. Sem o senhor, sem essa mão afetuosa que estendeu à pequena criança pobre que eu era, sem o seu ensino e o seu exemplo, nada disto teria acontecido" (cit. in UNESCO, 1998, p. 94).

uma múltipla ressonância moral, intelectual, cívica, estética...[23] E não está circunscrito ao recinto escolar. Sem prejuízo do seu direito à vida privada, uma professora ou professor não se despe da profissão quando abandona a escola, como disse, por exemplo, o Supremo Tribunal do Canadá em Ross *versus* New Brunswick School District n. 15, [1996] 1 S.C.R. 825 (processo iniciado em 1988).[24] Esta jurisprudência teve grande impato e foi reproduzida em casos posteriores (v. MONTEIRO, 2005, p. 97-100).

Por conseguinte, pode-se afirmar que a profissão docente consiste num *saber-ser-comunicar-pedagogicamente*.

Assim compreendida a profissão, qual deve ser o conteúdo da formação dos seus profissionais?

O problema do conteúdo identitário da profissão docente é geralmente reduzido à questão de saber se ela tem uma *Knowledge Base* (base de saberes) que seja uma *province of teachers* (específica dos seus profissionais).

Knowledge base é uma noção que está implícita no título *The scientific basis of the art of teaching* (GAGE, 1978) e na origem do predomínio, durante os anos 1960-1980, de investigações de inspiração positivista na educação, centradas no processo-produto (*input-output*). A expressão encontra-se, por exemplo, na obra *Essential knowledge for beginning teachers*, publicada pela American Association of College for Teachers Education (AACTE) em 1983. Em 1988, o *Journal of Teacher Education* dedicou todo um número a "The knowledge base of teacher education" (v. XXXIX, n. 5).

---

23. Segundo o documento do NBPTS intitulado *Five core propositions*: "Os bons professores e professoras [...] não só têm consciência da prática ineficaz ou prejudicial, como se dedicam a uma prática elegante". Disponível em: <www.nbpts.org/UserFiles/File/what_teachers.pdf>.

"Outro testemunho que não deve faltar em nossas relações com os alunos é o da permanente disposição em favor da justiça, da liberdade, do direito de ser. A nossa entrega à defesa dos mais fracos, submetidos à exploração dos mais fortes. É importante, também, neste empenho de todos os dias, mostrar aos alunos como há boniteza na luta ética. Ética e estética se dão as mãos" (FREIRE, 1993, p. 77).

24. Disponível em: <http://scc.lexum.umontreal.ca/en/1996/1996scr1-825/1996scr1-825.html>.

Há quem sustente que a profissão docente não tem uma *Knowledge Base* própria, mas a maioria dos autores pensa que sim. Considera-se geralmente que deve incluir os saberes a ensinar, os métodos de ensino, a gestão da sala de aula (disciplina), a capacidade de cooperação/colaboração, o desenvolvimento profissional contínuo. Michael Sexton informa:

> A maior parte dos estudos recentes sobre a questão consideram que a *knowledge base* compreende dois tipos completamente distintos de saberes. O primeiro é frequentemente referido como *saberes de investigação* [*research knowledge*], mas têm sido também chamados saberes científicos, teóricos ou mesmo simplesmente temáticos [*subject*]. O outro é conhecido como saberes aplicados [*craft knowledge*] ou, em alternativa, saberes práticos, pedagógicos ou, algo confusamente, profissionais. (SEXTON, 2007, p. 83)

O mesmo autor concluiu que a maioria de professoras e professores que participaram no estudo que realizou "consideram os saberes teóricos como amplamente irrelevantes para o seu quotidiano como professoras ou professores". E porque a sua formação não contraria essa atitude, como devia, a profissão "continua a ser vista como fraca tanto em comparação com outras profissões como em relação às exigências práticas do trabalho docente. Adquirir [*picking up*] os necessários saberes e capacidades "em exercício" [*on the job*] não é seguramente uma opção aceitável para qualquer profissão que quer ser tomada a sério" (p. 96).

A integridade normativa do direito à educação requer uma visão do profissionalismo docente que tenha um conteúdo cognitivo-prático, ético e pessoal.

- **Conteúdo cognitivo-prático**

A profissão docente tem sido *prima facie* uma profissão da transmissão do saber, está conotada com a instrução. Os seus profissionais tendem a identificar-se com o nível de escolaridade em que exercem e a sua disciplina de ensino.[25]

A formação numa área de aprendizagem curricular distingue professoras/professores de quem a não tem, mas não os distingue profissionalmente de mães ou pais e de outros profissionais com a formação semelhante. Não basta saber para saber ensinar, isto é, para ajudar a aprender. Além de um sólido saber sobre o objeto de ensino-aprendizagem, um(a) professor/professora precisa de um saber didático específico, isto é, de uma competência sobre os métodos mais adequados à aprendizagem dos conceitos e capacidades próprios da sua disciplina, assim como sobre a sua avaliação adequada e fiável.

A formação didático-avaliativa não é, todavia, distinção suficiente. É necessária uma formação metodológica geral sobre o fenômeno da aprendizagem e as condições e fatores gerais do seu sucesso. São saberes psicológicos, sociológicos, semióticos, nomeadamente, sobre as pessoas que aprendem, com suas características individuais, sociais e culturais, e sobre a aprendizagem como fenômeno comunicacional, com seus registros verbais, não verbais e pragmáticos.

A profissão docente tem, contudo, outras exigências, ainda. As professoras e os professores também precisam de:

- formação sobre o fundamento antropológico, o sentido ético e a natureza política da educação, que deve incluir um saber sobre a natureza, conteúdo e implicações do direito à educação como direito fundamental de todo o ser humano;[26]
- uma cultura geral que lhes permita ter opinião sobre questões da atualidade social e mundial, pois são professores e pro-

---

25. Por exemplo, o Relatório Pochard refere a "forte identidade profissional" de professoras e professores franceses, no centro da qual está "a disciplina ensinada e a aula magistral", que agora sentem "nostalgia de uma época em que a excelência da disciplina e da sua transmissão conferia estatuto social e consideração" (POCHARD, 2008, p. 50-51).

26. "Na verdade, a tarefa central da formação de professoras e professores é dotá-los de uma filosofia da educação que os ajude a pensar seriamente e continuamente sobre os fins e consequências daquilo que fazem" (BICENTENNIAL COMMISSION ON EDUCATION FOR THE PROFESSION OF TEACHING, 1976, p. 89).

fessoras não apenas da sua disciplina, mas de tudo o que as crianças, adolescentes ou jovens lhes possam perguntar, ainda que tenham de ir informar-se melhor.

Embora a formação docente seja, por vezes, criticada por ser demasiado teórica, a verdade é que ela nunca é suficientemente teórica. "O que é necessário é a interação permanente da teoria e da prática" (BICENTENNIAL COMMISSION ON EDUCATION FOR THE PROFESSION OF TEACHING, 1976, p. 88).[27] Se uma professora ou um professor não tem "uma adequada base teórica para fundamentar uma abordagem profissional da arte docente, não pode haver justificação para exigir ser olhado como profissional" (IRISH NATIONAL TEACHERS' ORGANIZATION, 1992, p. 21). O relatório de 1991 do *Conseil Supérieur de l'Éducation* do Quebec afirmava:

> O ato de ensinar não pode ser reduzido, sob pena de perder a sua identidade profissional, à pura execução mecânica de uma tarefa. [...] Tem, pois, um caráter global, em que entram em jogo dimensões intelectuais, emocionais, sociais e físicas. [...] *Ensinar é um ato complexo também porque requer uma vasta gama de competências e de qualidades pessoais.* [...]
> O ato de ensinar requer, no fim de contas, uma ética fundada no sentido do que é a educação, ou seja, na significação desta mediação complexa e interativa que visa à aprendizagem e ao desenvolvimento das pessoas. (p. 21, ..., 25, 44)

- **Conteúdo ético**

A educação é fundamentalmente um fenômeno moral e político. Como concluiu o filósofo José-Luís Aranguren, o homem, "mais do

---

27. Também o relatório do Parlamento australiano de 1998, discordando das opiniões que preconizam a deslocação da formação de professoras/professores para as escolas, para a tornar mais prática, "reconhece a importância de assegurar que as capacidades práticas para a docência tenham uma firme e profunda base teórica e de investigação" (PARLIAMENT OF THE COMMONWEALTH OF AUSTRALIA, 1998, p. 190).

que como animal racional, pode ser definido como um animal moral" (ARANGUREN, 1990, p. 99). Daí a centralidade dos valores e fins nas teorias da educação e o primado da educação moral reconhecido nas fontes clássicas do pensamento pedagógico e político.[28] Os valores morais comuns são a *alma* de cada cultura e a substância do laço social. O primado humano da educação explica a prioridade que é geralmente reconhecida ao direito à educação e que a educação para os direitos humanos — como educação ética, cívica e internacional — seja um dos elementos do direito à educação mais desenvolvidos no Direito Internacional da Educação.[29]

A escola tem, pois, uma missão ética, cívica e internacional tão importante, pelo menos, no mundo contemporâneo, como a sua missão intelectual e econômica. Trata-se de aprender valores e princípios universais do bem e do mal, do permitido e do interdito, do desejável e do condenável, reguladores das relações interpessoais e coletivas.[30]

A profissão docente tem, portanto, uma inerente dimensão e uma singular responsabilidade éticas, que fazem com que se possa dizer, como disse o filósofo Olivier Reboul, que "todo o professor é um

---

28. Falando do modo como "os homens bons" devem educar os filhos, Protágoras diz a Sócrates, no diálogo homónimo de Platão:

> Ensinam-nos e corrigem-nos desde a mais pequena infância e durante toda a sua vida. Logo que uma criança compreenda o que se lhe diz, a ama, a mãe, o tutor e o próprio pai lutam para que seja tão boa quanto possível, aproveitando todos os atos e palavras para lhe ensinar e mostrar o que é justo, o que é injusto, o que é nobre, o que é repugnante, o que é piedoso, o que é ímpio, o que deve fazer, o que não deve fazer. Se obedece voluntariamente, ótimo; se não, corrigem-na com ameaças e açoites como se fosse um bocado de madeira torto, deformado. Depois, enviam-na para a escola e dizem aos seus professores que se preocupem mais com a sua boa conduta do que as suas lições de gramática ou de música. (325d, 325e)

29. Segundo o artigo 26 da *Declaração Universal dos Direitos Humanos* (Nações Unidas, 1948), a finalidade da educação deve ser "o pleno desenvolvimento da personalidade humana e o reforço do respeito dos direitos humanos e das liberdades fundamentais".

30. Por exemplo, no Comunicado Final de uma "Mesa-redonda ministerial sobre a qualidade da educação" que decorreu durante a 32ª Sessão da Conferência Geral da UNESCO, em 2003, os participantes reconheceram que uma das medidas para promover a qualidade da educação é: "Dotar todas as crianças de valores éticos e morais universalmente partilhados" (5.e). Disponível em: <http://portal.unesco.org/en/ev.php-URL_ID=15505&URL_DO=DO_TOPIC&URL_SECTION=201.html>.

professor de moral, mesmo que o ignore" (REBOUL, 1971, p. 109).[31] Mas os valores morais não se ensinam, propriamente, aprendem-se com quem os pratica. Lê-se num documento do NBPTS, intitulado *Supporting statement*:[32]

> As dimensões éticas do ensino também o distinguem de outras profissões. Exigências únicas são aquelas que decorrem do fato de a frequência dos clientes ser obrigatória e, ainda mais importante, de os clientes serem crianças. Assim, as professoras e os professores da escola elementar, média e superior são obrigados a corresponder a uma rigorosa normatividade ética. Outras exigências éticas derivam do papel da professora ou do professor como modelo de uma pessoa educada. O ensino é uma atividade pública; uma professora ou professor trabalha diariamente perante o olhar dos seus estudantes, e a prolongada natureza da sua vida em conjunto nas escolas coloca-lhes obrigações especiais de comportamento. Os estudantes aprendem cedo a ler e a tirar lições do caráter das suas professoras e professores. Por consequência, professoras e professores têm de comportar-se de um modo que os estudantes possam imitar. A sua incapacidade para praticar o que pregam não ilude os estudantes, os pais ou os pares durante muito tempo.

- **Conteúdo pessoal**

Há uma crônica inconsciência da silenciosa mas profunda ressonância que as professoras e os professores têm na vida das crianças, adolescentes e jovens. Tudo se passa como se *quem é* a professora ou o professor nada tivesse a ver com *o que faz*.[33]

---

31. "A reflexão ética ligada ao domínio escolar reveste-se de uma importância capital e interpela também, ao mais elevado nível, a profissionalidade dos professores/professoras. [...] Com efeito, o ensino enquanto situação relacional professor-alunos, além de estar sujeito às leis gerais relativas aos direitos e responsabilidades das pessoas e às leis sobre a proteção da juventude, tem exigências éticas próprias de um serviço público e das relações específicas que o definem" (GOHIER et al., 2000, p. 40-41).

32. Disponível em: <www.nbpts.org/UserFiles/File/what_teachers.pdf>.

33. Outro relatório do Parlamento australiano sobre a profissão docente, publicado em 2007, observa a este respeito:

> Os processos de seleção são uma das áreas mais contestadas no que respeita à admissão de estudantes na formação de professoras e professores. No centro deste debate está a

Lee Shulman observou que "os profissionais não têm apenas de compreender e desempenhar, têm de *ser* uma certa espécie de seres humanos". A sua competência é "um complexo de saber, de fazer e de ser" (SHULMAN, 2005, p. 3). Como nota Raymond Bourdoncle, "em todas as profissões que se exercem em forte relação com os outros, a personalidade do interveniente é um elemento essencial no estabelecimento da relação" (BOURDONCLE, 1991, nota 41). James Cooper e Amy Alvarado fazem uma distinção entre "professores/professoras qualificados", que são aqueles e aquelas que estão oficialmente habilitados para o exercício da profissão, e "professores/professoras de qualidade", que são "aqueles e aquelas que influenciam positivamente a aprendizagem do estudante" (COOPER; ALVARADO, 2006, p. ii).

Em educação não há qualidade profissional sem qualidades pessoais.[34] As crianças, adolescentes ou jovens só aprendem o que gostam de aprender com quem gostam de estar. A escola deve ser acolhedora, porque "a dimensão afetiva da educação é crítica [...], pois as relações humanas entre professoras/professores e estudantes

---

questão: devem os processos de seleção ser baseados nos resultados acadêmicos ou ter em conta uma gama mais ampla de critérios?
[...]
A maior parte daqueles que argumentaram que os resultados acadêmicos não são suficientes manifestaram-se, em geral, a favor de uma "abordagem equilibrada" da seleção que combine os resultados acadêmicos com outras estratégias tais como entrevistas, avaliações de personalidade, relatórios de experiência de trabalho relevante, declarações pessoais, testes psicológicos, referências estruturadas, relatórios de escolas, exercícios de *role play* e questionários. [...]
Quem se pronunciou a favor da continuação da situação atual, designadamente a maioria das universidades, alegou "os custos imensos" dos processos alternativos, assim como a sua subjetividade e dificuldade. (PARLIAMENT OF THE COMMONWEALTH OF AUSTRALIA, 2007, p. 53, 55)

A realidade é que "professoras e professores eficazes trazem para o exercício da sua função uma ampla gama de qualidades e atributos que não são, de modo algum, avaliados por uma nota acadêmica" (p. 56). Um dos citados relatórios da OECD concluiu: "Um ponto de convergência dos vários estudos é que há muitos aspectos importantes da qualidade das professoras e dos professores que não são apreendidos pelos indicadores habitualmente utilizados, como as qualificações, a experiência e os testes de competência acadêmica" (OECD, 2005b, p. 2).

34. "Todo o currículo formal e informal das escolas é filtrado pelas mentes e pelos corações dos professores, tornando a qualidade das aprendizagens escolares dependentes da qualidade dos professores" (THE HOLMES GROUP, 1986, p. 23).

são aquilo que faz com que os estudantes se empenhem nas aprendizagens" (ASIA SOCIETY, 2012, p. 10).

As qualidades pessoais que a profissão docente requer são qualidades afetivas, morais, intelectuais, de amabilidade, serenidade, relacionalidade, acolhimento da alteridade e abertura à diversidade, de rigor e utopia, que devem ser tidas em conta nos critérios de acesso à profissão e cultivadas durante a preparação para o seu exercício.

De acordo com o estudo australiano *Perceptions of the status of teachers*:

> Interrogadas sobre as características que acham que as professoras e os professores devem ter, as pessoas salientaram a importância de ter uma personalidade adequada, muito à frente das competências, capacidades e formação. Em particular, acham que os bons professores e professoras precisam de ser pacientes, amáveis e *in touch* com os jovens. (HALL; LANGTON, 2006, Executive Summary)

Segundo um estudo neozelandês:

> É interessante notar que todos os grupos-chave pensam a eficácia das professoras e dos professores predominantemente em termos de atributos afetivos relacionados com a interação com os estudantes. De acordo com eles, professoras e professores eficazes gostam do seu trabalho, estabelecem relações carinhosas com as crianças e têm a confiança e o respeito dos pais. A competência para facilitar as aprendizagens dos estudantes [...] é classificada como o quinto mais importante atributo pelas professoras ou professores e diretoras ou diretores e como o sexto mais importante pelas professoras e professores estagiários. [...]
> Há também uma forte sensação de que os bons professores e professoras têm uma vida interessante para além da profissão e da escola. (KANE; MALLON, 2006, p. 25, 27)

Já na Recomendação OIT/UNESCO de 1966 se afirmava:

> 4. Deve reconhecer-se que o progresso da educação depende amplamente das qualificações e competência do pessoal docente, em geral,

e das qualidades humanas, pedagógicas e técnicas de cada professor e professora. [...]

11. A política de acesso à formação para o ensino deve fundar-se na necessidade de fornecer à sociedade a quantidade adequada de professoras e professores que possuam as necessárias qualidades morais, intelectuais e físicas e que tenham os conhecimentos e competências requeridos.

O citado relatório da OECD de 1989 dizia também:

De um modo geral, seria necessário escolher candidatos que não têm apenas o melhor nível de estudos possível, mas que também têm os traços de caráter e as qualidades pessoais requeridos. [...]
Está fora de dúvida que as escolas normais deveriam desencorajar sistematicamente os estudantes cuja personalidade é incompatível com a função docente. [...]
Entre as pessoas nomeadas para um posto de ensino, há quem não tenha a personalidade requerida para exercer esta função. [...]
A escolha das professoras e professores exige que a personalidade seja considerada com tanta atenção como as qualificações profissionais, porque as relações entre o professor e o aluno são essenciais para o sucesso do ensino e da aprendizagem. (OECD, 1989, p. 80, 82, 89, 151)

O Relatório Delors (1996) aponta na mesma direção:

Uma das missões essenciais da formação de professoras e professores, tanto inicial como contínua, é desenvolver neles as qualidades de ordem ética, intelectual e afetiva que deles espera a sociedade, a fim de que possam, depois, cultivar nos seus alunos a mesma gama de qualidades. (DELORS et al., 1996, p. 168)

As qualidades pessoais continuam, todavia, a ser a dimensão mais delicada, incômoda e, por isso, a mais negligenciada do profissionalismo docente.

Em suma: A formação de professoras e professores não é apenas uma questão de *knowledge base*, determinando o que é que se espera que saibam e sejam capazes de fazer (na literatura anglófona: *are expected to know and be able to do*), mas também de ter em conta como se espera que sejam e se comportem (*how they should be and behave*). A sua personalidade está no coração da sua identidade. É o que distingue aquelas professoras e aqueles professores que ficam na memória afetiva de muitas crianças, adolescentes e jovens. A sua seleção e formação devem, pois, incluir:

- tudo o que a profissão faz,
- todos os saberes que requer,
- os valores fundamentais que deve respeitar,
- as qualidades que os seus profissionais devem cultivar,
- as responsabilidades que devem poder assumir, individualmente e coletivamente.

Esta é a singularidade da identidade da profissão que é o fator determinante da qualidade da educação.

3.3 Qualidade

A generalizada insatisfação com o estado da educação escolar tem um *leitmotiv* desde princípios dos anos 1980: educação de qualidade.

Embora a qualidade da educação já seja mencionada (três vezes) na *Convenção sobre a luta contra a discriminação no domínio da educação*, adotada pela Conferência Geral da UNESCO em 1960 — que continua a ser o principal instrumento jurídico internacional sobre o direito à educação — foi só a partir de princípios dos anos 1980 que o tema entrou decisivamente na retórica político-pedagógica. Um relatório publicado pela OECD em 1989, intitulado *Schools and Quality — An International Report*, começava por esta constatação: "Nunca, antes, a qualidade do ensino suscitou tanto interesse" (OECD, 1989, p. 15).

O que é qualidade em educação?

Há duas abordagens principais da qualidade da educação: a *abordagem capital humano* e a *abordagem direito humano* (v. MONTEIRO, 2008a).

- A primeira tem como critério o direito à educação como direito humano e bem público global. Como escreveu a primeira Relatora Especial das Nações Unidas sobre o Direito à Educação (Katarina Tomaševski, 1998-2004): "É óbvio que definir as pessoas como capital humano não é o mesmo que defini-las como sujeitos de direito" (E/CN4/1999/49, par. 13).[35] O relatório da OECD antes referido não diz outra coisa quando afirma:

> O ensino não pode ser assimilado a uma cadeia de montagem, graças à qual se pode aumentar mecanicamente os meios de produção, a fim de aumentar a produtividade. As medidas que permitem melhorar a sua qualidade levantam questões fundamentais sobre os fins que a sociedade atribui ao ensino, sobre a natureza da participação na tomada de decisões a todos os níveis e sobre as próprias finalidades da escola como instituição. [...] As convicções éticas estão no próprio coração de uma noção tão subjetiva como a de qualidade (p. 7, 10).

- A segunda deriva da teoria do capital humano desenvolvida nos anos 1960 por um grupo de acadêmicos da Universidade de Chicago, designadamente Gary Becker e Theodore Schultz. É uma abordagem economicista, redutora da avaliação da qualidade da educação a indicadores utilitários e quantitativos. Como observava o relatório da OECD de 1989: "No fim de contas, por detrás do interesse atualmente dedicado à qualidade do ensino atuam poderosos imperativos econômicos e técnicos" (p. 21).

Para melhorar a qualidade da educação, os sistemas educativos têm sido objeto de sucessivas reformas, em grande número de países.

---

35. Disponível em: <www.hri.ca/fortherecord1999/documentation/commission/e-cn4-1999-49.htm>.

Nas últimas três décadas, o reformismo educativo tem a marca do neoliberalismo. Como disse o secretário-geral da Internacional da Educação, na Cimeira de Nova York de 2012, no contexto da crise econômico-financeira atual, há um Movimento Global de Reforma da Educação (GERM — *Global Education Reform Movement*) que tende a enfraquecer a responsabilidade pública pela educação. "O GERM funda-se na desconfiança das professoras e dos professores, utiliza medidas punitivas de prestação de contas e enfatiza a escolha e a competição, que aumentam a segregação entre os estudantes de diferentes origens". Deu como exemplo o que se passou na cidade de Nova York, onde foram tornadas públicas listas com a avaliação das professoras e dos professores. (ASIA SOCIETY, 2012, p. 4)

Como se disse, o liberalismo econômico clássico tinha um sentido progressista para a época (século XVIII): libertar a iniciativa individual das peias feudais, no pressuposto de que uma *mão invisível* fazia com que cada um, agindo a pensar apenas no seu próprio interesse, contribuiria para o bem comum. O neoliberalismo que, a partir dos anos 1980, foi esvaziando o *Welfare State* e atingiu progressivamente todos os cantos do mundo, não tem o mesmo sentido libertador. As suas palavras de ordem são:

- *Liberdade dos mercados*

  O mundo deve tornar-se um mercado sem fronteiras. A intervenção do Estado na economia, quer através de um setor público de produção de bens e de prestação de serviços, quer através da regulação econômica, deve ser reduzida ao mínimo. A salvação está na privatização. O privado é sempre melhor que o público.

- *Competitividade*

  Os custos da produção de bens e da prestação de serviços devem ser reduzidos por todos os meios, para que possam competir no mercado global.

- *Escolha*

    Numa economia regida apenas pelo jogo da oferta e da procura, cada um(a) pode escolher bens e serviços segundo a relação qualidade/preço que lhe convém.

O neoliberalismo é uma ideologia dita da liberdade e do progresso social, mas cujo sentido é o lucro pelo lucro. A sua mais grave implicação é a redução dos seres humanos à condição de trabalhadores/as e de consumidores/as. E não tem escrúpulos ecológicos. A mensagem subliminar do seu arsenal publicitário é: *compro, logo existo*. Sou reconhecido pelo que tenho. O *ter* é uma prótese da carência de *ser*.

Quando se refere às pessoas como "recursos humanos" e "capital humano", a terminologia neoliberal têm ressonâncias lúgubres, como observa Alain Supiot:

> A linguagem do III Reich foi o crisol de noções como a de "material humano", que reduzem o mundo dos homens ao das coisas. [...] Longe de ter desaparecido, depois da guerra, tais esquemas de pensamento continuam a prosperar hoje. Já não se fala de "material humano", mas de "capital humano", utilizando, sem o saber, o vocabulário de Estaline. [...] A vulgata econômica hoje reinante leva a ver nos homens, no pior dos casos, um custo que é preciso reduzir e, quando muito, um "capital humano" que é necessário gerir, isto é, um recurso cuja exploração obedece a leis universais que se impõem a todos. [...] Foram assim criados, de ponta a ponta, os novos ritmos que ordenam a vida do homem moderno e a organização do seu território: *metro, boulot, dodo, congés* [metro, trabalho, cama, férias]. (SUPIOT, 2005, p. 105, 128-129, 205-206)

O neoliberalismo é, portanto, uma ideologia cuja lógica coisificante é compatível com uma ditadura que seja economicamente mais eficaz do que uma democracia. A lógica do economicismo neoliberal é potencialmente tão bárbara como o biologismo nazi.

Para os neoliberais e neoconservadores, o neoliberalismo não só é bom em si como não tem alternativa num mundo globalizado. É inexorável como um destino. Todavia, três décadas de neoliberalismo e de ilusões ultraliberais, pontuadas por crises financeiras e fracassos políticos, puseram em evidência os riscos da absolutização da pura lógica do mercado puro, acima do interesse público, e renovaram a consciência da necessidade do reforço das funções do Estado como órgão do bem comum.

A onda neoliberal inundou também o campo da educação, como tinha que ser, sobretudo nos principais países anglófonos. Considera-se que a introdução de princípios de mercado ou quase mercado, além de aumentar a eficiência das escolas, promove a liberdade das famílias de escolher o tipo de escola que querem para os filhos.[36] A lógica do neoliberalismo na educação pode ser assim resumida:

- A educação é um processo *input-output* cuja "matéria-prima" são as crianças, adolescentes e jovens, cujas "fábricas" são as escolas, cujos "técnicos" são as professoras e professores, cujo "produto" são as trabalhadoras/trabalhadores e consumidoras/consumidores de que a economia precisa para ser competitiva e próspera, e cujos principais "clientes" são as famílias, as empresas e o Estado.

- A rentabilidade do processo de produção escolar tem de ser controlada através da avaliação dos seus resultados, e a maneira mais objetiva de o fazer é aplicar testes estandardizados aos estudantes, que servem de indicadores de qualidade das aprendizagens escolares e cuja aplicação pode ser contratada a uma organização externa.[37]

- Com base nos resultados dos testes, as escolas podem ser classificadas num *ranking* que ajuda os seus "clientes" a fazer as suas escolhas e também permite premiá-las ou puni-las.

---

36. Nos EUA, *education* ou *school voucher* é um título público de pagamento atribuído às famílias para lhes permitir escolher uma escola privada para as filhas e os filhos. *Charter schools* são escolas com financiamento público, mas com grande liberdade curricular e de gestão.

37. Como a *Educational Testing Service* (ETS), uma organização multinacional de *testing* fundada em 1947, nos EUA, que tem sido alvo de várias críticas. Disponível em: <http://en.wikipedia.org/wiki/Educational_Testing_Service#Criticism>.

- Para promover a competitividade do mercado escolar, deve ser promovida a liberdade de criação de escolas e a abertura da educação pública a atores privados, através de parcerias, subcontratação etc.
- A formação e avaliação de professoras e professores devem ter características correspondentes:
    — A formação deve ser mais um *professional training* do que uma *professional education*, isto é, estar centrada na transmissão dos saberes disciplinares, acrescida de uma espécie de caixa de ferramentas *quick-fix* que pode ser adquirida já em serviço (*on the job... school-based*).
    — A entrada na profissão deve passar por um teste de "caneta e papel" (*pen and paper*) para avaliação dos conhecimentos das candidatas e candidatos relativos à matéria de ensino.[38]
    — O critério único ou principal de avaliação do desempenho docente devem ser os resultados escolares, avaliados por *testing* intensivo.

E assim se fecha o círculo vicioso da reificação neoliberal da educação. "Nos sistemas educativos dominados pelo teste, o programa é controlado pelo conteúdo dos exames. As professoras e professores têm de ensinar para o exame" (SPRING, 2000, p. 148). Só conta como saber e como sucesso escolares aquilo que pode ser quantificado e estandardizado, tanto no que toca às aprendizagens escolares como à competência docente.

Por conseguinte, para o neoliberalismo conta mais a utilidade do que a dignidade dos seres humanos. A educação não é tratada principalmente como um direito humano e um bem público, mas sobretudo como um produto essencial para uma *knowledge economy*

---

38. Nos EUA, o *testing* generalizou-se, nos anos 1990, como condição de acesso à profissão, com o surpreendente aplauso, em 1996, do presidente da segunda maior organização sindical docente, a *American Federation of Teachers* (Albert Shanker), que nele via um fator de profissionalização.

(economia do conhecimento), cuja produção deve ser organizada segundo uma lógica puramente econômica.

Há uma importante literatura crítica das políticas neoliberais da educação, com base empírica. De acordo com as suas conclusões, o neoliberalismo na educação:

- estimula a concentração da função da escola na preparação para o *testing* e fomenta a manipulação do *testing* pelas escolas, para favorecer o seu *ranking*;
- é propício a práticas de afastamento de estudantes que possam prejudicar o *ranking* da escola, isto é, que não contam como "activos" mas como "passivos", e os resultados do *testing* confirmam a sua correlação com as origens econômico-sociais dos alunos;[39]
- promete mais equidade, mas agrava a desigualdade, pois converte o capital econômico e social em capital cultural, aumentando a discriminação e exclusão (v. APPLE, 2004; DAHAN, 2011).

David Hursh resume:

Perante o que nos diz a mencionada investigação sobre os processos de escolaridade quando são criados sistemas de *testing* e de *accountability* — o currículo é estreitado e simplificado, os estudantes com baixos resultados nos testes são abandonados, testes mal elaborados conduzem a falhas maciças e os estudantes são empurrados para fora das escolas — não deveria surpreender que as diferenças de resultados estejam a crescer e não a diminuir. (Hursh, 2007, p. 508)

Nos EUA, todas as reformas que se seguiram ao diagnóstico alarmante do famoso relatório *A Nation at Risk — The Imperative for*

---

39. Como foi dito numa conferência no Canadá: "Os testes estandardizados são medições maravilhosamente exatas do tamanho das casas à volta da escola", das profissões dos pais, das marcas de automóvel que conduzem etc. colocando as escolas num *ranking* que as agências imobiliárias sabem utilizar (In: AA.VV., 2004, p. 25).

Educational Reform, preparado pela *National Commission on Excellence in Education* e publicado em 1983,[40] foram de inspiração neoliberal. *No Child Left Behind* (NCLB) — a lei federal da educação adotada com amplo apoio na Casa dos Representantes e no Senado e assinada pelo presidente Bush a 8 de janeiro de 2002 — consagra o triunfo do neoliberalismo na educação (v. HURSH, 2007).

Lisa Guisbond, especialista do *National Center for Fair Open Testing*, depois de se referir à "obsessão pela aplicação de testes ordenada pelo governo da nação", num blogue do *Washington Post*, em julho de 2011, escreveu: "A epidemia de fraude (*cheating*), desde Los Angeles à Cidade de Nova York e Orlando, tem origem nesta ordem irracional",[41] Exemplo das proporções que a epidemia atingiu foram as Conclusões de uma investigação ordenada pelo governador de Atlanta, divulgadas a 5 de julho de 2011, a qual descobriu que professores, diretores e administradores das escolas públicas fizeram batota grosseira, desde 2001, para melhorar os resultados escolares. De acordo com o relatório da investigação,[42] as causas principais do escândalo foram três:

- Os objetivos estabelecidos eram frequentemente irrealistas, nomeadamente por causa do seu efeito cumulativo durante anos. Além disso, a administração pressionou excessivamente os professores e diretores para atingir os objetivos;

---

40. A *National Commission on Excellence in Education* foi criada em agosto de 1981 pelo secretário da Educação Federal (T. H. Bell), preocupado com "a generalizada percepção pública de que algo está a ser negligenciado no nosso sistema educativo". O relatório constatava, com algum dramatismo, que "os fundamentos educacionais da nossa sociedade estão presentemente a ser corroídos por uma onda crescente de mediocridade que ameaça verdadeiramente o nosso futuro como nação e como povo. [...] Com efeito, temos estado a cometer um ato de impensável e unilateral desarmamento educacional". No que respeita às professoras e aos professores, designadamente: "A comissão constatou que não há suficientes estudantes academicamente aptos a ser atraídos pela docência; que os programas de preparação de professoras e professores precisam de ser substancialmente melhorados; que a vida profissional dos professores e professoras é globalmente inaceitável; e que há uma séria escassez de professoras e professores em áreas-chave".

41. Disponível em: <www.washingtonpost.com/blogs/answer-sheet/post/how-many-testing-scandals-do-we-need-as-a-wake-up-call/2011/08/07/gIQAIvfZ0I_blog.html>.

42. Disponível em: <http://ftpcontent.worldnow.com/wgcl/apsfindings/Volume%203%20of%203.pdf>.

- Difundiu-se pelo distrito [escolar] uma cultura de medo, intimidação e retaliação; e
- [A administração escolar] enfatizou os resultados dos testes e o apreço público, em prejuízo da integridade e da ética.

Num Comunicado à imprensa sobre as conclusões da investigação, emitido a 5 de julho de 2011,[43] o governador qualificou o escândalo como um "capítulo negro" para as escolas públicas de Atlanta.

Um estudo publicado pela *National Academy of Sciences* em 2011, intitulado *Incentives and Test-Based Accountability in Education*,[44] concluiu diplomaticamente que não conseguiu tomar posição sobre "a contradição entre o otimismo de muitos economistas e o pessimismo da maior parte dos psicólogos relativamente ao poder dos incentivos baseados em testes para alterar os resultados das aprendizagens". Mas a Conclusão 1 do Sumário reconhece que tais programas "não melhoraram os resultados dos estudantes de maneira a aproximar os Estados Unidos dos níveis dos países com resultados mais elevados".

Referindo-se aos EUA, Margaret LeCompte afirma: "Pode-se argumentar que a destruição do sistema da escola pública era a intenção das reformas neoliberais da educação, desde o princípio" (LECOMPTE, 2009, p. 50). Há quem compare a obsessão pela avaliação estandardizada a "pesar repetidamente uma vaca, em vez de alimentá-la, e depois ficar admirado por ela não aumentar de peso" (p. 45). Então, conclui-se que, "se a vaca da educação vai morrer, de um modo ou de outro, continuar a alimentá-la é uma perda de tempo" (p. 47). E assim se justifica desviar fundos "de escolas mais carenciadas e concedê-los àquelas que já têm mais sucesso" (p. 46), que são, "quase sem exceção, aquelas onde não há grandes populações minoritárias e pobres, e frequentemente sem diversidade" (p. 47).

---

43. Disponível em: <http://gov.georgia.gov/press-releases/2011-07-05/deal-releases-findings-atlanta-school-probe>.

44. Disponível em: <www.nap.edu/openbook.php?record_id=12521&page=1>.

A política neoliberal da educação não tem legitimidade nem futuro. "As reformas educacionais orientadas para o mercado tendem a negar que há diferenças entre empresas que processam matéria-prima e instituições cuja "matéria-prima" é humana" (ICHILOV, 2009, p. 43). Como consequência, "o significado da educação é controlado pelo mercado, não pela finalidade democrática da educação, não por uma abordagem centrada na criança, nem pelo direito à educação" (p. 37). Na verdade, uma educação de qualidade, hoje, não pode deixar de ter como critério a qualidade da educação como direito humano que obriga a generalidade dos Estados do mundo, dada a vigência praticamente universal da *Convenção sobre os direitos da criança* (Nações Unidas, 1989), nomeadamente.

Vão neste sentido as conclusões do encontro dos ministros da Educação da OECD que teve lugar em Paris a 4-5 de novembro de 2010 (*OECD Education Ministerial Meeting — Investing in Human and Social Capital: New Challenges*),[45] onde se afirma:

- "A educação é um bem público." Não tem objetivos apenas econômicos, visa também à "equidade" e à "coesão social". Contribui "para melhor saúde, cidadania, menores taxas de delinquência, mais confiança e tolerância". Além disso, "competências não cognitivas tais como criatividade, pensamento crítico, resolução de problemas e trabalho em grupo são importantes para obter tanto resultados econômicos como sociais".

- "As professoras e os professores são a chave [...], mas o respeito pela profissão pode estar em queda." Por isso:

Vários países mencionaram a dificuldade de atrair para a profissão docente quem tem a boa combinação de capacidades e personalidade. Constatamos a necessidade de elevar o estatuto e a estima das professoras e dos professores. Parte da resposta podem ser os salários, elevar as normas de ingresso na profissão e maior reconhecimento profissional. Devemos criar oportunidades de desenvolvimento da carreira das profes-

---

45. Disponível em: <www.oecd.org/dataoecd/53/16/46335575.pdf>.

soras e dos professores (por exemplo, diretores de escola, tutores de professores principiantes) e estimular a qualidade docente pela avaliação.

- "As escolas precisam de um clima de confiança."

O neoliberalismo na educação vai em sentido oposto.

À luz do conteúdo normativo do direito à educação, a qualidade da educação é um conceito complexo, com dimensões materiais, não materiais e até estéticas, que incluem as seguintes:

- Dimensões materiais são a disponibilidade (tanto física como econômica), a acessibilidade e o equipamento de estabelecimentos de educação seguros e saudáveis; os meios financeiros e humanos; os recursos de ensino/aprendizagem; a remuneração dos profissionais da educação etc.

- Dimensões não materiais são o respeito pela diversidade cultural, social e individual dos educandos; a não discriminação, a inclusividade e a equidade; a atmosfera da vida escolar (direção, disciplina, relações humanas); a relevância das aprendizagens para as necessidades e interesses dos educandos, as características da comunidade, os problemas da sociedade e da humanidade; a duração da escolaridade; as taxas de frequência e de sucesso; o *ratio* professor/alunos; os métodos de ensino/avaliação; as qualidades, competência e motivação das professoras e dos professores etc.

- Dimensões estéticas são aquelas que dizem respeito à influência educacional da beleza das formas de mediação do direito à educação, desde os locais e a arquitetura das escolas até à aparência, comunicação e personalidade de educandos e educadores.

Os ingredientes da qualidade da educação são múltiplos, portanto, mas o gênio da sua alquimia quotidiana está na qualidade das professoras e dos professores, como é geralmente reconhecido.

Por exemplo, em 1991, um relatório do *Conseil Supérieur de l'Éducation* do Quebec constatava: "Eis um fato inegável: a procura da qualidade está doravante no centro dos debates públicos. Na educação, as formulações relativas à sua qualidade são numerosas, mas todas assinalam os laços essenciais existentes entre ela e a profissão docente" (CONSEIL SUPÉRIEUR DE L'ÉDUCATION, 1991, p. 11). E repetia: "No decurso dos últimos anos, em todos os grandes relatórios nacionais e internacionais sobre a educação, o pessoal docente é identificado como o ator principal com quem se conta para melhorar a qualidade da educação" (p. 13). É o caso do Relatório Delors:

> Para melhorar a qualidade da educação, é necessário começar por melhorar o recrutamento, a formação, o estatuto social e as condições de trabalho das professoras e dos professores, pois só poderão corresponder ao que delas e deles se espera se tiverem os conhecimentos e as competências, as qualidades pessoais, as possibilidades profissionais e a motivação requeridas. (DELORS et al., 1996, p. 158)

Já em 1991 o *Conseil Supérieur de l'Éducation* do Quebec colocava a questão nestes termos: "Esta nova conjuntura [tinha-se referido à 'vaga neoliberal'] obriga a novas escolhas no campo das finalidades do sistema escolar e da atividade das professoras e professores: vamos modelar o sistema escolar e a profissão docente pelos padrões de excelência utilizados no domínio econômico?". Queremos reduzir "o estatuto do pessoal docente ao de executante", através de "uma certa "taylorização" do ato de ensinar" e "desresponsabilização coletiva do pessoal docente" (CONSEIL SUPÉRIEUR DE L'ÉDUCATION, 1991, p. 16, 18)?[46]

É o que está em jogo também na avaliação do desempenho das professoras e professores.

---

46. No seu *Avis* de 2004, o *Conseil Supérieur de l'Éducation* evoca o *minutage* (planificação das aulas ao minuto) da função docente imposto pela "pedagogia por objetivos" nos anos 1980 (p. 17).

3.4 Avaliação

Há dois tipos de avaliação da profissão docente: uma administrativo-burocrática e desprofissionalizante, outra profissional e profissionalizante.

- **Avaliação administrativo-burocrática e desprofissionalizante**
  É uma avaliação que, reduzindo a profissão docente ao ensino de um saber curricular, desintegra-a, desfigura-a, desidentifica-a e trata professoras e professores como uma espécie de ventríloquos do currículo ou professores-*powerpoint*. Quando é mais do que um *testing* estandardizado, pulveriza o profissionalismo docente numa parafernália de indicadores estáticos, com pretensões de *Anatomia de Gray*, para satisfazer uma insaciável burocracia de *paper work*.

Como constatava, em 1992, um estudo publicado pela *Irish National Teachers' Organisation* (INTO), intitulado *Professionalism in the 1990's*:

> A nova ênfase na educação é na prestação de contas externa, em oposição à responsabilidade profissional. [...] Está em rápida expansão uma abordagem da educação *input-output*, tipo mercadoria. Esta abordagem-linha de produção da aprendizagem é irresistivelmente apelativa para políticos e decisores políticos que desejam exercer um maior controle sobre os seus respectivos sistemas educativos. A desqualificação [*deskilling*] da docência é o resultado inevitável dos sistemas de gestão científica da educação (p. 4).[47]

Linda Hargreaves resumia, em 2003:

> [As reformas neoliberais] sujeitaram as professoras e os professores a ataques públicos; causaram erosão na sua autonomia de juízo e condições

---

47. Disponível em: <www.into.ie/ROI/Publications/PublicationsPre2000/Professionalisminthe1990s_1992.pdf>.

de trabalho; criaram epidemias de estandardização e sobrerregulação; e provocaram marés de ondas de resignação e de aposentação precoce, crise de recrutamento e carências de líderes educacionais com entusiasmo e capacidade. A profissão que frequentemente se diz ser de importância vital para a economia do conhecimento é aquela que demasiados grupos desvalorizaram, que um número cada vez maior de profissionais quer abandonar, em que cada vez menos pessoas quer ingressar e muito poucos querem liderar. (cit. in HYSLOP-MARGISON; SEARS, 2010, p. 2)

Um estudo transnacional encomendado pelo *Teaching Council* da Irlanda, coordenado por Conway, chega a conclusões semelhantes:

[...] a abordagem da reforma da educação globalmente dominante, focada na estandardização, manifestou-se na mudança de padrões de trabalho das professoras e dos professores, incluindo a sua intensificação, a diminuição dos recursos, acrescida vigilância e testagem intensa de professoras, professores e estudantes, com efeitos prejudiciais no moral e aprendizagem dos estudantes, das professoras e dos professores e das comunidades e consequentemente no papel da educação de promover sociedades prósperas, justas e equitativas. (CONWAY, 2009, p. 2-3)

Philip Kelly comentou: "Ironicamente, a burocracia, como está presentemente organizada, torna as professoras e professores, na realidade, *profissionalmente irresponsáveis* [unaccountable]. [...] Daí que a governação burocrática proíba efetivamente a profissionalização da docência" (KELLY, 1995).

Na França, onde há uma avaliação de professoras e professores essencialmente científico-didática, o relatório da Comissão Pochard informa que ela é por muitos considerada "infantilizante" e que o *Haut Conseil de l'Évaluation de l'École* disse que "não é justa", é "pouco eficaz" e "gera mal-estar e, por vezes, sofrimento" em quem é avaliado(a) e em quem avalia (POCHARD, 2008, p. 69). Para a comissão, não está em causa o princípio da necessidade da avaliação, nem o princípio da legitimidade da diferenciação da progressão na carreira fundada nas diferenças de mérito. As professoras e os professores desejam "um melhor reconhecimento e uma melhor tomada em consideração do mérito" (p. 73), não um "igualitarismo redutor, fonte de desmotivação" (p. 74). A questão é outra:

> A classificação dos professores, destinada em particular a diferenciar os ritmos de progressão, é realizada segundo regras tão complexas que ninguém pode simplesmente explicá-las; os seus resultados são, de um modo geral, olhados como não fiáveis e, no entanto, mobiliza forças consideráveis para uma eficácia mais do que duvidosa. A avaliação dos professores tem, por isso, de ser repensada (p. 75).

Uma das principais críticas da comissão é a que faz à gestão dos recursos humanos da educação, que diz ser principalmente administrativa, mecânica, anônima, impessoal. *"Falta a esta gestão uma dimensão qualitativa, que é essencial quando se trata de um recurso humano tão crucial"* (p. 75). Uma gestão de proximidade e personalizada da carreira docente (p. 9, 10).

- **Avaliação profissional e profissionalizante**
  É uma avaliação que procura respeitar a complexidade, a contextualidade e a imprevisibilidade do trabalho docente. Tem como base principal de legitimidade e validade o conteúdo identitário da profissão, definido sob a forma de *Professional Standards*.

No entanto, as normas profissionais são como a língua de Esopo: servem para o melhor e para o pior.

Nos EUA, o *Professional Standards Movement* data de fins da Segunda Guerra Mundial, quando a *National Education Association* (NEA) criou, em 1946, a *National Commission on Teacher Education and Professional Standards* (TEPS). O seu momento alto foi a publicação do relatório do *Project on New Horizons in Teacher Education and Professional Standards*, em 1961, que fazia um balanço da ação do TEPS. Em 1987, a NEA e a AFT (*American Federation of Teachers*) —

que são as associações profissionais mais representativas de professoras e professores norte-americanos — criaram o NBPTS (*National Board for Professional Teaching Standards*) com o apoio do Congresso, de Estados e de outras autoridades no campo da educação.

O relatório *A Nation at Risk* utilizava várias vezes o termo *standards* (v. BROWN, 2009). Depois, todos os Estados foram adotando *Standards*. De acordo com o relatório da OECD de 2005:

> Há um reconhecimento generalizado de que os países precisam de ter normas [*statements*] nítidas e concisas sobre o que se espera que as professoras e os professores saibam e sejam capazes de fazer, e estes perfis docentes devem ser incorporados nos sistemas escolares e de formação docente. O perfil das competências docentes deve derivar dos objetivos das aprendizagens e fornecer normas para toda a profissão e uma concepção partilhada daquilo que se considera ser docência competente.
> Os perfis docentes devem incluir um forte conhecimento da matéria de ensino, competências pedagógicas, a capacidade de trabalhar eficazmente com uma grande variedade de estudantes e de colegas, de contribuir para a escola e para a profissão, e a capacidade de continuar a desenvolverem-se. O perfil poderá exprimir diferentes níveis de desempenho para professores principiantes, professores experientes e aqueles que têm responsabilidades mais elevadas. Um perfil docente nítido, bem estruturado e amplamente apoiado pode ser um mecanismo poderoso para o alinhamento dos elementos envolvidos no desenvolvimento dos conhecimentos e competências das professoras e professores, e para fornecer um meio de avaliar se os programas de desenvolvimento docente estão a fazer a diferença. (OECD, 2005, p. 13)

Na Austrália, o *Ministerial Council for Education, Early Childhood Development and Youth Affairs* (MCEECDYA) aprovou, em dezembro de 2010, *National Professional Standards for Teachers*. De acordo com o preâmbulo: "As *standards* contribuem para a profissionalização da docência e elevam o estatuto da profissão".[48]

---

48. Disponível em: <www.aitsl.edu.au/verve/_resources/AITSL_National_Professional_Standards_for_Teachers.pdf>.

No Canadá: "O Ontário conseguiu um equilíbrio admirável entre avaliação administrativa e profissional" (OECD, 2011b, p. 76), substituindo um modelo posto em prática de 2001 a 2004, quando um governo liberal sucedeu a um governo conservador. O Ministério da Educação criou, em 2004, uma Mesa de Partenariado para a Educação (*Education Partnership Table*) e publicou uma série de breves textos sobre temas que deveriam ser objeto de debate público (*Ontario Education Discussion Papers*).[49]

O primeiro texto, intitulado *Creating a education partnership table*, com data de 18 de março de 2004, recordava que os últimos anos tinham sido marcados por grande conflitualidade, porque o governo anterior tinha tomado decisões "unilateralmente". Para restabelecer a "paz e estabilidade" no sistema educativo eram necessários "novos métodos de cooperação". A *Education Partnership Table* tinha esse propósito. "O único grande pressuposto para o partenariado é que todos os participantes se comprometam com um sistema de educação pública mais forte". Foi adotada uma declaração de compromissos.

A avaliação das professoras e dos professores era objeto do quinto texto, intitulado *Teacher Excellence — Unlocking Student Potential Through Continuing Professional Development*, com data de 16 de agosto de 2004. O novo Ministério declarava rejeitar "completamente o excessivamente formalizado e controlado PLP ou *Professional Learning Program*, unilateralmente imposto pelo anterior governo. O programa não era respeitador das professoras e dos professores e era demasiadamente prescritivo". Era também "excessivamente complexo e consumidor de tempo, sob o aspecto da prestação de contas, secundarizando o desenvolvimento pessoal". Os seus possíveis benefícios perdiam-se na burocracia do "processo formal". Um *Report to the Partnership Table on a Revised Teacher Performance Appraisal System for Experienced Teachers* afirmava igualmente que "os efeitos do atual sistema são níveis elevados de *stress*

---

49. Disponível em: <www.edu.gov.on.ca/eng/general/elemsec/partnership/index.html>.

docente e de frustração, relações negativas entre as professoras e os professores e as diretoras ou os diretores, e outras inesperadas consequências não propícias nem à melhoria nem à manutenção de uma boa prática docente".

Acabou por ser adotado um modelo de avaliação — *Teacher Performance Appraisal* (TPA) — que distingue entre professoras e professores *new* e *experienced*. Os primeiros (principiantes) são aquelas e aqueles que estão exercendo a profissão pela primeira vez numa escola pública e que têm de submeter-se a um programa de indução. O TPA tem como referência normativa as *Standards of Practice for the Teaching Profession* do *Ontario College of Teachers* (OCT). Enuncia quatro objetivos, o primeiro dos quais é o desenvolvimento profissional, com a *accountability to the public* em último lugar. Está estruturado em cinco domínios, desdobrados em dezesseis normas de competência. As suas componentes-chave são:

- Normas de competência relativas aos saberes, capacidades e atitudes.
- Observação de aulas pelo Diretor/Diretora ou alguém por si delegado(a).
- Reuniões entre a professora/professor e quem vai observar as suas aulas, antes e depois.
- Relatório sumativo do processo de avaliação, redigido por quem observou as aulas, segundo um modelo oficial, assinado pelas duas partes.
- Classificação atribuída.
- Apoio suplementar, se necessário.

Além disso, professoras/professores que já não estão em período de indução (*experienced teachers*) preparam um Plano Anual de Aprendizagem, com a colaboração da diretora/diretor, que é uma base para a sua avaliação periódica, de cinco em cinco anos. Nesta, podem obter a classificação de *Satisfaz* ou *Não Satisfaz*, podendo ser requerida

uma avaliação adicional. A classificação de professoras/professores principiantes pode ser:
- Primeira avaliação: *Satisfaz* ou *Precisa Melhorar*
- Segunda avaliação: *Satisfaz, Precisa Melhorar* ou *Não Satisfaz*.
- Terceira avaliação (se for o caso): *Satisfaz* ou *Não Satisfaz*.

Por conseguinte, reduzir a profissão docente à sua dimensão intelectual, negligenciando o resto da missão da escola como instituição da cidadania feliz, útil e responsável, é amputar a sua natureza holística. Não avaliar tudo o que realmente importa, mas apenas o que é imediatamente observável e mensurável, é como procurar só à luz do candeeiro aquilo que se perdeu na escuridão...

A exclusão de elementos subjetivos constituintes do próprio objeto da avaliação, nomeadamente qualidades e valores, para evitar alegações de subjetividade, resulta em deformação positivista da objetividade do ato de avaliar. É objetivamente fugir à responsabilidade, ou seja, é uma irresponsabilidade. A subjetividade é uma dimensão irremovível da objetividade de todo o ato de avaliar, resistente à sua pulverização em partículas quantitativas. A dimensão subjetiva da avaliação não exclui atos de quantificação, mas o critério final da sua justiça não é redutível a uma operação matemática, tentando exorcizar a subjetividade através de uma contabilidade refinada até às mais ridículas décimas. O único remédio contra a falibilidade de todo o ato de avaliar é o sentido de responsabilidade de quem avalia, a sua competência, consciência e prudência, tomando precauções contra a interferência de fatores de parcialidade, negligência e de injustiça.

Para avaliar futuras professoras e professores, é necessária aquela sabedoria que "conjectura o invisível pelo visível" (Sólon), porque nem tudo o que luz é ouro e nem tudo o que é ouro luz. René Margritte pintou um artista desenhando uma ave, cujo modelo é um ovo... Título do quadro: *La Clairvoyance*. Quem tem de avaliar candidatas(os) à profissão docente precisa de uma sabedoria assim.

As variáveis principais da organização de um processo de avaliação das professoras e dos professores são, portanto, as seguintes:

- *Quem deve organizá-la?*
  Uma avaliação profissional deve incluir sempre a participação da profissão. Deveria mesmo ser uma responsabilidade sua, embora não ignorando, obviamente, a legitimidade da participação das autoridades escolares.

- *Quais devem ser os seus critérios?*
  Uma avaliação pressupõe referências normativas. Os critérios de avaliação das professoras/professores devem ter como fonte, naturalmente, o conteúdo identitário da profissão, articulado em normas profissionais para a formação inicial e contínua, bem como para a prática e a conduta. As *National Professional Standards for Teachers* aprovadas na Austrália pelo *Ministerial Council for Education, Early Childhood Development and Youth Affairs* (MCEECDYA) "são uma declaração pública daquilo que constitui a qualidade docente", como se lê no seu preâmbulo.

- *Qual deve ser a sua base?*
  A avaliação das professoras e professores "deve ser amplamente diagnóstica e formativa, identificando fraquezas nas capacidades e competências, e deve ser holística, baseada em todas as variáveis" (ILO, 2012, p. 90). Para isso, "é crucial utilizar o maior número possível de fontes de informação sobre o desempenho dos professores e professoras, para que possam completar-se umas às outras" (THE WORLD BANK, 2012, p. 29). As suas modalidades podem incluir elementos tão diversos como: resultados das aprendizagens; opinião dos estudantes, das famílias, dos colegas, das autoridades escolares; provas de conhecimentos; autoavaliação;

portfólios; entrevistas; observação de aulas; outros dados. Penso que:

— As provas de conhecimentos disciplinares devem ser excluídas como provas de acesso ao exercício da profissão e de avaliação do seu desempenho. Se a formação profissional for como deve ser, garante essa competência. E a sua atualização pode ser verificada de modo mais fiável.[50]

— A base da avaliação das professoras e professores deve ser a observação de aulas em número e com uma periodicidade que permita evitar juízos avulsos e chegar a conclusões consistentes.

— A entrevista recomenda-se como elemento do processo de seleção para acesso à formação profissional, designadamente em casos de contratação para o exercício de funções que requerem determinado perfil.

— Um elemento complementar para avaliar o desenvolvimento profissional de professoras e professores é um portfólio sem artifícios formais nem obsessão quantitativa, formado por documentação diversa relativa a: preparação das aulas, funções desempenhadas na escola (ou não), iniciativas enriquecedoras da vida escolar, frequência de cursos acadêmicos e outros, participação em conferências/colóquios, trabalho de investigação, publicações etc.

— A opinião dos estudantes e dos pais é bem-vinda, mas como dado/fator indireto, isto é, útil para cada professora e professor e informativo para as autoridades escolares.

---

50. Recorde-se o que disse Jean Piaget sobre os exames, há mais de seis décadas:

Já se disse tudo sobre o valor dos exames escolares e, no entanto, esta verdadeira praga da educação, em todos os graus, continua a viciar — as palavras não são excessivamente fortes — as relações normais entre o professor e o aluno [...].

Mas para explicar a conservação de um tal sistema, sobre cujo valor ninguém tem ilusões, é necessário, sem dúvida, recorrer a razões muito profundamente entranhadas no inconsciente dos homens! (PIAGET, 1949, p. 65-66)

- *Quem deve intervir nela?*

  Parece óbvio que há três partes com maior legitimidade e idoneidade para intervir na avaliação das professoras e dos professores: representantes das autoridades escolares, representantes da profissão e quem está em avaliação.

  Sendo as autoridades escolares e quem está em avaliação partes diretamente interessadas, os representantes da profissão podem intervir como parte terceira e, em princípio, a mais habilitada para validar e credibilizar a avaliação. Com os representantes das autoridades escolares, devem poder participar na observação das aulas e apreciação do portfólio.

  As professoras e os professores participam na sua própria avaliação designadamente quando a observação das suas aulas é precedida e seguida de diálogo com quem as observa. E quando, eventualmente, exercem o seu direito de recurso da avaliação atribuída.

- *Qual a sua periodicidade?*

  A periodicidade da avaliação docente deve ser razoável e praticável. As professoras e os professores formam um grupo profissional muito numeroso, têm cada vez mais afazeres e, parafraseando uma citação anterior, o porco não engorda mais por ser pesado mais vezes... De resto, a formação de um portfólio é um modo de permanente preparação para a avaliação. Avaliação de cinco em cinco anos parece ser um ritmo realista, como princípio, sem prejuízo de outras soluções que se justifiquem.

- *Quais as suas consequências?*

  O resultado do processo de avaliação docente deve ser geralmente ou *Satisfaz* ou *Necessidade de Melhorar* (com orientações concretas e prazos para o efeito). Um resultado definitivamente negativo só é admissível em casos absolutamente excepcionais, na medida em que se pressupõe que as professoras e os professores em exercício passaram por um processo de seleção e formação que já terá excluído quem não tem as qualidades e capacidades adequadas às suas exigências.

Portanto, o fim primeiro de uma avaliação docente profissional e profissionalizante deve ser o desenvolvimento da competência das professoras e professores ao longo da sua carreira, pois nunca cessam de estar em devir (*on becoming*). Que os seus resultados possam ser também administrativamente utilizados para outros efeitos legítimos é uma questão distinta e acessória.

Concluindo:

- Um pressuposto do neoliberalismo na educação é a superioridade da educação privada. É um pressuposto não demonstrado. As escolas privadas são frequentemente mais eficazes a fazer o que de pior fazem as escolas públicas. Podem, sim, eventualmente, dispor de mais recursos. De resto, o problema da qualidade da educação é o mesmo na educação privada e na educação pública, mas as principais obrigações jurídico-políticas dos Estados são para com o serviço público.

- A política neoliberal da educação tende a dissolver a integridade da missão da escola e a plenitude identitária da profissão docente na sua função econômico-profissional, com efeitos desumanizantes e desprofissionalizantes. O dissolvente é o TESTE entronizado no *altar escolar* como um *deus* de quem as professoras e os professores têm de ser *sacerdotes* e cujo *juízo final* manda umas escolas para o céu e outras para o inferno.

- O problema da avaliação de professoras e professores começa no princípio, como diria *monsieur de La Palice*, isto é, nos critérios de acesso à formação para entrar na profissão. Depois, é necessário incluir na formação todas as dimensões do conteúdo identitário da profissão e continuar a valorizá-las durante o *continuum* do desenvolvimento profissional.

- Não havendo seleção, formação e avaliação adequadas ao profissionalismo que se espera das professoras e dos professores, é toda a credibilidade e futuro da profissão, bem como a qualidade da educação, que ficam comprometidas. É mais caro e moroso? A qualidade da profissão não é barata nem de confecção instantânea, e o que está em jogo na educação não tem preço.

- Não há reforma da escola à prova das professoras e professores (*teacher-proofed*). "Nunca se conseguiu uma reforma da educação contra ou sem professoras e professores" — lê-se no Relatório Delors (1996, p. 162). Quem diz as professoras e os professores diz as suas organizações profissionais, incluindo os sindicatos. Muitas reformas bem-sucedidas aconteceram em países com sindicatos fortes e onde as professoras e os professores puderam assumir "a sua responsabilidade como profissionais", porque são tratados "como parceiros profissionais de confiança". (OECD, 2011, p. 5, 56)

- Confiança é a palavra-chave para a elevação da qualidade da profissão e da educação. A Finlândia é apontada como exemplo de confiança na profissão docente sem a qual não é possível mudar a escola para melhor. "A Finlândia assume que os estudantes conseguem os melhores resultados quando o moral das suas professoras e professores é elevado, e que este não será elevado se se sentirem atacados pelas autoridades" (p. 55). Como se lê no Relatório da Cimeira de Nova York de 2012:

A função docente é, hoje, vista como uma das cinco profissões mais atrativas, na Finlândia, por duas razões principais: programas de formação docente de elevada qualidade, intelectualmente comparáveis com os de outras profissões, e condições de trabalho nas escolas que permitem às professoras e professores uma ampla autonomia profissional. [...]
Os programas de formação docente finlandeses enfatizam a capacidade de diagnóstico de problemas sociais e psicológicos na sala de aula. Encorajam também a professoras e professores a serem educadores criativos, respondendo às necessidades e interesses de cada estudante.

À medida que a qualidade das professoras e dos professores se elevou, o governo da Finlândia devolveu mais responsabilidade às escolas locais. São responsáveis pela concepção e docência do currículo, pela avaliação do progresso dos estudantes e pela melhoria da escola. A sua remuneração não é especialmente elevada — têm um salário acadêmico médio — mas o elevado respeito em que são tidos e a considerável autonomia profissional de que desfrutam explica a popularidade da função docente como profissão. (ASIA SOCIETY, 2012, p. 13)

Ontário é exemplo de envolvimento de professoras e professores numa reforma da educação, nomeadamente através de um acordo de quatro anos entre o governo e os quatro maiores sindicatos da profissão docente, em 2005, renovado em 2008.

- A confiança na profissão docente tem implicações relativamente ao seu estatuto profissional e deve ter consequências no seu estatuto social. São implicações e consequências relativas à seleção, formação, avaliação e autonomia profissionais, bem como à remuneração, condições de trabalho, perspectivas de carreira, prestígio e atratividade da profissão. Com efeito:

[...] países que conseguiram tornar a função docente uma profissão atrativa fizeram-no, muitas vezes, não apenas através da remuneração mas elevando o seu estatuto, oferecendo reais perspectivas de carreira e dando a professoras e professores responsabilidade como profissionais e líderes da reforma. Isso requer uma formação de professoras e professores que os ajude a tornarem-se inovadores e investigadores na educação, não apenas fornecedores [deliverers] do currículo. (OECD, 2011, p. 5)

A Finlândia e Cingapura são apontadas como exemplos de uma abordagem global da profissão.

A Finlândia elevou o estatuto social das suas professoras e professores a um nível tal que há poucas ocupações com estatuto mais elevado. [...] Como consequência desse clima competitivo, a docência é agora uma ocupação altamente seletiva na Finlândia, com professoras e professores altamente competentes, bem formados, espalhados por todo o país. [...] Desde os anos 1980 que o sistema finlandês de prestação de contas foi inteiramente reelaborado a partir de baixo. Os candidatos à profissão são seleccionados, em parte, de acordo com a sua capacidade de comunicar a sua crença na missão essencial da educação pública na Finlândia, que é profundamente humanista, assim como cívica e econômica. A preparação que recebem tem em vista criar um poderoso sentido da responsabilidade individual pela aprendizagem e bem-estar de todos os estudantes ao seu cuidado (p. 11).

Em 2009, a Noruega lançou o programa SPARK, em que colaboraram o Ministério da Educação, Sindicatos e organizações representativas da formação docente. Um dos seus resultados foi uma significativa melhoria da imagem pública da profissão, cuja visão positiva subiu de 14% em 2008 para 59% em 2010. Como consequência, em 2011, o número de candidatos à formação docente subiu 38%, com um significativo aumento do número de candidatos masculinos. (ASIA SOCIETY, 2011, p. 22)

O *Conseil Supérieur de l'Éducation* do Quebec resumiu: "Valorizar uma profissão é, pois, ao mesmo tempo, reconhecer a importância do seu papel na sociedade (reconhecimento social), reconhecer a complexidade do seu exercício e, portanto, a especialização que isso requer (reconhecimento profissional) e, em consequência, reconhecer o preço a pagar por este serviço público". Mas "importa trabalhar prioritariamente nos aspectos suscetíveis de favorecer a valorização intrínseca do pessoal docente, ou seja, uma valorização proveniente do próprio interior da profissão docente. [...] É, pois, numa perspectiva de autonomia e de responsabilização profissional que o Conselho pensa que importa favorecer o desenvolvimento da profissão docente". Com efeito, "a valorização e a profissionalização pressupõem que, progressivamente, o pessoal docente se aproprie da gestão da profissão" (CONSEIL SUPÉRIEUR DE L'ÉDUCATION, 2004, p. 34, 39, 72). Por outras palavras, é necessária "uma nova profissionalidade", caracterizada principalmente pelo *"empowerment* do pessoal docente, isto é, um maior controle da profissão pelas próprias professoras e professores e um maior poder de agir no próprio exercício da sua profissão" (p. 9, 10).[51]

O projeto de um novo edifício da profissionalidade docente deve ter, portanto, como:

- Alicerces: o conteúdo normativo do direito à educação.
- Pórtico: as qualidades, os valores e os saberes das professoras e dos professores.
- Abóbada: a autonomia, individual e coletiva, da profissão.

Em 2011, a International da Educação solicitou a John MacBeath, prof. emérito da Faculdade de Educação da Universidade de Cambridge, um estudo sobre a profissão docente que foi publicado em 2012 com o título *Future of the Teaching Profession*.[52] Em sua opinião: "A referência de Katzenmeyer and Moller's (2001) ao "acordar do gigante adormecido da liderança dos professores" é uma metáfora adequada por captar tanto as qualidades adormecidas de uma profissão subestimada e subvalorizada como o maciço potencial de liderança que continua por explorar". (MACBEATH, 2012, p. 93, 103)

---

51. O relatório *Report of the Provincial Committee on Aims and Objetives of Education in the Schools of Ontario* (1968) citava estas palavras de um autor (PATON, 1966): "A professora e o professor plenamente qualificados têm de agir e ser tratados como profissionais que são capazes de ter iniciativa e assumir responsabilidade, e não como tarefeiros [*piece-worker*] que requerem ou que são sujeitos, quer seja necessário ou não, a uma supervisão e inspeção constantes" (cit. in VAN NULAND, 1998, p. 127).

52. Tema que foi objeto de um Seminário, em fevereiro do mesmo ano, na Universidade de Cambridge, patrocinado pela Universidade de Cambridge, a International da Educação, a OECD e a *Open Society Foundation on the Future of the Teaching Profession*.

4

O privilégio e a responsabilidade da autorregulação

O Relatório da OECD *Teachers matter: Attracting, developing and retaining effective teachers* refere-se ao:

> [...] desenvolvimento em vários países de *Teaching Councils* que oferecem às professoras e aos professores e a outros grupos interessados tanto um fórum de elaboração política como, e este é um aspecto crítico, um mecanismo para a adoção de normas pela própria profissão e de garantia da qualidade da formação docente, da indução das professoras e dos professores, do seu desempenho e da progressão na carreira. Tais organizações procuram obter para a docência a combinação de autonomia profissional e de responsabilidade pública que desde há muito caracteriza outras profissões como a medicina, a engenharia e o direito. Isso permitiria às professoras e aos professores ter uma intervenção maior na adoção dos critérios de entrada na sua profissão, das normas de progressão na carreira e do fundamento para afastar da profissão professoras e professores incapazes. (OECD, 2005a, p. 216)

Os *Teaching Councils*, com esta ou outras designações, são organismos de autorregulação da profissão docente criados em vários países anglófonos, desde os anos 1960. Vamos saber como apareceram, que obstáculos encontraram e que legitimidade e benefícios têm.

4.1 Panorama

No mapa da regulação da profissão docente, pode-se distinguir dois mundos: o mundo anglófono e o resto do mundo. Na grande maioria dos países, a regulação da profissão é operada pelo Estado, diretamente ou através de alguma entidade dedicada. Os ministérios ou departamentos da Educação determinam o que é habilitação própria para o exercício da profissão, e as instituições de formação habilitam e certificam.[1] No mundo anglófono, há mais de duas dezenas de organismos de autorregulação da profissão docente, em mais de uma dezena de países de todos os continentes. Segue-se

---

1. Em Portugal, segundo o Índice Alfabético das Profissões do Instituto do Emprego e Formação Profissional, as profissões regulamentadas são cerca de 150, entre as quais se encontram duas categorias de professores: os professores do ensino básico e os professores do ensino secundário. São profissões assim definidas:

> O(a) professor(a) do ensino básico é o(a) profissional com competências e conhecimentos científicos, técnicos e pedagógicos de base para o desempenho profissional da prática docente nas seguintes dimensões: profissional e ética; desenvolvimento do ensino e da aprendizagem; participação na escola e relação com a comunidade e desenvolvimento profissional ao longo da carreira.
>
> O(a) professor(a) do ensino secundário é o(a) profissional com competências e conhecimentos científicos, técnicos e pedagógicos de base para o desempenho profissional da prática docente nas seguintes dimensões: profissional e ética; desenvolvimento do ensino e da aprendizagem; participação na escola e relação com a comunidade e desenvolvimento profissional ao longo da carreira. (*Fonte*: Decreto-lei n. 139-A/1990, de 28 de abril, com a nova redação do Decreto-lei n. 15/2007, de 19 de janeiro)

O índice informa: "A *Direcção-Geral dos Recursos Humanos da Educação* é a autoridade responsável pela regulamentação relativa ao exercício desta atividade profissional/profissão". Disponível em: <www.iefp.pt/formacao/certificacao/ProfissoesRegulamentadas/Paginas/ListaProfissoes.aspx>.

uma perspectiva histórica do movimento internacional de criação desses organismos.[2]

Reino Unido

No Reino Unido, a história do *Teachers' Registration Movement* começou em 1846, quando um grupo de professores primários fundou, em Brighton, o *College of Preceptors* para tirar a profissão do estado em que era retratada por escritores como William Makepeace Thakeray (1811-1863), Charlotte Brontë (1816-1855) e Charles Dickens (1812-1870). No ano seguinte, foi fundado na Escócia o *Educational Institute of Scotland* (EIS), que é o mais antigo sindicato de professoras/professores existente no mundo. Em 24 de novembro de 1846, uma delegação do *College of Preceptors* teve um primeiro encontro com o ministro da Educação (lord John Russel), que prometeu examinar as suas propostas com a melhor atenção. A aprovação do *Medical Registration Act*, em 1858, e a criação do *General Medical Council*, no ano seguinte, mais entusiasmaram o *College* na sua ação, junto do Parlamento, em favor da criação de um organismo semelhante para professoras/professores, argumentando-se que a importância da educação era comparável à da medicina, argumento que viria a ser recorrente.

Em 1862, o *College* propôs a criação de um *Scholastic Council*, "com vista ao estabelecimento de uma profissão autogovernada" (cit. in IRISH NATIONAL TEACHERS' ORGANIZATION, 1994, p. 146). Em 1879 e 1881, entraram no Parlamento propostas legislativas para a criação de um *Teachers' Registration Council*. Em 1889, o *Select Committee* da *House of Commons* preparou e debateu dois projetos, um para as professoras e os professores do ensino secundário na Inglaterra e no País de Gales, outro para todas as professoras e os professores primários do Reino Unido. O *1899 Education Act* previa a criação de um registro profissional. O *Board of Education Act* de 1901 criou um *Teachers Registration Council* que tornava o registro obrigatório e gratuito para

---

2. Para uma informação mais completa, v. Monteiro, 2010.

as professoras e os professores das escolas elementares, mas voluntário e pago para o ensino secundário. Teve curta duração (foi abolido em 1906). Seguiu-se-lhe outro *Teachers' Registration Council* (1912), que foi saudado pelo *Times Educational Supplement* nestes termos: "Portanto, o ano em curso pode bem ficar marcado nos anais da educação inglesa como um ano singular: Chegou 'a profissão docente'; tem uma casa e um nome" (cit. in WILLIS, 2005, p. 94). Em 1929, o *Teachers' Registration Council* tornou-se a *Royal Society of Teachers*. Era uma associação voluntária que deveria abrir caminho ao registro de todas as professoras e os professores, mas foi abolido pelo *1944 Education Act* e oficialmente extinto pelo *Teachers' Registration Council Revoking Order 1949*.

Depois da Segunda Guerra Mundial, vários países ocidentais passaram por um período de falta de pessoal docente, tornando necessário o recrutamento de pessoal docente sem a preparação requerida. Na Escócia, o seu número foi crescendo, gerando um mal-estar entre as professoras e professores qualificados que, em princípios dos anos 1960, mobilizou a profissão de um modo inédito. Em maio de 1961, uma greve impulsionada pelo EIS, mas com a adesão da *Scottish Schoolmasters' Association* (SSA), da *Scottish Secondary Teachers' Association* (SSTA) e apoiada pelo Partido Trabalhista, teve ampla participação. O secretário de Estado da Educação recebeu um abaixo-assinado com mais de 12 mil assinaturas. Foi neste contexto que emergiu a ideia de um *General Teaching Council* (GTC), cuja criação foi objeto de uma resolução adotada numa reunião de cerca de 3.500 professores em greve, na qual pediam também a demissão do secretário de Estado.

Em fins de 1961, o governo criou uma comissão de 21 membros, presidida por lord Justice Clerk Wheatley e formada por representantes seus, dos administradores e diretores escolares, das universidades, dos colégios e dos sindicatos, para fazer propostas sobre os direitos profissionais das professoras e os professores, nomeadamente de participação em matérias do seu interesse. Em junho de 1963, o relatório da Comissão Wheatley, intitulado *The Teaching Profession in Scotland — Arrangements for the Award and Withdrawal of Certificates of Competency to Teach*, propunha o estabelecimento de um *General Teaching Council for Scotland* semelhante aos de outras profissões.

O *General Teaching Council for Scotland* (GTCS) foi criado pelo *Teaching Council (Scotland) Act 1965*. Os seus primeiros anos foram turbulentos e difíceis. O afastamento de professoras e professores não qualificadas(os) era matéria delicada. A obrigação de pagar uma quota gerou contestação. Surgiram questões de poder e controle entre as organizações profissionais e entre elas e o GTCS. O apoio político governamental foi, então, decisivo para a sobrevivência e afirmação do novo organismo profissional.

Entretanto, na Inglaterra, a ideia reemergiu em 1957 em uma conferência organizado pelo *College of Preceptors* sobre o estatuto profissional. Propostas para a criação de um GTC foram rejeitadas pelos governos em 1959 e 1965. Em 1968, o novo secretário de Estado para a Educação (Edward Short, mais tarde lord Glenamara) manifestou a intenção de estabelecer um GTC e criou um grupo de trabalho para o efeito, presidido por Toby Weaver (*Sir*, mais tarde), em que a profissão docente estava amplamente representada. O Relatório Weaver, publicado em 1970, recomendou a sua criação, mas as propostas não tiveram o apoio da profissão.

Em 1980, foi desencadeada uma *Campaign for a General Teaching Council* (CATEC), apoiada pelo *College of Preceptors*, designadamente, a que se associou o *Joint Council of Heads* em 1982. Continuava, porém, a faltar um generalizado consenso prático entre as associações profissionais. Sayer, que foi um dos protagonistas do movimento profissional para a criação do GTC, dizia num documento escrito em 1990: "Desde meados de 1960 a meados de 1980, sucessivos secretários e ministros de Estado, assim como porta-vozes da oposição, declararam-se a favor de um GTC, desde que as professoras e professores se entendessem sobre o que queriam" (SAYER, 2000, p. 42). Em 1991, o presidente do Partido Conservador repetia que o governo "nunca se tinha oposto ao princípio de um *General Teaching Council*, mas deve ser desejado pela profissão e não imposto pelo governo" (p. 48). Contudo, a realidade era diferente. É certo que, nos anos 1960, 1970 e 1980, a poderosa *National Union of Teachers* (NUT) teve relutância em reconhecer e sentar-se à mesma mesa com outras organizações profissionais (um pomo de discórdia era a respectiva representação na composição do GTC), mas os governos receavam que o GTC se tornasse um megassindicato ou *megalithic lobby* (como se lia num documento de um responsável da Secretaria de Estado da Educação, em 1991).

Sayer testemunha que o impulso decisivo deu-se em fins de 1983, depois de o presidente do NUT (Ian Morgan) ter afirmado: "Embora os problemas sobre a composição continuem aparentemente intratáveis, as associações de professoras e professores têm a obrigação de [...] reunir-se uma vez mais para explorar a possibilidade de um *Teaching Council*" (p. 28). Os representantes das associações presentes na conferência anual do *Universities Council for the Education of Teachers* (UCET), em novembro, pediram à UCET que acolhesse uma tentativa de construir um consenso na profissão sobre a criação do GTC: assim nasceu a *UCET-hosted Initiative*, cujos trabalhos se desenvolveram até 1990, com a participação de um elevado número de associações.

> A *UCET-hosted GTC initiative* foi o único exemplo, nos anos 1980, de encontro e trabalho conjunto da profissão da educação, reconhecendo e resolvendo diferenças, preparando-se para trabalhar como um GTC teria de trabalhar. [...]
> Em 1990, um acordo de ação tinha sido conseguido entre as associações docentes. Obviamente que, dentro deste acordo ou compromisso, havia variações de entusiasmo ou de prioridade, mas já não havia resistência à ação em favor de um *General Teaching Council* (p. 37, 38).

Em 1990, o *House of Commons Select Committee for Education, Science and the Arts* publica um *Report on the Supply of Teachers for the 1990s* em que "recomenda que o governo crie um *General Teaching Council* para a promoção da profissão" (cit. ibid. p. 36). Nas eleições de 1992, o Partido Trabalhista e o Partido Liberal Democrata incluíam a criação do GTC nos seus programas eleitorais.

Entretanto, outra iniciativa estava em marcha: o movimento *GTC (England and Wales)*, formalmente registrado em 1988 como nova entidade para continuar o caminho tão laboriosamente aberto pela *UCET-hosted Initiative*. O seu Comitê Executivo reuniu anualmente, nos nove anos seguintes, durante um mês. Em 1991, num documento escrito na sua qualidade de dirigente do movimento, Sayer informava:

> O *Forum* tem, agora, como membros da companhia comprometidos com os seus objetivos, trinta grandes associações. Estas incluem os seis sindicatos das professoras e dos professores do ensino não superior e os três do ensino pós-secundário e ensino superior, assim como associações representativas do setor privado, dos pais, dos diretores, dos assessores, dos funcionários, dos psicólogos da educação, dos formadores de professoras e professores, das igrejas, dos diretores dos colégios e politécnicos e do *College of Preceptors*. (2000, p. 59)

Paralelamente, foi criado um *GTC (England and Wales) Trust* (1992) registrado como organização sem fins lucrativos (*charity*) para poder angariar fundos. O *GTC (England and Wales)* foi muito apoiado pelo GTCS e cooperou com organismos de outros países (Canadá, Austrália, Hong Kong).

A questão foi várias vezes debatida no Parlamento durante a década de 1990, conquistando apoio transpartidário. A *National Commission on Education* recomendou a criação do GCT em 1993. O *House of Commons Select Committee*, que a tinha recomendado em 1990, voltou a fazê-lo em 1997. Face à persistente recusa de diálogo dos governos, o *GTC (England and Wales)* chegou a considerar a possibilidade de avançar unilateralmente para a sua criação, mas a hipótese foi posta de lado por várias razões, entre elas o negativo precedente da *Royal Society of Teachers*.

Em 1997, o manifesto eleitoral do Partido Trabalhista prometia criar o GTC. Ganhou as eleições e o governo de Tony Blair (1997-2007) confirmou o seu compromisso no Livro Branco *Excellence in Schools*, publicado em julho do mesmo ano. Ainda no mesmo mês, publicou um documento de consulta sobre as questões relativas à criação do GTC, intitulado *Teaching: High Status, High Standards*. Antes do fim do ano, entrou na *House of Lords* um *Teaching and Higher Education Bill* que incluía o projeto do governo. Entretanto, também o Partido Conservador aderira à ideia.

O projeto governamental ficava, todavia, muito aquém da proposta elaborada pelo movimento profissional durante as décadas de 1980 e 1990. A justificação é que era apenas "a primeira fase do estabelecimento do *Teaching Council*" (Lord Peston, cit. ibid. p. 97). Apesar das promessas governamentais de que as atribuições do GTC seriam gradualmente alargadas, gerou-se um consenso parlamentar sobre a necessidade de reforçar a sua base estatutária. Como disse lord Tope, durante o debate, o GTC não deveria ser um "caniche desdentado do secretário de Estado" (cit. ibid., p. 96). O *Times Educational Supplement* de 19 de março de 1999 citava esta opinião do secretário-geral de uma associação profissional: "O governo está tentando fazer passar uma organização não governamental quase autônoma [*quango*] por si criada como um organismo com autoridade profissional. Tornar-se-á uma marioneta [...] e suscitará mais cinismo do que respeito". No entanto, o *General Teaching Council for England* (GTCE) e o *General Teaching Council for Wales* (GTCW), criados pelo *Teaching and Higher Education Act 1998*, tinham uma base estatutária que abria, na opinião de Sayer, "uma real perspectiva de que o GTC pode tornar-se o organismo com a autoridade profissional pelo qual tantos aspiraram durante tantos anos" (p. 6).

Todavia, o GTCE nunca foi muito bem visto pelos Sindicatos da profissão, e o seu desempenho nem sempre esteve à altura do seu mandato e responsabilidades. Um dos últimos fatos a comprometer a sua credibilidade pública foi a decisão de não sancionar um professor e activista do Partido Nacional Britânico que, num comentário publicado num sítio eletrônico, escreveu que os imigrantes eram "animais selvagens" e que o país se tinha tornado "um depósito de lixo do terceiro mundo".

Em outubro de 2010, na sequência de uma avaliação de cerca de novecentos organismos públicos, no quadro de um programa de redução de custos administrativos, muitos foram abolidos e outros reformados pelo novo governo. No campo da educação, foi decidida a abolição do GTCE, passando algumas das suas funções a ser desempenhadas por uma nova entidade, a partir de 1º de abril de 2012: *Teaching Agency*, que é uma agência executiva do *Department for Education* (DfE) (Ministério da Educação inglês).[3]

A *Teaching Agency* é responsável pelo recrutamento, qualidade e regulação do pessoal da educação. Concentra funções que eram exercidas por quatro entidades: *General Teaching Council for England* (GTCE), *Qualifications and Curriculum Development Agency* (QCDA). *Children's Workforce Development Council* (CWDC), *Training and Development Agency for Schools* (TDA). São abrangidos todos os professores e professoras de todos os tipos de escolas, mas deixa de haver um registro de professores e professoras e o pagamento da quota correspondente. No entanto, continua a haver um registro dos profissionais habilitados (QTS: *qualified teacher status*), assim como um registro com os nomes de professoras e professores que não conseguiram aprovação na indução ou provação profissional, acessível às entidades empregadoras, bem como daquelas e daqueles que possam estar proibidos de exercer a profissão (acessível ao público em geral).

Em matéria de disciplina da profissão, a *Teaching Agency* apenas recebe queixas alegando conduta imprópria. Os casos mais graves são examinados por um painel em que estão representantes da profissão. A única sanção aplicável é a exclusão da profissão, deixando de haver sanções intermédias. Um professor ou professora poderá ser suspensa preventivamente, nos casos mais graves de conduta imprópria, para proteger os estudantes. As queixas de incompetência serão examinadas localmente pelas entidades empregadoras.

---

3. Disponível em: <http://media.education.gov.uk/assets/files/pdf/t/teaching%20agency%20framework%20document.pdf>.

No entanto, em abril de 2012, o *Education Committee* da *House of Commons* publicou o relatório intitulado *Great teachers: attracting, training and retaining the best Ninth Report of Session*, 2010, v. I, n. 12: *Report, together with formal minutes Great teachers: attracting, training and retaining the best Ninth Report of Session*, 2010, v. I, n. 12: *Report, together with formal minutes* (HOUSE OF COMMONS, 2012), onde se lê:

> Reconhecemos e apoiamos a ideia de um novo *College of Teaching* governado pelos seus membros, independente mas trabalhando com o governo, que poderia desempenhar papéis importantes, nomeadamente na acreditação da formação profissional contínua e em matéria de normas profissionais. [...] Recomendamos ao governo que prepare propostas, em conjunto com os professores/professoras e outros, para a criação de um novo *College of Teaching* com as características dos *Royal Colleges* e Instituições Estatutárias [*Chartered Institutions*] de outras profissões. (HOUSE OF COMMONS, 2012, p. 53)

Na sequência desta recomendação, realizou-se em 5 de setembro de 2012, no *Prince's Teaching Institute*, em Londres, um encontro para discutir a possibilidade de criação de um novo organismo de autorregulação da profissão, um *College of Teaching*. Estiveram presentes representantes de vários setores da educação, designadamente de sindicatos e outras associações profissionais, da Internacional da Educação, do Instituto de Educação de Londres, da Faculdade de Educação de Cambridge e de outras universidades.

Segundo o relatório do encontro,[4] há um sentimento bastante geral de que a abolição do GTCE deixou um vazio na profissão, que ficou sem uma voz comum, com autoridade para representar, não as professoras e os professores, mas a profissão, e projetar e cultivar o seu ideal. Para abrir caminho na direção desejada, foi decidido criar

---

4. *Investigating the appetite for and remit of a new member-driven College of Teaching: An exploratory workshop — Report*. Disponível em: <www.princes-ti.org.uk/WWIS/2012NewCollege ofTeachingWorkshop>. Acesso em: nov. 2012

uma comissão formada por participantes no encontro, coordenada pelo *Prince's Teaching Institute*.

Irlanda

Na Irlanda, a ideia de criar um *Teaching Council* vinha dos anos 1960. Com efeito, em 1965, a *Vocational Teachers' Association* (que viria a ser conhecida como *Teachers' Union of Ireland* (TUI) tinha proposto ao ministro da Educação a criação de um organismo para o "controle dos seus próprios membros, no que respeita ao estatuto, qualificações e comportamento profissional", que deveria evoluir para "um organismo mais alargado, representativo de toda a profissão docente", com amplos poderes (cit. in IRISH NATIONAL TEACHERS' ORGANIZATION, 1994, p. 5).

Em outubro de 1966, estimulada pela criação do GTCS (Escócia), a *Irish National Teachers' Organization* (INTO) teve um encontro com o ministro da Educação para examinar a possibilidade de ser criado um organismo semelhante na Irlanda. O ministro concordou, em princípio, mas a ideia não avançou. Em 1970, o relatório *The Higher Education Authority (HEA) on Teacher Education* recomendava a criação de um organismo de autorregulação profissional. Em 1973, o ministro da Educação criou um *Planning Committee* para concretizar as ideias do relatório. No ano seguinte, o *Planning Committee* apresentou ao ministro um relatório em que identificava as atribuições que o organismo deveria ter. A proposta foi examinada pelos três principais sindicatos da profissão em 1976, 1977 e 1978, que formaram um *Working Party* intersindical para preparar propostas de alteração. Chegaram mesmo a acordo com o Ministério sobre o número de membros que o *Teaching Council* deveria ter: 41, dos quais 21 deveriam ser representantes das professoras e dos professores em exercício.

Em junho de 1980, o presidente da INTO propôs ao respectivo Congresso a aprovação de uma resolução em que se pedia ao ministro da Educação a imediata criação de um GTC, mas o assunto não foi considerado prioritário. Terminava assim uma década de esforços inglórios. Na década seguinte, a questão ficou num limbo.

A criação de um GTC voltou à ordem do dia apenas em princípios dos anos 1990, no contexto da Diretiva da Comunidade Europeia sobre "um sistema geral de reconhecimento dos diplomas do ensino superior", que requeria a existência de uma autoridade nacional competente para o efeito. Um relatório da OECD sobre o sistema educativo irlandês apontava no mesmo sentido. O ministro da Educação concordou, então, em examinar essa possibilidade e foi formado um *Working Party* para fazer propostas. Reuniu-se pela primeira vez em maio de 1990, mas os seus trabalhos caíram num impasse e ficaram suspensos em maio de 1991.

Em 1992, o governo publicou um *Green Paper* intitulado *Education for a Changing World* que relançou o debate sobre a criação do *Teaching Council*. A *National Education Convention* que se realizou em outubro de 1993, em Dublin, apoiou amplamente a sua criação, e a ministra da Educação também, na sua alocução final. Na sequência desse evento, e considerando que, "nos tempos recentes, tem havido um apoio crescente de todos os parceiros na educação à criação de um *Teaching Council*", a INTO tomou a iniciativa de realizar um estudo aprofundado com propostas para a criação do *Teaching Council*, incluindo um projeto de *Teachers Act*, que procurava "evitar, antecipar ou resolver os problemas encontrados por outras profissões e pelos professores e professoras noutras jurisdições". Foi publicado em junho de 1994 (IRISH NATIONAL TEACHERS' ORGANIZATION, 1994, Prefácio).

Finalmente, em novembro de 1997, o ministro da Educação e da Ciência criou um *Steering Committee on the Establishment of a Teaching Council*, formado por 25 representantes de entidades e organizações do campo da educação, que apresentou o seu relatório em junho de 1998.[5] O relatório começava por algumas significativas considerações sobre a importância de um *Teaching Council*:

> Um *Teaching Council* é uma agência estatutária independente que exerce os poderes e desempenha as funções através dos quais os professores

---

5. Disponível em: <www.teachingcouncil.ie/_fileupload/Publications/Steering_Committee_Report_17189693.pdf>. Acesso em: jul. de 2009.

e professoras podem alcançar um amplo grau de autonomia profissional e de autorregulação e, deste modo, elevar o estatuto e o moral da profissão docente e a qualidade da educação proporcionada aos estudantes nas nossas escolas. O estabelecimento de um tal organismo, para regular a prática profissional, supervisionar os programas de formação e assumir a responsabilidade de promover os mais elevados níveis de serviço ao público, é um passo normal e necessário no processo de maturação de qualquer profissão. [...] (1.1)

[...] Enquanto o envolvimento das professoras e professores em áreas como o recrutamento para a docência, a preparação para a docência, a indução, o período probatório, o desenvolvimento em serviço e a regulação da profissão forem limitados, a profissão pode ser descrita como estando num estado de desenvolvimento limitado. (1.3)

A noção de ação profissional como exercício de juízo discricionário e aplicação de conhecimentos e capacidades de alto nível, em situações complexas e em condições de inevitável incerteza, está no coração dos atuais conceitos de profissionalidade. No caso da docência, esta visão de "profissão" incorpora, promove e torna complementares as percepções do/a professor/professora como um prático especializado na ciência e arte docentes, que aplica conhecimentos profissionais, intuição pessoal, criatividade e improvisação, para realizar tarefas docentes; como clínico que resolve problemas e toma decisões; como autor de curriculum, investigador, avaliador e prático reflexivo; e, finalmente, como "uma outra pessoa significante" [*significant other person*] que exerce uma influência moral considerável. [...] (1.5)

Considerando o indiscutível papel profissional que as professoras e os professores desempenham, hoje, é tempo de o reconhecer formalmente através do estabelecimento de um *Teaching Council*. O estabelecimento de um organismo autônomo para falar livremente sobre os assuntos da educação e promover as mais elevadas normas de exercício nas escolas irlandesas é o próximo passo indispensável para a valorização da docência como profissão plenamente desenvolvida. (1.6)

O *Steering Committee* examinou todas as questões que se colocavam, fez recomendações relativamente aos poderes, funções, composição, estrutura e funcionamento do *Teaching Council*. Propôs mesmo um calendário para a sua operacionalização, em que a primeira reunião estava prevista para janeiro de 2000. Todavia, só em outubro desse ano é que começou a ser discutida no Parlamento a proposta de lei para a sua criação. Os debates decorreram em outubro, novembro e dezembro de 2000 e em março e abril de 2001. Na sua apresentação, a 24 de outubro, o ministro da Educação e da Ciência disse:

> O dia de hoje representa um passo significativo para o estabelecimento de um *Teaching Council* na Irlanda, onde as professoras e os professores estão entre as profissões mais altamente respeitadas. [...]
> É tempo de as professoras e os professores verem o seu papel profissional formalmente reconhecido pelo Estado num *Teaching Council*. Isso confirmará o seu estatuto, conferir-lhes-á o direito de regular o que lhes diz respeito e uma maior responsabilidade pelas normas e qualidade da educação. [...]
> Os professores e as professoras e outros parceiros na educação procuraram, durante muito tempo, o estabelecimento de um *Teaching Council*. Acreditam, tal como eu, que ele desempenhará um grande papel no reconhecimento do seu contributo como profissionais que possuem saberes não só para moldar o futuro da sua profissão mas também para contribuir efetivamente para a futura orientação da política da educação. [...]
> O *Teaching Council* terá um papel central no desenvolvimento futuro da profissão docente. Através dele, amadurecerá como profissão e atingirá um novo estádio no seu desenvolvimento.[6]

A proposta de lei, que refletia as conclusões e recomendações do *Steering Committee* e tinha um apoio generalizado de todos os setores do campo da educação, encontrou também o melhor acolhimento dos parlamentares. A expressão mais repetida em ambas as Câmaras durante os debates foi talvez esta: *I welcome the bill* (saúdo a proposta de lei). Outras ideias que atravessaram os debates parlamentares foram as seguintes, nomeadamente:

---

6. Disponível em: <www.oireachtas.ie/viewdoc.asp?fn=/documents/bills28/bills/2000/1600/default.htm>.

- Há muito tempo que o *Teaching Council* deveria ter sido estabelecido, pois é da maior importância para a profissão e para a educação. Eis algumas afirmações feitas durante os debates:

    O estabelecimento do *Council* chega com muito atraso e é saudado por todos os interessados no progresso da educação.

    [...]

    Não é preciso dizer que a docência é uma profissão altamente respeitada, e com razão. Os nossos professores e professoras são, na sua maioria, indivíduos responsáveis e cuidadosos, que põem os interesses dos seus estudantes à frente de tudo, muitas vezes acima e para além das suas obrigações [*often above and beyond the call of duty*].

    [...]

    Os professores e as professoras continuam a ser respeitados, mas não têm o mesmo estatuto [que outras profissões].

    [...]

    As profissões da arquitetura, da engenharia e da enfermagem e toda a profissão digna do nome têm a sua autorregulação.

    [...]

    A proposta de lei, que eu saúdo, tem dentes.

    [...]

    De um modo geral, a proposta de lei fará avançar o profissionalismo e a imagem profissional de professores e professoras em toda a nação.

    [...]

    Elevará o estatuto e o moral da profissão docente e a qualidade da educação que oferecem.

    [...]

    A aprovação da proposta de lei beneficiará os estudantes, professoras, professores e todos neste Estado.

    [...]

É o tipo de legislação de que todos os partidos políticos se devem orgulhar.

[...]

Todavia, para que a docência seja a joia da coroa do serviço público, há muito caminho a percorrer.

- Não basta criar o *Teaching Council*, é necessário elevar também o estatuto econômico e melhorar as condições de trabalho de professoras e professores. Eis algumas afirmações feitas durante os debates:

Por mais *Teaching Councils* ou outros mecanismos que haja, [...] se a remuneração e condições de trabalho de professores e professoras não forem adequadamente consideradas, vamo-nos confrontar com a perspectiva de uma crescente diminuição do seu moral, cólera e crescentes problemas de recrutamento na profissão docente.

[...]

[...] nada adiantará se professoras e professores estiverem frustrados por causa da sua remuneração e as suas condições de trabalho forem inadequadas. [...] Instalações e remuneração apropriadas para professores e professoras são elementos básicos, e é importante que não se perca isso de vista. [...] Um sistema faminto de recursos, com sérias carências de instalações e cujo motor é uma profissão agudamente decepcionada, mal remunerada e incapaz de realizar todo o seu potencial, não está funcionando satisfatoriamente.

[...]

É difícil para as professoras e professores terem o sentimento de que são profissionais, de que têm uma função e um trabalho profissionais, se tentam trabalhar de um modo profissional numa sala de aula fria e num edifício escolar dilapidado [...] em salas de aula sobrelotadas, sem aquecimento e sujas [...] onde [os estudantes] se sentem com frio, úmidos e infelizes.

[...]

O ministro conhece a posição de professoras e professores em matérias como moral e profissionalismo. Conhece a profunda insatisfação e preocupação que há nos sindicatos pela falta de reconhecimento adequado do seu contributo para o desenvolvimento da educação [...].

- A educação e os seus profissionais estão na base do crescimento econômico do "tigre celta" (*Celtic tiger*). Para que esse crescimento continue, é necessário continuar a investir na educação e recompensar professoras e professores pelo seu contributo. Eis algumas afirmações feitas durante os debates:

O investimento na educação tem sido a base e a pedra angular do tigre celta, e a continuação do nosso crescimento dependerá da ênfase que continuarmos a pôr no nosso sistema educativo.

[...]

O investimento da Irlanda na educação, no passado, é visto, nacionalmente e internacionalmente, como tendo sido um dos principais motores da economia do chamado tigre celta.

- A proposta de criação de um *Teaching Council* é uma ocasião para refletir sobre o estado da educação e sobre a necessidade de reformá-la profundamente. Eis algumas afirmações feitas durante os debates:

Elogio a proposta de lei. Proporcionou uma magnífica oportunidade para discutir as muitas questões com que se defronta a educação.

[...]

Saúdo a proposta de lei, não apenas por aquilo que ela se propõe fazer, mas também porque nos dá a oportunidade de fazer aquelas mudanças que nos desafiam no sistema educativo neste momento.

[...]

Saúdo a proposta de lei. É um significativo passo em frente para o reconhecimento do crescente profissionalismo docente.

Aproveito esta oportunidade para apelar a uma fundamental reorganização de todo o nosso sistema educativo. [...] A nossa maneira atual de dirigir a educação sobreviveu à sua utilidade. Torna-se mais disfuncional cada ano que passa. Temos de encontrar uma maneira de lhe dar a volta.
[...]
Não vi em parte alguma do sistema educativo o reconhecimento da necessidade de uma mudança radical.

O *Teaching Council Ireland* (TCI) foi criado pelo *Teaching Council Act 2001*, mas só ficou operacional com o *Teaching Council (Amendment) Act 2006*, que corrigiu "uma dificuldade legislativa" relacionada com os poderes do ministro quanto à regulamentação da primeira eleição dos seus membros.[7]

Canadá

No Canadá, em 1917 tinha sido criada a *British Columbia Teachers' Federation* (BCTF). Em 1947, o *Public Schools Act* tornou obrigatória para todas as professoras e os professores a inscrição na BCTF, com o objetivo de promover o nível deontológico da profissão. Em 1987, foi criado o *British Columbia College of Teachers* (BCCT), através do *Teaching Profession Act* apresentado (em 2 de abril) e aprovado (em 19 de maio) pela Assembleia Legislativa,[8] que entrou em vigor em 1º de janeiro de 1988. Foi criada uma comissão para a sua instalação, formada por três membros (um juiz do Supremo Tribunal, um membro da BCTF e um membro da associação de administradores escolares).

A BCTF manifestou-se contra a sua criação, nomeadamente porque significava o fim da obrigação de inscrição nela de professoras e

---

7. Disponíveis em: <www.teachingcouncil.ie/_fileupload/Publications/Teaching_Council_Act_(2001)_(English)_57695014.pdf>; <www.teachingcouncil.ie/_fileupload/Publications/Teaching_Council_Amendment_Act_(English)_(2006)_46152670.pdf>.

8. Disponível em: <www.bcct.ca>.

professores. A edição da *Newsletter* da BCTF de 9 de abril de 1987 continha este título: *GOV'T ATTACKS BCTF*. Argumentava que a formação de uma associação é uma liberdade que não pode ser imposta e que o BCCT seria divisionista e perturbador, aumentaria custos e a burocracia, não era necessário e não funcionaria. É certo que a criação do BCCT acontecia no contexto de um prolongado conflito entre a BCTF e governos conservadores do *Social Credit Party of Canada* (dissolvido em 1993), mas também é um fato que a iniciativa governamental surgiu na sequência de um caso grave envolvendo um professor e diretor de escolas (Robert Noyes) acusado de, entre 1970 e 1985, ter cometido numerosos crimes de natureza sexual. O parto conflituoso do BCCT continua a ensombrá-lo (v. à frente).

Em Ontário, a preocupação com as qualificações e a certificação de professoras/professores está documentada desde fins do século XVIII (v. VAN NULAND, 1998). A ideia de um organismo de autorregulação emergiu, pela primeira vez, na década de 1860. Nos anos 1880, foi proposta a criação de um *College of Preceptors* semelhante à *Law Society* e ao *College of Physicians and Surgeons*, mas o projeto não encontrou muita receptividade na profissão.

Em 1944, o *Teaching Profession Act* reconheceu a função docente como profissão, criando a *Ontario Teachers' Federation* (OTF) como órgão oficial da classe docente e único interlocutor junto do Ministério da Educação, na qual todas as professoras e os professores eram obrigados a inscrever-se. A OTF é constituída por cinco associações profissionais, formadas durante a primeira metade do século XX.

Posteriormente, vários relatórios abordaram a questão da autorregulação profissional e recomendaram-na. Em 1968, o *Report of the Provincial Committee on Aims and Objetives of Education in the Schools of Ontario* (Hall-Dennis Report) recomendava:

> 137. Promulgar um *Teaching Profession Act* que torne a profissão docente uma profissão autorregulada, com poderes para licenciar e disciplinar os seus membros, poderes a exercer através de uma organização denominada *College of Teachers of Ontario*.

138. Consolidar todas as organizações de professores/professoras numa só associação denominada [...] *Ontario Teachers' Association*.
[...]
140. Fazer depender a validade da licença para ensinar de um registro de desenvolvimento profissional avaliado regularmente.
[...]
142. Reconhecer muitos e variados programas de formação dos professores/professoras para a certificação de base. (cit. in VAN NULAND, 1998, p. 127)

Em 1978, o relatório *Implications of Declining Enrolment for the Schools of Ontario*, preparado por R. W. B. Jackson, suscitava um conjunto de questões que, segundo um documento publicado em 1980 (*Issues and Directions*), em que o Ministério da Educação respondia ao Relatório Jackson, diziam respeito ao "estatuto da profissão docente e direitos e responsabilidades que lhe deveriam ser devolvidos". Segundo o documento: "O governo crê que a profissão atingiu um estádio de maturidade comparável ao de outras profissões estabelecidas e que, por isso, o interesse público pode ser protegido através de meios diferentes daqueles que estão em vigor". Em consequência:

4.3.1 Propõe-se que o Ministério da Educação inicie discussões com a OTF para planear a criação de uma associação profissional ou "*college of teachers*", que exercerá, em nome do interesse público, direitos de admissão, certificação, disciplina, desenvolvimento profissional e manutenção do registro profissional dos professores/professoras.
4.3.2 O Ministério da Educação propôs a realização de uma revisão formal do *Teaching Profession Act, 1944*, com particular referência às mudanças que devem ser feitas na sequência da criação de um "*college of teachers*" (p. 130-131).

A OTF contrapôs três modelos de autogoverno, todos eles garantindo a sua preponderância. Um dos princípios em que a sua posição era particularmente intransigente era a continuidade da obrigação para todas as professoras e professores de nela se inscreverem. Como o Ministério manteve também a sua intransigência neste ponto, considerando que obrigatório deveria ser o registro no *College* e que este deveria ser completamente independente da OTF, as conversações foram interrompidas em 1983. O Ministério não considerava prudente avançar contra a OTF (como se lia em *Update 84*, um documento de balanço das iniciativas tomadas na sequência de *Issues and Directions*).

Em 1986, o *Report to the Minister of Education on the Issue of Certification and Discipline in the Teaching Profession in the Province of Ontario* formulava três opções:

- Criação de um *Certification Review Advisory Committee*, no quadro do Ministério, com poderes em matéria de normas profissionais, certificação e disciplina.
- Atribuição de poderes de certificação e disciplina à OTF, opção que suscitava a questão de um conflito de interesses, dada a sua natureza sindical.
- Estabelecimento de uma *Society of Ontario Teachers*, de natureza autorreguladora, com amplos poderes.

Em 1988, o *Final Report of the Teacher Education Review Steering Committee* recomendava a criação de um *Advisory Council*. Indo ao encontro desta recomendação, o Ministério da Educação criou um *Teacher Education Council* (TECO), que poderia abrir caminho a um organismo de autorregulação.

Em 1995, um relatório de cinco volumes da *Royal Commission on Learning*, intitulado For the Love of Learning,[9] chegou à seguinte conclusão:

> Estruturas tais como a *Ontario Teachers Federation* e as suas filiadas existem para proteger os interesses econômicos e os direitos laborais dos professores/professoras. Também respondem a algumas das necessidades

---

9. Disponível em: <www.edu.gov.on.ca/eng/general/abcs/rcom/full/royalcommission.pdf>. Acesso em: dez. 2009.

do seu desenvolvimento profissional, mas não à necessidade de desenvolver a profissão docente em si. Não há nenhuma estrutura semelhante para olhar para as grandes questões da educação numa perspectiva puramente profissional.

Com efeito, "embora a grande maioria dos professores/professoras do Ontário demonstrem um alto grau de profissionalismo, a docência, em si, não pode ser considerada verdadeiramente profissional, porque uma característica essencial de uma profissão, em Ontário, é o exercício da autorregulação, com estatuto próprio" (p. 282). Enquanto a admissão, certificação e supervisão do exercício da profissão docente estiverem fora do controle dos seus profissionais, ela continuará "num estado de desenvolvimento limitado". Por isso, a *Royal Commission on Learning* recomendou que fosse estabelecido um organismo de autorregulação, um *College of Teachers*.

Para justificar a pertinência da sua recomendação, apontava o exemplo do GTCS, sublinhando que as suas características principais são a dupla representatividade — dos profissionais e do público —, mas com uma representação maioritária de professores/professoras registrados, assim assegurando que o GTCS e, portanto, a profissão, "são verdadeiramente autorreguladores" (p. 283). Os seus poderes e funções abrangem os aspectos essenciais da regulação da profissão, e a sua longevidade é a melhor prova da sua razão de ser. Era também referido o exemplo do BCCT (1987). A *Royal Commission on Learning* resumia assim a sua proposta na Recomendação 58:

> Recomendamos o estabelecimento de um organismo de autorregulação profissional para a docência, o *Ontario College of Teachers*, com poderes, deveres e composição estabelecidos por lei. O *College* deve ser responsável pela determinação das normas profissionais, certificação e acreditação dos programas de formação de professores/professoras. Os educadores/educadoras profissionais devem estar em maioria na sua composição, com representação substancial de não educadores de toda a comunidade.

O ministro da Educação e da Formação do Governo formado pelo *Progressive Conservative Party* (que ganhou as eleições de junho de 1995) aceitou a recomendação e criou um *Ontario College of Teachers Implementation Committee* (com doze membros representando o Ministério, o setor empresarial, o setor público, o ensino superior e os sindicatos) para aconselhá-lo nesta matéria. A 1º de outubro de 1995, o Comitê apresentou-lhe um relatório intitulado *The Privilege of Professionalism*. As suas principais conclusões eram estas: o OCT deveria ser um verdadeiro organismo de autorregulação, e não uma mera agência do governo; as suas funções prioritárias seriam o registro e certificação dos professores e professoras; o registro deveria ser obrigatório; e teria um mandato amplo: moldar o futuro da profissão. O *Regulated Health Professions Act* (1997) foi uma importante referência do *Implementation Committee*, que também teve encontros com representantes do GTCS e do BCCT.

O projeto de um OCT dividiu as federações sindicais que formam a OTF e outras organizações do campo da educação, assim como as professoras e os professores. Em fins de 1995, houve manifestações em toda a Província contra o seu estabelecimento. Num referendo levado a cabo pela *Ontario Secondary School Teachers' Federation* (OSSTF) entre os seus membros, 94,8% votaram contra a sua criação. A *Coalition for Lesbian and Rights in Ontario* argumentou mesmo que o OCT poderia fornecer armas para uma caça às bruxas contra as professoras e professores.

A OTF, a que todas as professoras e professores da Província eram obrigados a pertencer e que exercia o poder disciplinar desde 1944, reclamava, desde os anos 1960, um poder de controle sobre todos os aspectos da profissão. Um seu relatório de 1972 recomendava a criação de um *Governing Council for Teachers* formado pelo seu próprio *Board of Governors*, por um *Board of Governors Advisory Council* e três Comitês permanentes: *Teacher Education, Certification and Evaluation; Discipline; Special Services*. O *Advisory Council* incluiria nove membros da OTF e outros dez representando o governo, as universidades, assim como grupos profissionais e não profissionais. Mas os

Comitês seriam formados apenas por representantes das cinco federações filiadas na OTF. Após alguma receptividade inicial da parte do Ministério, não houve mais desenvolvimentos (v. VAN NULAND, 1998, p. 129).

A OTF voltou a propor que poderia assumir as funções previstas para o OCT e admitia a representação do público no seu Comitê de relações e disciplina. Desenvolveu pressões junto dos parlamentares para que não apoiassem a sua criação. À medida que ela se ia tornando irreversível, as objeções voltaram-se para aspectos relativos ao seu mandato e à correlação de forças no seu órgão diretor. Finalmente, empenhou-se na eleição de associados seus.

O *Ontario College of Teachers/Ordre des Enseignants et des Enseignantes de l'Ontario* foi estabelecido pelo *Ontario College of Teachers Act*, 1996. O processo do seu estabelecimento durou cerca de dezoito meses (o tempo que decorreu entre a recomendação da *Royal Commission on Learning*, em janeiro de 1995, e o *Royal Assent* dado em julho de 1996), mas a ideia já tinha percorrido um longo caminho, como vimos. Na opinião de Shirley Van Nuland: "A falta de respeito pela docência como profissão pode ser incluída entre as razões pelas quais o autogoverno demorou tanto tempo a concretizar-se" (VAN NULAND, 1998, p. 315).

Em Ontário há também um *College of Early Childhood Educators/ Ordre des Éducatrices et Éducateurs de la Petite Enfance*, estabelecido pelo *Early Childhood Educators Act*, 2007. Foi o primeiro do gênero a ser criado na América do Norte.

Noutras Províncias do Canadá, há associações profissionais (algumas muito pequenas) que têm uma dupla natureza sindical e profissional, exercendo o poder disciplinar, designadamente. É o caso da *Newfoundland and Labrador Teachers' Association* (com cerca de 6 mil associados), do *Nova Scotia Teachers Union* (com cerca de 11 mil associados), da *Saskatchewan Teachers' Federation* (com cerca de 12 mil associados), da *Manitoba Teachers' Society* (com cerca de 15 mil associados) e da *Alberta Teachers' Association* (com cerca de 30 mil associados).

Austrália

A Austrália tem seis Estados (*Western Australia, Queensland, Victoria, New South Wales, South Australia, Tasmania*) e três Territórios (*Northern Territory, Australian Capital Territory, Norfolk Island*). Queensland foi o primeiro Estado a introduzir o registro obrigatório dos professores e professoras, nos anos 1970, década da sua introdução também em *South Australia*.

O *National Board of Employment, Education and Training* (NBEET) refere que já em 1990 "recomendava à profissão docente o estabelecimento de um organismo representativo da profissão como um todo e que as suas preocupações principais sejam a qualidade da formação, as normas de conduta profissional, o desenvolvimento profissional e o reconhecimento e registro das qualificações" (National Board of Employment, Education and Training, s/d., p. 3). Anos depois, constatava: "Está muito espalhada a opinião de que o moral e o estatuto da profissão docente estão em declínio". E afirmava: "O envolvimento na regulação da qualidade da profissão poderia, por si só, dar um contributo para a elevação do moral dos professores" (p. 7).

Foi neste clima de especial preocupação com a qualidade da profissão docente e também com a proteção das crianças contra abusos (que está na origem do *Working with Children — Criminal Record Checking, Act 2004*), que se generalizou um movimento em favor da autorregulação da profissão docente no continente australiano. Como escrevia Sachs em 1997, na Austrália, "o profissionalismo dos professores/professoras está a ser redefinido mais de dentro do que de fora da profissão" (cit. in EVANS, 2007, p. 207). Esse movimento terá sido muito influenciado também pelo impato do sombrio diagnóstico do relatório do Parlamento australiano de 1998, segundo o qual um sintoma do declínio da profissão era o fato de que, "na Austrália, 52% dos professores/professoras mudariam de profissão, se pudessem escolher" (PARLIAMENT OF THE COMMONWEALTH OF AUSTRALIA, 1998, p. 74). Para agir contra a sua degradação, lia-se no relatório:

"O Comitê não tem dúvidas de que a docência tem de ser olhada como uma profissão, com tudo o que isso implica para as normas, a responsabilização, o estatuto e a autonomia que a comunidade espera de uma profissão" (p. 6). Por isso, recomendava:

- Criação de um organismo nacional de normas e registro da profissão.
- Normas para a acreditação dos programas de formação inicial e em serviço; para o registro e sua renovação; para a indução, a prática e a conduta; para o exame de queixas contra os professores; para promover o valor da profissão.
- Abrangendo todo o sistema de ensino com financiamento público. (p. 1)

Hoje, todos os Estados e Territórios australianos têm um organismo de autorregulação da profissão docente, de configuração variável, com exceção do pequeno Território de *Norfolk Island*. São os seguintes:

— *Teachers Registration Board, Tasmania* (TRBT, 2000)

— *Victorian Institute of Teaching* (VIT, 2001)

— *Teachers Registration Board of South Australia* (TRBSA, 2004)

— *Western Australian College of Teaching* (WACT, 2004)

— *New South Wales Institute of Teachers* (NSWIT, 2004)

— *Teacher Registration Board of the Northern Territory* (TRBNT, 2005)

— *Queensland College of Teachers* (QCT, 2005)

— *ACP (Australian Capital Territory) Teacher Quality Institute* (TQI, 2010)

Há também a *Australasian Teacher Regulatory Authorities* (*ATRA*) criada em 2008 pelas autoridades de registro e acreditação da profissão docente da Austrália e Nova Zelândia para facilitar a cooperação entre si.

Outros países

Na Nova Zelândia, o estabelecimento de um *Teachers Council* análogo ao de outras profissões era uma aspiração antiga, apoiada pelas organizações profissionais e pelos principais partidos políticos, mas só foi estabelecido pelo *Education Standards Act 2001 (Part 10A — New Zealand Teachers Council)*. Substituiu o *Teacher Registration Board* (TRB) criado em 1990 (mas o registro só se tornou obrigatório para o setor público em 1996), que era um órgão governamental com poderes para aprovar a formação inicial e registrar (e excluir do registro) as professoras e professores.

Na Tailândia, o *Teachers and Educational Personnel Council Act B.E. 2546 (2003)*,[10] que alterou o *Teachers Act B. E. 2488* (1945), estabeleceu o *Teachers Council of Thailand* e o *Office of the Committee for Promotion of the Benefits and Welfare of Teachers and Educational Personnel*.

Na África, há dois organismos de autorregulação da profissão docente. Na África do Sul, o *South African Council for Educators* (SACE) foi estabelecido em 2000, revogando o *Employment of Educators Act, 1998* (capítulo 6). Antes, já tinha havido um *South African Teachers' Council*, no quadro político-jurídico do *apartheid*. Na Nigéria, há o *Registration Council of Nigeria* (TRCN), que é uma agência do Ministério Federal da Educação criada em 1993. A sua criação correspondeu a uma das reivindicações de uma greve nacional convocada pelo *Nigeria Union of Teachers*, em 1992, mas só se tornou operacional em meados de 2000. O seu *Teachers Handbook*, depois de observar que a profissão docente foi, durante muito tempo, tratada com "ignomínia", aberta "a todo o gênero de pessoas mascaradas de professores/professoras", afirma que "a nação está na aurora de uma nova era, em que a docência deixou de estar aberta a quem quer que chegue".[11]

---

10. Disponível em: <www.teachasiaonline.com/pmwiki/index.php?n=Main.TeachersAnd EducationalPersonnelCouncilAct>.

11. Disponível em: <www.trcn.gov.ng/index.php?page=25>.

Nas Ilhas Fiji, há o *Fiji Teachers Registration Board* (FTRB), criado em 2008.

Na Jamaica, há o *Jamaica Teaching Council* (JTC), criado em 2008.

Na Europa continental, há o *Council for the Teaching Profession* (CTP) criado em 2008 na República de Malta, que é um país membro da *Commonwealth* cujas línguas oficiais são o maltês e o inglês.

Nos EUA, parece haver uma evolução nesse sentido. O melhor exemplo é, talvez, o *Hawaii Teacher Standards Board* (HTSB), criado em 1995 para elaborar normas de exercício para as professoras e professores das escolas públicas. Em 2002, foi-lhe atribuída competência para a renovação da licença de exercício da profissão, de cinco em cinco anos, e para a acreditação dos programas de formação (*Act 240*). Exerce também o poder disciplinar. "O seu objetivo foi atribuir à profissão docente um estatuto comparável ao de outras profissões", como se lê em *Amendments to Hawaii Administrative Rules — Title 8 — Department of Education* (§ 8-54-2).[12]

O estabelecimento de um GTC na Região Administrativa Especial de Hong Kong está no topo da agenda do *Council on Professional Conduct in Education* (CPC) desde princípios dos anos 1980. Em 2001, um amplo inquérito levado a cabo pelo CPC revelou um grande apoio profissional à sua criação.[13]

4.2 Resistências

A autorregulação da profissão docente tem encontrado obstáculos semelhantes em toda a parte. São resistências e objeções cuja origem pode estar no poder público, nos sindicatos, nas professoras e professores, e também nas características da profissão.

---

12. Disponível em: <www.htsb.org/docs/HTSB_Relic_Rules.pdf>.

13. Disponível em: <http://cpc.edb.org.hk/english/download/news20_e.pdf>.

Os governos estão, em princípio, pouco disponíveis para a partilha do poder de controle de uma função social tão ideologicamente sensível e economicamente crucial como é a profissão docente. Referindo-se ao caso de Hong Kong, escreveu Paul Morris:

> Os elementos-chave desta saga de propostas e contrapropostas eram os seguintes: enquanto os advogados da profissão desejavam criar um organismo autorregulador e independente com poderes, o objetivo do governo era manter o controle e evitar a emergência de um organismo profissional potencialmente forte ou um organismo potencialmente poderoso que pudesse ser dominado e politizado pelo PTU [Sindicato dos Professores/Professoras Profissionais]. [...] Sob muitos aspectos, as questões e tensões centrais eram muito semelhantes àquelas que se verificaram noutros países, pois os governos e o pessoal docente competem pelo exercício do controle sobre a profissão. Como comenta Ingvarson (2000), referindo-se à experiência australiana, os governos não renunciam facilmente ou voluntariamente ao controle. (MORRIS, 2008, p. 125)

A autorregulação profissional também não faz parte da agenda reivindicativa dos sindicatos docentes, em geral. É um reflexo de defesa, por infundado receio de concorrência, que pode utilizar argumentos como estes:

- A profissão docente é uma das profissões mais reguladas e já tem normas de competência e de conduta.
- É exercida num contexto de grande exposição pública, que também tem um efeito autocontrolador.
- Professoras/professores participam na regulação da profissão através da sua presença em órgãos e comissões oficiais.
- É possível apresentar queixas contra professoras/professores por alegada infração de deveres profissionais.
- Os sindicatos também organizam programas de formação contínua, praticando um "sindicalismo profissional".
- Um organismo de autorregulação é mais uma instância de controle e pode ser uma correia de transmissão governamental.

- Um organismo de autorregulação é supérfluo, perturbador, indesejável e tem custos financeiros acrescidos.

Da parte das professoras e dos professores, há geralmente uma inércia e acomodação à condição de meros funcionários, que refletem um sedentarismo de *profissionários*: mais funcionários do que profissionais, *funcionários curriculares* (*passadores* de um currículo escolar). É uma atitude propícia a reações defensivas perante mudanças cujos benefícios têm o seu preço.[14]

Se há indiferença de professoras/professores e resistência de suas organizações profissionais, a eventual abertura e vontade políticas de um governo podem não bastar.

Comparada com as principais profissões autorreguladas, é um fato que a profissão docente tem um conjunto de características que não são favoráveis à sua autorregulação, que incluem as seguintes:

- O seu objeto é difuso: a educação tem uma finalidade muito ampla — a formação da personalidade — e múltiplas dimensões, cujos fatores não são todos controlados, longe disso, pela profissão.[15]

- Tem uma "profissionalidade aberta" (*open professionality*), na medida em que o seu objeto não é de natureza apenas cientí-

---

14. Kelly observa: "Estreitando ainda mais a focalização, a resistência aos esforços de profissionalização pode encontrar-se mesmo entre aqueles que dela beneficiam, os próprios professores/professoras. [...] Como resultado, o pessoal docente, em vez de ajudar, pode tornar-se cínico sobre a reforma educativa em geral" (KELLY, 1995).

15. Comenta Hoyle:

Os professores/professoras são incumbidos do desenvolvimento da "criança no seu todo" mas, embora as abordagens holísticas estejam a ser cada vez mais adotadas em medicina, continuam a ser marginais e a especialização ainda é a fonte dominante de prestígio. [...] Na França (Broadfoot and Osborn, 1998) e na Alemanha (BROOKS-REED, 1999), há uma percepção muito mais estreita do que na Inglaterra do papel do professor, tanto em nível primário como secundário. Argumenta-se tradicionalmente que isso faz com que a docência nesses países seja vista como tendo um "estatuto" superior — na acepção genérica do termo — do que na Inglaterra. (HOYLE, 2001, p. 141)

O mesmo argumento vale sobretudo para os professores/professoras do ensino superior, cuja docência se distingue pela especialização, como refere também Hoyle (p. 143).

fico-técnica, pois inclui uma dimensão moral e política que não é do exclusivo foro de competência dos seus profissionais.[16]

- O seu conteúdo funcional é diversificado porque, além da instrução, as professoras e professores veem-se obrigados a desempenhar outras tarefas e a responder a outras necessidades dos educandos, ainda que não estejam preparados para isso.[17]

---

16. A expressão "profissionalidade aberta" (*open professionality*) foi utilizada por Sayer no documento intitulado *The General Teaching Council Proposals* (1990):

> O conceito de profissionalidade aberta subjacente a estas propostas constitui uma nova forma de partenariado, uma via entre os extremos do cartel profissional [...] e a noção de que a educação é demasiado importante para ser deixada às professoras e professores. [...]
> O controle social sobre as profissões é enfatizado num tempo em que as profissões parecem ser menos rigorosas na sua proteção do interesse público; o Estado é apresentado como tendo a função de proteger o incauto cliente da exploração ou negligência. Quanto mais fechada uma profissão se tornou, mais necessário é que a intervenção possa acontecer. Por outro lado, aquilo a que se pode chamar profissionalidade aberta reconhecerá o contexto em que especiais competências são exercidas e introduzirá no organismo de autorregulação aqueles serviços correlacionados e interesses do cliente que assim poderão ser protegidos de dentro, no caso das professoras e dos professores como coeducadores (SAYER, 2000, p. 44, 160).

A este respeito, Whitty utiliza o conceito de "profissionalismo democrático":

> Em minha opinião, as profissões devem acolher o genuíno envolvimento de partes interessadas e a democratização do profissionalismo deve ser adotada como uma alternativa tanto ao tradicional projeto profissional como ao projeto profissional gestionário atualmente promovido pelos governos. Um profissionalismo democrático procuraria desmistificar o trabalho profissional e criar alianças entre os professores/professoras e outros membros do pessoal escolar, tais como os assistentes de ensino e partes interessadas externas, incluindo os estudantes, os pais e membros da comunidade mais ampla (WHITTY, 2006).

O mesmo conceito é utilizado por Albert Dzur (cit. in MARKS, 2009, p. 60).

17. Como se lê no documento do NBPTS *Supporting Statement,* as professoras e professores "defrontam-se diariamente com a condição humana em toda a sua variedade, esplendor e miséria". O estudo australiano *Perceptions of Teachers and Teaching* concluiu:

> Não há um consenso claro entre os participantes sobre a natureza essencial do trabalho docente, o que tem como resultado um conjunto de expectativas ambíguas e potencialmente contraditórias e a possibilidade de as professoras e professores serem sempre vistos como não inteiramente eficazes. [...]
> Um bom ponto de partida é debater qual é realmente a função essencial do professor/professora. (KANE; MALLON, 2006, Executive Summary). Disponível em: <www.nbpts.org/UserFiles/File/what_teachers.pdf>.

- É muito heterogênea, dada a diversidade de formações acadêmicas dos seus membros e os seus diferentes níveis de exercício no sistema educativo, com efeitos de clivagem intraprofissional.
- A sua base de saberes (*knowledge base*) não está tão bem identificada nem é tão indiscutivelmente especializada como as de profissões cujos saberes têm outra natureza epistêmica.[18]
- O seu exercício tem uma típica dimensão coletiva: as professoras e professores trabalham principalmente em grupo com turmas de crianças, adolescentes ou jovens, e também entre si próprios;[19]
- É exercida principalmente em regime assalariado (público ou privado), tendo as professores e professores uma margem de juízo, decisão e responsabilidade menor que a de profissões com formação e relevância análogas.
- Não se considera que a sua prática envolva riscos que justifiquem uma especial proteção dos seus destinatários, nomeadamente através de uma Deontologia própria e com força de lei.

---

18. Debilidade que predispõe as professoras e os professores para "irem atrás da última moda" (REAGAN, 2010, p. 70) e para um tipo de discurso pretensioso. Segundo Peggy Placier: "Em 1975, quando o sociólogo Dan Lortie publicou o livro *Schoolteacher*, observou que os(as) professores/professoras não utilizavam termos estranhos ao público em geral. A partir daí, a crer nos críticos, os educadores passaram a utilizar na sua linguagem quotidiana um estilo pedante cheio de jargão" (PLACIER, 2008). É aquilo a que se chama pejorativamente *eduquês*, neologismo provavelmente importado do inglês (*educationese*). Cada profissão tem o seu jargão (em língua inglesa, o *legalese* ou o *medicalese*, por exemplo), que pode ser reflexo e manifestação do seu grau de especialização. Na educação, todavia, dada a sua controversa base de saberes específicos, é realmente maior a tentação de procurar efeitos exteriores de cientificidade através de um discurso oracular, espumoso, inócuo...

19. O *Conseil Supérieur de l'Éducation* do Quebec refere-se também a um "profissionalismo coletivo":

> O conceito de "profissionalismo coletivo" abrange, nomeadamente, as dimensões que se seguem: colegialidade e responsabilidade coletiva pelo sucesso educativo; concertação institucional; aperfeiçoamento e apoio mútuos entre pares, contribuindo para a constituição de uma identidade profissional; ética de serviço público por um compromisso ao serviço da qualidade e do sucesso e, visto que a educação se define como um serviço público, participação dos membros do pessoal docente no debate público. (CONSEIL SUPÉRIEUR DE L'ÉDUCATION, 2004, p. 19)

- A sua relação profissional não é propriamente livre, na medida em que a frequência da escola é obrigatória e, em todo o caso, geralmente os(as) alunos(as) não podem escolher as suas professoras ou professores, e vice-versa.
- Os seus diretos destinatários são geralmente "menores" e, de um modo geral, não estão muito interessados nos serviços da profissão, fato que não contribui para o seu prestígio.
- A identificação dos seus clientes principais — e das correspondentes responsabilidades profissionais — é ambígua: São os(as) alunos(as)? As mães e pais? O Estado?
- As professoras e os professores não podem criar aquela distância que é um fator de estatuto de outras profissões, dado que o seu profissionalismo tem uma singular dimensão de empatia e cuidado.
- A tradicional predominância de mulheres na profissão é também apontada como desfavorável, embora se possa perguntar se é a presença das mulheres que é um fator de menor estatuto social, ou o contrário.
- É uma profissão frequentemente de portas escancaradas, acessível a quem não tem uma formação mínima ou específica para exercê-la, acessibilidade que é um dos fatores mais corrosivos da sua profissionalidade.[20]

Um exemplo da difícil relação entre autorregulação e sindicalismo é o que acontece na Colúmbia Britânica (Canadá).

---

20. Em muitos casos, são "professores pés descalços" (*barefoot teachers*), isto é, sem preparação mínima (VILLEGAS-REIMERS, 2003, p. 19). A este respeito, lê-se no mencionado relatório da UNESCO de 1998:

> O fato de a sociedade ainda estar disposta a aceitar que possam ser empregados como professores/professoras pessoas que não receberam qualquer preparação específica para o seu trabalho é significativo da dificuldade que têm professoras e professores em fazer ouvir as suas reivindicações. Provavelmente, nenhum outro aspecto das políticas de emprego de professoras e professores fez tanto para retardar o progresso do reconhecimento da docência como profissão. (UNESCO, 1998, p. 46)

Não tendo podido impedir a criação do BCCT, a *British Columbia Teachers' Federation* (BCTF), como vimos, mudou de estratégia e decidiu atacá-lo por dentro, procurando neutralizá-lo através do apoio à eleição de candidatos seus associados (*endorsed candidates*). Criou mesmo um *College Advisory Council* (CAC) para servir de correia de transmissão das suas orientações, através de reuniões com os membros do BCCT seus associados, que precediam as reuniões deste. Conseguiu, assim, em grande medida, controlá-lo de um modo que se tornou insustentável e obrigou o governo a intervir.

Em 2003, um governo saído das eleições de 2001, com um radical programa neoliberal, dissolveu o BCCT, substituindo-o por outro formado por vinte membros nomeados, representando vários setores da educação. A BCTF reagiu violentamente e organizou um boicote ao novo organismo. Este desenvolveu uma intensa atividade, tendo adotado, nomeadamente, novas normas de conduta profissional, mas a hostilidade da BCTF não lhe dava perspectivas de um funcionamento normal. Por isso, em 2004, o governo promoveu a eleição de outro organismo, mas com menos representantes do pessoal docente (passaram de quinze a doze). A BCTF retomou a sua estratégia de captura do BCCT e procurou, designadamente, anular as medidas reformadoras tomadas pelo organismo provisório. As *Standards for the Education, Competence and Professional Conduct of Educators in British Columbia*, adotadas em fevereiro de 2008 para substituir aquelas que tinham sido aprovadas em 2004 pelo organismo provisório, foram consideradas um retrocesso. O funcionamento e credibilidade do BCCT entraram num declive de degradação.

Em dezembro de 2009, um relatório do seu *Governance Committee* apresentava várias propostas para torná-lo um organismo verdadeiramente independente, designadamente em relação à influência que nele tinha a BCTF. Os membros do BCCT afetos à BCTF manobraram para impedir a sua votação. Por isso, em abril de 2010, onze dos seus vinte membros, incluindo o presidente e vice-presidente, escreveram uma carta à ministra da Educação pedindo a sua intervenção, pedido que tinha o apoio de várias organizações representativas de outros interesses no campo da educação. Sugeriam que fosse designada uma personalidade independente para avaliar o modo como o BCCT tem desempenhado o seu mandato e fazer recomendações. Em sua opinião, é a captura do BCCT pela BCTF que paralisa o seu harmonioso e eficaz funcionamento de acordo com o seu mandato. O confronto exacerbou-se com a publicação de um texto do presidente do BCCT no *Vancouver Sun* fazendo graves acusações à BCTF.

Correspondendo à sugestão feita, a ministra designou um inquiridor (*Fact Finder*), ema 18 de maio de 2010, para averiguar o modo como o BCCT tem desempenhado o seu mandato público. O inquiridor (J. Donald Avison) entregou o seu relatório em outubro, intitulado *A College Divided: Report of the Fact Finder on the BC College of Teachers*.[21] Nele se lê: "*Os dados disponíveis fundamentam a sólida conclusão de que, quando o College of Teachers foi criado em 1987 e, de novo, quando voltou a ser eleito em 2004, a BC Teachers' Federation* procurou controlá-lo e limitar a sua autoridade" (p. 14). No dizer de um conselheiro inquirido, as reuniões promovidas pelo CAC tinham, por vezes, uma "natureza intimidatória" (p. 19). Outro conselheiro inquirido disse mesmo que, a partir de 2004, o BCCT se tinha tornado "um pouco uma zona de guerra" (p. 15). Embora os representantes da BCTF ouvidos pelo inquiridor tenham rebatido todas as acusações, afirmando que ela aceitava e valorizava o papel do BCCT e considerando que a atual crise tinha sido provocada pelas iniciativas dos seus presidente e vice-presidente, os testemunhos dos representantes de outros grupos ouvidos "confirmaram exatamente o contrário" (p. 20). Algumas das posições da BCTF relativamente ao BCCT confirmam também que ela não aceita a integridade do seu mandato e revelam uma incapacidade para distinguir entre os interesses dos seus membros e o interesse público. O inquiridor concluiu, nomeadamente:

1. O *BC College of Teachers* não é visto, atualmente, como uma entidade independente e credível. [...]

---

21. Disponível em: <www.bcct.ca/documents/AboutUs/Council/public_report_avison_gov.pdf>.

2. Há provas significativas de que a *BC Teachers' Federation* se tem ingerido e continua a ingerir-se na capacidade do *BC College of Teachers* para ser propriamente olhado como uma entidade independente e responsável pela autorregulação da profissão docente. [...]
[...]
6. O *Council* perdeu a confiança de muitos no seio da comunidade educacional mais ampla e a probabilidade de que esse prejuízo possa ser reparado é baixa. Como consequência disso, é necessário agir para reestruturar substancialmente a entidade, para substituí-la por inteiro ou para fazer voltar a função reguladora à jurisdição do governo provincial. (p. 32)

O inquiridor terminava com algumas sugestões. A mais improvável era esperar que o BCCT, tal como era, se pudesse regenerar. Outra era reconfigurá-lo ou substituí-lo por um *Teacher Certification Board* com poderes e funções semelhantes, mas com uma composição mais reduzida e que não permitisse que algum grupo estivesse em maioria. Se tivesse quinze membros, que sete fossem eleitos ou nomeados e que houvesse membros com experiência no domínio da regulação profissional. Outra hipótese era que todos os seus membros fossem nomeados, com base no mérito e diversidade de competências. A mais radical era acabar com o BCCT, sendo as suas funções reassumidas pelo poder público.

A revista oficial do BCCT da primavera de 2011 alertava na sua capa: *Our professional status at stake*. O registrador (Kit Krieger) começava *A letter from the Registrar* com esta pergunta:

A docência é uma profissão? Na BC [British Columbia] sim — por agora. Às vocações que alcançam o estatuto de profissão é atribuído, através de legislação governamental, o privilégio e a responsabilidade de regular a sua prática. O quadro regulatório confere à profissão autoridade para adotar normas e determinar quem pode obter autorização para o seu exercício.
[...]
Todavia, para serem verdadeiramente reconhecidos como profissionais pelo público, os membros de uma profissão têm de exercer o seu poder regulador eficazmente, garantindo que são cumpridas normas rigorosas

para ser admitido(a) nas fileiras da profissão, que os seus membros se mantêm atualizados e respeitam as normas, e que os membros que falham no seu respeito são excluídos do seu exercício. Acima de tudo, a profissão tem de demonstrar ao público, com sucesso, que o seu organismo de regulação coloca o interesse do público à frente dos interesses dos próprios membros da profissão.[22]

O processo acabou com a substituição do BCCT pelo *British Columbia Teachers' Council* (BCTC), que é um órgão (*Branch*) do Ministério da Educação responsável pela formação, certificação, competência e conduta de professoras e professores.[23] Foi criado pelo *Teachers Act* (e já não *Teaching Profession Act*), que entrou em vigor em 9 de janeiro de 2012.[24] Além do BCTC, há um comissário, um diretor de Certificação e uma Comissão de Disciplina e Conduta Profissional. Esta é formada por nove membros do BCTC, quatro dos quais são representantes da profissão. Os painéis de exame de queixas são formados por três membros, mas só um deles pode ser professor ou professora. O exame das queixas é, em geral, aberto ao público.

O BCTC é formado por:

- 3 professores/professoras nomeados pela BCTF,
- 5 professores/professoras em exercício eleitos pelas regiões da Província,
- 7 nomeados pelo ministro sob proposta de várias entidades com interesses legítimos no campo da educação, incluindo associações de diretores, de escolas e de pais,
- um membro nomeado pelo ministro.

Todos os seus membros fazem um juramento formal.[25]

---

22. Disponível em: <www.bcct.ca/documents/TC/TCMagazine_Current.pdf>.
23. Disponível em: <www.bcteacherregulation.ca/AboutUs/Council.aspx>.
24. Disponível em: <www.bclaws.ca/EPLibraries/bclaws_new/document/ID/freeside/00_11019_01>.
25. Disponível em: <www.bclaws.ca/EPLibraries/bclaws_new/document/ID/freeside/239_2011>.

As duas funções principais do BCTC são a adoção de Normas para a formação profissional e Normas de competência e de conduta.

Em síntese, se o BCTC ainda tem uma composição maioritariamente profissional, já não é um organismo independente, e os seus poderes e funções são menores que os do BCCT. Esta solução teve em vista restaurar a confiança pública na capacidade do novo organismo para agir segundo o princípio do primado do interesse público, que tinha sido gravemente comprometido pela influência da BCTF, para a qual não havia diferença entre os interesses sindicais dos professores e professoras e o interesse público. Esta confusão fez com que, apesar de terem sido apresentadas 270 queixas ao BCCT, desde 2003, nenhuma resultou em qualquer sanção. O Relatório Avison citava três exemplos de casos graves que não tinham resultado em suspensão do exercício da profissão: abuso sexual de estudantes, tráfico de droga e falsificação de documentos.

O BCTC suscita à BCTF as seguintes objeções principais:

- Diminuíram as garantias processuais dos professores e professoras em matéria disciplinar, nomeadamente porque as decisões do comissário e dos painéis de exame das queixas são definitivas, deixando de haver direito de recurso para um Tribunal (com poucas exceções).
- As audições disciplinares são públicas, em regra.
- Continua a ser obrigatório o pagamento de uma quota anual que é automaticamente deduzida do vencimento.

Em suma: O que é que ganhou a BCTF com a abolição do BCCT? E a profissão docente?

Outro caso de resistência sindical à criação de um organismo de autorregulação da profissão docente é o do Quebec (Canadá).

No Quebec, há 46 organismos de autorregulação profissional. O *Conseil pédagogique interdisciplinaire du Québec* (CPIQ), que representa cerca de 14 mil professores e professoras, da educação pré-escolar ao ensino superior, membros de 26 associações profissionais, requereu ao *Office des professions du Québec* (OPQ), em 1997, a criação de uma *Ordre professionnel des enseignantes et enseignants du Québec*. Nessa altura, um inquérito revelou que cerca de oito em dez professoras e professores eram favoráveis à iniciativa.

Em dezembro de 2002, depois de uma ampla consulta, o OPQ publicou o *Avis de l'Office des professions du Québec sur l'opportunité de constituer un ordre professionnel des enseignantes et des enseignants*.[26] Apesar de concluir que a profissão docente corresponde aos critérios de reconhecimento de uma profissão estabelecidos no *Code des Professions*, o OPQ não considerou "oportuno recomendar a criação de uma Ordem dos Professores e Professoras", porque "não parece necessária e é rejeitada por uma maioria" de profissionais. Em sua opinião, é "mais pertinente fazer ajustamentos nos dispositivos existentes" (p. 6).

Em setembro de 2004, na sequência de um pedido do Ministério da Educação que tinha sido formalizado em novembro de 2002, o *Conseil Supérieur de l'Éducation* (CSE) publicou *Un nouveau souffle pour la profession enseignante — Avis au Ministre de l'Éducation*, onde concluía:

> O Conselho julga que a literatura sobre a profissionalização é clara sobre o fato de que o pessoal docente dificilmente pode reivindicar o estatuto de profissional, se não participa na determinação dos diferentes aspectos da sua própria profissão [...].
> Num Parecer publicado em 1984 [...] o Conselho era de opinião que a via sindical era necessária e podia contribuir para a melhoria da qualidade dos serviços oferecidos aos alunos, mas que, para além disso, era limitada quando se tratava de intervir, num quadro disciplinar, junto dos membros, isto é, na vigilância do exercício da profissão.
> Em 1984, o Conselho era, pois, de opinião que um organismo que se assemelhe a uma Ordem permitiria constituir um fundamento para a confiança do público [...].

---

26. Disponível em: <www.opq.gouv.qc.ca/fileadmin/documents/Publications/Avis/Avis-enseignants.pdf>.

Além disso, o Conselho considerava que um tal organismo não devia ser composto unicamente por professores e professoras, dada a natureza de bem público da educação [...].

O Conselho julga, assim, que é necessário um *empowerment* progressivo do pessoal docente quanto à gestão da sua profissão [...]. (CONSEIL SUPÉRIEUR DE L'ÉDUCATION, 2004, p. 71-72)

O CPIQ propôs aos sindicatos a preparação conjunta do respectivo projeto, mas a *Fédération des syndicats de l'enseignement* (FSE) e a *Centrale des syndicats du Québec* (CSQ), formada por 14 federações, desencadearam uma dura campanha contra ele,[27] conseguindo que, em 2004, 94,7% dos seus membros, consultados num referendo, se pronunciassem contra a ideia. Além disso, organizou uma petição contra o projeto que recolheu 40 mil assinaturas e foi entregue na Assembleia Nacional. O projeto abortou, até à data (v. MONTEIRO, 2005, p. 55-70; TARDIF e GAUTHIER, 1999).

Em 2011, a nova *Coalition avenir Québec* incluiu no seu programa a criação de uma ordem para a profissão docente (Compromisso 23), se vier a ser governo.[28]

Apesar das mencionadas características, comparativamente desfavoráveis à sua autorregulação, a profissão docente tem outras equiparáveis às principais profissões autorreguladas, ou que a distinguem vantajosamente, designadamente as seguintes:

- Possui saberes teóricos e práticos específicos cuja aquisição requer uma formação que deve ser relativamente longa.
- A sua autonomia, embora seja menor que a de outras profissões análogas, é significativa e pode ser maior.

---

27. Foi "uma campanha de medo e de propaganda", como se lia num artigo publicado pelo jornal *Le Devoir* na sua edição do primeiro fim de semana de outubro de 2004. Disponível em: <www.ledevoir.com/2004/10/02/65112.html>. Acesso em: jul. 2009. Entretanto, quando o ministro da Educação do novo governo do Partido Liberal anunciou a intenção de apresentar um anteprojeto de criação da ordem, na primavera de 2004, como constava do seu programa eleitoral, a FSE qualificou-a como uma *declaração de guerra*...

28. Disponível em: <http://coalitionavenirquebec.org/wp-content/uploads/2012/07/Plateforme-20124.pdf>.

- O seu objeto — a educação — é um direito humano e um bem público reconhecidamente prioritários.[29]
- A educação é, talvez, a atividade humana mais complexa e difícil, como se lê, com recorrência, na história do pensamento pedagógico.[30]
- A relação pedagógica é uma das mais assimétricas relações profissionais, sobretudo quando se trata da educação de crianças.[31]
- A profissão presta o mais universal dos serviços, na medida em que a frequência da escola é obrigatória.
- Os erros e as deficiências profissionais podem causar prejuízos sérios aos educandos e a toda a sociedade, ainda que não sejam imediatamente visíveis e sancionáveis.[32]

---

29. O primado da educação foi evocado, repetidas vezes, durante os *travaux préparatoires* (elaboração) das principais disposições jurídicas internacionais relativas ao direito à educação. É reconhecido pelo Direito Internacional dos Direitos Humanos, sua jurisprudência e doutrina. Franciszek Przetacznik, por exemplo, escreveu:

> Entre os direitos humanos, o direito à educação é o mais importante, com a única exceção do direito à vida, fonte de todos os direitos humanos. O direito à educação é uma condição prévia ao verdadeiro gozo de quase todos os direitos humanos por uma pessoa individual. Este direito é uma pedra angular de todos os direitos humanos, pois se uma pessoa não é corretamente educada, é incapaz de gozar verdadeiramente os outros direitos humanos. Em consequência, a realização do direito à educação é a tarefa mais elevada que se impõe, tanto a cada indivíduo como ao Estado em que esse indivíduo vive. (PRZETACZNIK, 1985, p. 257)

30. Freud incluiu a educação nos três *ofícios impossíveis* (*Die endliche und die unendliche Analyse*, 1937): educar (*Erziehen*), governar (*Regieren*) e analisar (*Analysieren*).

31. A relação profissional é sempre assimétrica, por definição. As mais assimétricas são provavelmente a relação médica e a relação pedagógica: tanto a pessoa doente como o educando, principalmente as crianças, estão numa situação de particular vulnerabilidade e dependência dos médicos/médicas e dos educadores/educadoras, geralmente não escolhidos por si. Mas se um imperativo deontológico da profissão médica é respeitar a autonomia de cada paciente, na profissão docente é a própria aprendizagem da autonomia que está em jogo.

32. Lê-se num *Avis* adotado em maio de 2010 pelo *Conseil Supérieur de l'Éducation* do Quebec: "Nesta matéria, os prejuízos ou danos a que estão expostos os alunos são reais, ainda que sejam difíceis de provar, nomeadamente quando se trata do desenvolvimento intelectual e afetivo de um aluno". E citava outro documento seu em que afirmava: "O risco do prejuízo quanto ao desenvolvimento intelectual e psicológico no meio escolar atinge individualmente o jovem. Mas os danos podem ser mais amplos, porque podem afetar pais, uma coletividade ou a sociedade em geral". (CONSEIL SUPÉRIEUR DE L'ÉDUCATION, 2010, p. 15)

Desta comparação pode-se concluir que a exigência, a ressonância e a responsabilidade da profissão docente não são globalmente inferiores às das principais profissões autorreguladas, e são até superiores, sob certos aspectos. Por isso, o *Office des Professions* e o *Conseil Supérieur de l'Éducation* do Quebec reconheceram, como vimos, a legitimidade da sua aspiração ao estatuto de autorregulação.

De resto, a autorregulação da profissão docente está em consonância com a lógica da autonomia da escola, sendo um fator de responsabilização da profissão e de melhoria da qualidade da educação.

4.3 Benefícios

Os argumentos e benefícios da autorregulação da profissão docente poderão ser resumidos nas seguintes proposições:

1. A profissão docente é uma grande profissão, mas não tem uma grande profissionalidade

Como sublinha David Carr, "pode-se argumentar que a medicina, a advocacia e a educação são os *big three* baluartes contra as contemporâneas pragas humanas da pestilência, da injustiça e da ignorância" (CARR, 2000, p. 45). A profissão docente é uma das mais valorizadas socialmente, como revelam os inquéritos de opinião, em que ela aparece quase sempre no topo da hierarquia das profissões.[33]

---

33. Por exemplo, o *Conseil Supérieur de l'Éducation* do Quebec concluiu:

> De acordo com as sondagens consultadas, a sociedade quebequense tem confiança no pessoal docente. Considera que os(as) professores/professoras exercem uma grande influência na aprendizagem dos alunos. No entanto, os(as) professores/professoras não se sentem reconhecidos no seu justo valor; sentem-se desvalorizados pela sociedade e têm a impressão de participar pouco nas decisões relativas à educação. Globalmente, sentem-se severamente julgados e criticados. (CONSEIL SUPÉRIEUR DE L'ÉDUCATION, 2004, p. 39)

É uma profissão diferente, deve assumir as suas diferenças e cultivar toda a sua diferença.

Há duas abordagens sociológicas principais da identidade profissional, como se disse: abordagem-atributos e abordagem-diferença. Avaliada segundo o modelo-atributos, a profissão docente não preenche as condições para ser reconhecida como uma "verdadeira" profissão. É uma comunidade epistêmica,[34] ou seja, uma ocupação profissional que possui e aplica saberes específicos, e muito pode ainda progredir, mas nunca terá as certezas nem poderá garantir a eficácia que estão ao alcance de outras profissões com outras bases epistemo-

---

No Reino Unido, um inquérito do MORI Social Research Institute, em 2002, constatava que "os próprios professores/professoras subestimam significativamente o respeito em que são tidos". Com efeito:

68% (de uma amostra de 70 mil) considerou que o público, em geral, os respeita pouco ou nada, 55% considerou também que o governo os respeita pouco ou nada, e 49% considerou o mesmo relativamente aos pais. É também particularmente surpreendente que 86% dos professores/professoras tenham considerado que os media os respeitam pouco ou nada. [...]
Se dúvidas houvesse, o inquérito do GTC de 2002 tornou claramente patente o baixo moral das professoras e dos professores. (HARGREAVES et al., 2007, p. 27, 30)

A mesma constatação tinha sido feita pelo relatório do Parlamento australiano de 1998. Também segundo o referido estudo-inquérito neozelandês intitulado Perceptions of the Status of Teachers: "Embora carecendo de estatuto, a docência não deixa de ser uma carreira altamente considerada, com a grande maioria das pessoas a concordar que é respeitada, importante e honorável" (HALL; LANGTON, 2006, Executive Summary). O relatório Educating a profession observava: "A confiança da sociedade na profissão docente é paradoxalmente elevada e baixa, ao mesmo tempo" (BICENTENNIAL COMMISSION ON EDUCATION FOR THE PROFESSION OF TEACHING, 1976, p. 12). E o Relatório Tomorrow's Teachers: "Paradoxalmente, as professoras e professores são alvo das maiores críticas, mas apontados como a melhor esperança para a reforma" (THE HOLMES GROUP, 1986, p. 3).

O estudo Perceptions of Teachers and Teaching observa igualmente: "Os resultados deste estudo confirmam os de outros estudos internacionais que mostram que as professoras e os professores julgam que as outras pessoas pensam pior deles do que realmente acontece". (KANE; MALLON, 2006, Executive Summary, 157) V. também OECD (2005, p. 81-83).

34. "Geralmente, a noção de comunidade epistêmica (EC) refere-se a instâncias de socialidade [socialities] tais como as disciplinas, as profissões ou outras espécies de grupos de especialistas, promovendo um modo particular de produção e uso do conhecimento. [...] Basicamente, a noção de comunidade epistêmica refere-se ao modo como grupos de especialistas lidam e operam com o conhecimento", tendo alguma analogia com a definição sociológica de paradigma de Thomas Kuhn (LINDKVIST, 2007).

lógicas. Não precisa, contudo, de macaqueá-las para densificar o seu conteúdo identitário.[35] Pelo contrário, o que mais lhe falta é assumir e cultivar a plenitude da sua diferença. Lê-se numa publicação da INTO (Irlanda):

> Em particular, têm de forjar um profissionalismo distintivamente apropriado aos valores básicos do seu trabalho, que envolve a promoção de uma preocupação de cuidado pela criança como cliente, resistindo à interferência externa na relação aluno-professor/professora, criando confiança no sistema educativo e na competência dos professores e professoras para prestar um serviço de educação de grande qualidade. [...] Os professores têm de, com razão, impor o seu próprio projeto de profissionalismo, um profissionalismo que implica assumir um maior controle ocupacional e uma acrescida responsabilidade profissional em nível escolar e nacional. Implica também construir um novo sentido de idealismo na função docente que encoraja e apoia todo o esforço de enobrecimento da arte docente. (IRISH NATIONAL TEACHERS' ORGANIZATION, 1992, p. 36)

É pela abordagem-diferença que a profissão docente deve procurar e cultivar a plenitude da sua identidade. Na verdade, pode ser considerada como a mais universal, a mais fundamental, a mais moral e a mais pessoal das profissões:

— A *mais universal*, na medida em que a educação escolar é de frequência obrigatória e as professoras e professores são, talvez, os profissionais que mais tempo passam em relação direta com os seus "clientes": várias horas por dia, cinco dias por semana, cerca de quarenta semanas por ano, durante cada vez mais anos.

— A *mais fundamental*, na medida em que a maior parte das profissões são aprendidas com professoras e professores.[36]

---

35. Como disse Einstein, "uma borboleta não é uma toupeira, mas nenhuma borboleta o deve lamentar" (cit. in LOCHAK, 1982, p. 25-26).

36. O *Teachers Handbook* do TRCN (Nigéria) afirma: "A docência é uma das mais antigas profissões do mundo. Na verdade, ela é a mãe de todas as profissões, porque aqueles que

— *A mais moral* ou ética na medida em que é verdadeiramente uma profissão do ser humano, com efeitos de vida ou de morte,[37] pois nela estão em jogo, não apenas aprendizagens instrumentais, mas a própria personalidade e, nomeadamente, a formação da consciência moral das crianças, adolescentes e jovens.[38]

---

exercem outras profissões foram ensinados pelo professor/professora". Disponível em: <www.trcn.gov.ng>.

O *Conseil Supérieur de l'Éducation* do Quebec, no seu relatório de 1991, citava um relatório francês em que a profissão docente era qualificada como "o primeiro dos ofícios". (CONSEIL SUPÉRIEUR DE L'ÉDUCATION, 1991, p. 13)

37. "O educador é um profissional especializado no ser humano" (TARDIF et al., 1999, p. 8). O Relatório *Education a profession* afirmava: *"A docência é definitivamente uma questão de vida ou de morte"*. E explicava:

A questão tem de ser a de saber o que é a vida e o que é a morte. Os médicos, os advogados e as(os) professoras/professores todos lidam com áreas críticas da existência humana. A tragédia é a maior parte das pessoas não reconhecerem a natureza de vida e de morte da docência. [...]
Os médicos e os advogados não têm provavelmente nem mais nem menos a ver com a vida, a morte e a liberdade do que as professoras e os professores. [...]
O que de mais importante acontece aos alunos é o desenvolvimento do autoconceito ou autoimagem. [...] *A capacidade para fazer isso bem* [elevar o seu nível de confiança e de expectativas] *é talvez o mais importante atributo profissional do professor*. (BICENTENNIAL COMMISSION ON EDUCATION FOR THE PROFESSION OF TEACHING, 1976, p. 15, 36)

Em 1933, dizia John Bell, conceituado professor inglês:

[...] atualmente, qualquer pessoa pode entrar na profissão, sem possuir qualquer espécie de qualificação. Um médico sem qualificações poderia fazer muito mal aos seus pacientes, mas um professor sem qualificações pode causar danos muito mais sérios à saúde mental e moral dos seus alunos. (cit. in Willis, 2005, p. 104)

38. Cada vez mais as professoras e os professores estão *in loco parentis* (no lugar dos pais). "As professoras e os professores têm mais influência nos alunos de cinco, seis ou sete anos do que os seus pais ou mães, porque passam mais tempo na escola do que com os pais que estão fora a trabalhar" — como foi observado no Parlamento irlandês durante os debates sobre a proposta de lei para a criação do *Teaching Council*. Disponível em: <www.oireachtas.ie/viewdoc.asp?fn=/documents/bills28/bills/2000/1600/default.htm>.

No entanto:

Em circunstâncias em que a ênfase se desloca das necessidades individuais do aluno para as exigências do sistema, o(a) professor/professora sente-se moralmente obrigado a proteger a criança contra as ambições desmedidas dos pais ou as pressões do Estado. Isto

— *A mais pessoal* na medida em que o seu profissionalismo não é apenas uma questão de saberes, mas fundamentalmente do ser humano que o professor ou a professora é.

A profissão docente é única, ainda, por outros motivos: é também a mais democrática, a mais paradoxal e a mais impossível das profissões:

— *A mais democrática* porque não consiste apenas em aplicar saberes, mas sobretudo em partilhar o que sabe, através das aprendizagens que consegue suscitar.[39]

— *A mais paradoxal* porque tem como sentido conseguir deixar de ser necessária, quando os discípulos já não precisam e até podem superar os mestres.[40]

— *A mais impossível* porque o seu êxito depende, muito mais do que em qualquer outra profissão, da atitude dos seus principais "clientes", isto é, da liberdade e vontade de crianças, adolescentes ou jovens, que nem sempre são os principais interessados nas aprendizagens escolares.[41]

é o coração do profissionalismo docente, em que a confiança [*fiduciary trust*] se torna o mais importante. A confiança, que se demonstra colocando os interesses dos outros acima dos próprios interesses dos(as) professores/professoras, estende-se, para além da competência técnica, à dimensão moral da interação entre aluno e professor/professora. Qualquer interferência nessa relação cria tensões que originam invitavelmente conflito, porque os professores e as professoras sentem-se moralmente obrigados, de um ponto de vista profissional, a proteger os interesses da criança. (IRISH NATIONAL TEACHERS' ORGANIZATION, 1992, p. 16)

39. Como se lê no referido *Supporting Statement* do NBPTS: "Neste aspecto, o ensino é a mais democrática das profissões. Tem em vista pôr nas mãos, na cabeça e nos corações dos estudantes os meios para que se ensinem a si próprios". Disponível em: <www.nbpts.org/UserFiles/File/what_teachers.pdf>.

40. O *Supporting Statement* afirma também: "As professoras e os professores utilizam o seu conhecimento e competências com os estudantes, mas também procuram torná-los capazes de continuar a busca da compreensão, de modo que, um dia, o aprendiz possa superar o mestre". Disponível em: <www.nbpts.org/UserFiles/File/what_teachers.pdf>.

41. A *National Commission on Excellence in Education*, dirigindo-se diretamente aos estudantes na parte final do relatório *A Nation at Risk* (1983), dizia-lhes: "Mesmo com o melhor exemplo dos vossos pais e com os melhores esforços dos vossos professores/professoras, é o *vosso* trabalho que, em última análise, determina quanto e quão bem aprendeis".

A profissão docente distingue-se, portanto, pela sua intensidade relacional, densidade contextual, ressonância moral, complexidade funcional, exigindo grande maturidade, reflexividade e capacidade de espontaneidade profissional, um pedagógico *Fingerspitzengefühl* (um sexto sentido ou intuição profissional).[42]

Contudo, os professores e professoras não são, em geral, mais do que uma categoria de funcionários de qualquer educação, frequentemente mal pagos e pouco respeitados. Dois termos aparecem com frequência nos estudos internacionais e nacionais sobre o estado da profissão: *declínio* e *reconhecimento* (a falta dele).

Por exemplo, o relatório da UNESCO de 1998[43] constatava: "Mesmo nos países que, nos anos recentes, tiveram um crescimento econômico rápido e cuja prosperidade aumentou, a situação de professoras e professores pouco melhorou e pode ter mesmo declinado" (p. 35). No mesmo ano, o relatório sobre a situação da profissão docente na Austrália publicado pelo Parlamento afirmava:

> O estatuto das professoras e dos professores na Austrália está em declínio. Esta foi a opinião expressa ao Comitê quase universalmente por professores/professoras, estudantes, acadêmicos, associações profissionais, organizações de pais e burocratas. É um ponto de vista apoiado

---

A psicanalista Françoise Dolto disse, referindo-se aos educadores/educadoras: "Damos o que não temos" (DOLTO, 1994, p. 450). Teria podido acrescentar, parafraseando a célebre definição de amor da autoria de outro psicanalista, Jacques Lacan: o amor "consiste em dar o que não se tem a alguém que não o quer". De fato, como disse Freud: "Não há boa educação". Por quê? Porque, comenta Dolto, "o jovem nunca a achará boa" (p. 8). Eis o paradoxo e o drama da educação, que faz dela um dos três *ofícios impossíveis*, no dizer de Freud.

42. O estudo do NBEET já citado realçava "a natureza profundamente contextual e complexa da docência", refractária a definições rígidas do trabalho dos professores/professoras", de inspiração behaviorista. E citava um documento do *Schools Council* em que se afirmava que a docência é uma "atividade intensivamente humana", exigindo grande capacidade de compreensão e de juízo de situações de um modo holístico, que implica reflexão e intuição, não sendo, pois, "facilmente separável em componentes claramente distinguíveis" (NATIONAL BOARD OF EMPLOYMENT, EDUCATION AND TRAINING, s/d., p. 1, 15).

43. Disponível em: <www.unesco.org/education/information/wer/PDFeng/wholewer98.PDF->.

pela literatura geral sobre o assunto e por resultados de investigações específicas.

[...]

Nesta situação, o fato de as professoras e os professores e as escolas ainda funcionarem é motivo de celebração. (PARLIAMENT OF THE COMMONWEALTH OF AUSTRALIA, 1998, p. 29, 142)[44]

As professoras e professores queixam-se geralmente "de uma falta de reconhecimento e de consideração pelo seu trabalho" (DUBAR; TRIPIER, 2009, p. 160). Lê-se no citado relatório Pochard:

> As professoras e professores com quem a comissão se encontrou exprimem espontaneamente um pedido de reconhecimento, mais do que ambições em matéria de carreira. [...] A França pode ter confiança nos seus professores: eis a convicção da comissão, no termo dos seus trabalhos. [...] Mas muitos deles pensam que *a sociedade não reconhece suficientemente a sua dedicação* e que se lhes pede, por vezes, demasiado, sem lhes dar os *meios suficientes*. (POCHARD, 2008, p. 166, 191)

Segundo MacBeath: "Em toda a parte onde as professoras e os professores foram interrogados sobre as suas prioridades e motivos de satisfação, na América do Sul, na África Subsahariana, na Europa ou na América do Norte, referem a importância do reconhecimento e do respeito para os desafios com que se defrontam quotidianamente". (MACBEATH, 2012, p. 12)

O mínimo que se pode dizer é que a profissão docente é uma profissão *des-cuidada*. É descuidada quando não cuidam dela nem ela cuida de si.

- O poder público não cuida da profissão quando prevalece uma ideologia gestionária da eficiência segundo a qual ser profissional é cumprir zelosamente e orgulhosamente as

---

44. O relatório constatava também que, apesar de todos os obstáculos e dificuldades, "o Comitê ficou encorajado pela evidência da profunda dedicação dos professores e professoras, pela sua apaixonada dedicação aos jovens" (p. 1).

ordens recebidas. É uma noção de profissionalismo redutora da profissionalidade docente. Em 1930, o decano Holmes dizia aos seus estudantes de Harvard que uma nação cujos professores "têm geralmente tarefas pequenas e mecânicas, estreitamente controladas, saídas diretamente dos manuais e seguindo estreitamente as instruções, está em vias de sujeitar o seu futuro ao governo de espíritos de segunda classe". (cit. in BOURDONCLE, 1993, p. 113)

- E a profissão não cuida de si quando as(os) professoras/ professores não são os melhores advogados da sua causa. Não o são quando se acomodam à condição de meros funcionários do currículo escolar (*deliverers of the curriculum*, OECD, 2011, p. 5), com reflexos de obediência passiva e acrítica, preocupados sobretudo com os seus interesses econômico-laborais, e não tanto com a dignidade e prestígio da profissão. Nos EUA, por exemplo, "os(as) professores/ professoras inclinaram-se para a aceitação da intensificação do seu trabalho" como se tal fosse um sinal do seu crescente profissionalismo, que assim pode ser ideologicamente utilizado para legitimar o seu contrário. (GINSBURG; MEGAHED, 2009, p. 542)

Também não o são quando têm uma consciência, atitudes e comportamentos pouco profissionais. É uma das conclusões do estudo neozelandês *Perceptions of Teachers and Teaching*:

> Os dados levam a concluir que as professoras e os professores são cúmplices com a sua baixa autoimagem, que não é favorecida por aqueles que, entre eles, se comportam de um modo não profissional, que se vestem de modo não apropriado e que têm um desempenho abaixo do aceitável no seu trabalho com estudantes e colegas. Os dados mostram que a autoimagem das professoras e professores é também afetada pela falta de procedimentos para apoiar ou para afastar professoras e professores incompetentes.
>
> [...]

Importante é também o que as professoras e os professores têm de fazer, entre si, para merecer o respeito e a estima que o seu trabalho merece. (KANE; MALLON, 2006, Executive Summary)

Outro flagrante sintoma do descuido da profissão é o fato de, apesar de poder ser considerada como a mais ética das profissões, ainda não ter, na maior parte dos países do mundo, uma Deontologia ou Ética Profissional com força de lei.

Sayer, depois de afirmar que a profissão docente tem "os ingredientes de uma profissão, mas não as suas insígnias", escreveu:

> Plenamente profissão é aquela que presta um serviço público importante e fundamental, fundada num corpo de conhecimentos e de capacidades para os quais é essencial uma longa formação de elevado nível e que assume uma significativa responsabilidade pelo serviço que presta. [...]
> A docência é vista como vocação e como ocupação. As suas atividades estão relacionadas com as definições geralmente reconhecidas de "profissão". [...]
> Os professores e as professoras [...] precisam apropriar-se da atividade docente. Precisam de sentir-se profissionalmente responsáveis pela qualidade do serviço que prestam. Pode muito bem ser que, como alguns sociólogos argumentaram, profissão seja um termo com definições tão variáveis que é insuscetível de uma definição geral, tendo pouco valor científico. No entanto, é certamente signo de um estatuto desejado; é certamente um termo com significado para as pessoas que o aplicam a si próprias; para os professores e professoras, tem carecido de realidade, e este é um sentimento prevalecente, senão universal, entre eles. (SAYER, 2000, p. 40, 103, 158)

Porém, lê-se no Relatório *Educating a profession*: "Reclamar estatuto profissional pleno é correr o risco de perder alguns privilégios ou de pagar um preço mais elevado por eles" (BICENTENNIAL COMMISSION ON EDUCATION FOR THE PROFESSION OF TEACHING, 1976, p. 16).[45] Se

---

45. Hoyle cita um texto publicado na revista *Spectator* intitulado "The unprofessionals" (22 de abril de 1995), em que o respectivo autor escrevia: "É tempo de as(os) professoras/profes-

querem elevar o seu nível de profissionalidade, as professoras e os professores têm de assumir toda a sua responsabilidade como profissionais. Como afirma Kelly, compete-lhes "desenvolver a sua própria definição de profissão docente e, depois, argumentá-la agressivamente, na praça pública" (KELLY, 1995).

2. Ninguém fará pelas professoras e professores aquilo que só elas e eles, individualmente e coletivamente, podem e devem fazer por si

Se a profissão docente está numa espiral de declínio em tantos países do mundo, como revelam estudos e relatórios internacionais e nacionais, é porque a sua regulação direta pelos governos não tem estado à altura das suas responsabilidades e dificuldades, nem as suas organizações profissionais, especialmente os Sindicatos, têm cuidado bem dela.

Ivor Sutherland, que foi *Registrar* do GTCS, perguntava: "O que é que pode ser mais importante para a profissão docente do que a oportunidade de assumir o comando do que lhe diz respeito e o controle do seu próprio destino?" (cit. in VAN NULAND, 1998, p. 182).[46]

Como dizia o comunicado à imprensa emitido pelo movimento GTC (*England and Wales*) em 16 de julho de 1991, são as professoras

---

sores começarem a pedir para si próprios, não mais dinheiro, mas normas profissionais mais elevadas: um dos problemas da sua ocupação é que eles desejam as vestes [*trappings*] de uma profissão, mas sem as suas consequências" (Hoyle, 2001, p. 145).

Revell cita um professor do *Trinity College Cambridge* que qualificou os anos desde 1988, no Reino Unido, como um período de "comportamento vergonhosamente dócil de professoras e professores perante o ataque organizado de sucessivos governos ao seu profissionalismo". E comenta: "Privados de uma real compreensão tanto da teoria como da política, as professoras e os professores papagueiam simplesmente as últimas Diretivas curriculares. Professores/ professoras, de nome, técnicos, na realidade". (REVELL, 2005)

46. Kelly observa:

Os(as) educadores/educadoras têm de prosseguir e defender os seus esforços de profissionalização *activamente e agressivamente*. Michael Sedlak, um historiador da formação profissional e da educação, observa que, historicamente, enquanto outras ocupações lutaram agressivamente e conseguiram o estatuto profissional, os educadores/educadoras foram tipicamente "tímidos" nos seus esforços. (KELLY, 1995)

e os professores quem sabe e deve fazer aquilo que "os políticos e os burocratas não devem e não sabem propriamente fazer" (in SAYER, 2000, p. 47). Por isso: "Chegou o tempo de um governo com visão apoiar o emergente *General Teaching Council*, reconhecendo assim esta nova dimensão da profissionalidade que assegurará a futura qualidade de um dedicado serviço ao público por professores e professoras comprometidos e bem motivados" (p. 48). No debate do *Education Bill* na *House of Lords*, em 1993, Lord Dainton argumentou assim em favor da criação do GTC:

> Para dar aos alunos a maior ajuda possível, os professores e professoras têm de ter a necessária formação e ser-lhes atribuída a responsabilidade de adaptar o seu ensino para conseguir aquilo que consideram ser o interesse superior dos indivíduos que são João ou Maria. Os professores e as professoras têm a função de prestar o melhor serviço possível aos seus alunos, exatamente igual à que tem o médico para com o seu paciente, o advogado para com o seu cliente, o padre para com o seu paroquiano etc. Numa palavra, os professores e professoras têm de ser — e parece que nos estamos a esquecer disso — verdadeiros profissionais, com pesadas responsabilidades, de que não podem escusar-se. Para isso, tem de lhes ser permitida autonomia e discrição para agir no interesse superior dos seus alunos [...] em vez de serem (como esta proposta de lei implica, até certo ponto) meramente passivos tubos de conduta daquilo que lhes é transmitido através de leis parlamentares e regras detalhadas e prescritivas.
> [...]
> Tal como os membros de todas as profissões principais, os professores e professoras de hoje estão preparados e querem assumir a responsabilidade pelo desenvolvimento da sua profissão e pela determinação e manutenção das suas normas e códigos de conduta. Se esta autorregulação lhes for permitida, creio que haveria uma significativa e extremamente valiosa elevação do comprometimento dos professores e professoras com o seu trabalho (p. 71).

Na mesma sessão, Lord Dormand of Easington afirmou: "Um tal organismo não só elevaria o estatuto da profissão docente aos olhos do público e dos pais; elevaria as normas e o moral dos próprios professores/professoras" (p. 72). Noutra sessão da *House of Lords*, disse Lord Judd: "O estabelecimento de um GTC [...] repararia o moral da profissão docente e inverteria o declínio dos professores/professoras na percepção pública". Durante o mesmo debate, disse a baronesa Lockwoo: "Temos de perguntar: por que é que o governo parece sempre julgar que sabe mais do que a profissão para a qual procura legislar?". E Lord Walton: "O que é que aconteceu ao santificado e acarinhado princípio da autorregulação profissional, plenamente aceite pelo governo em relação a outras profissões?" (p. 80).

Em suma:

- Uma profissão, na acepção sociologicamente mais densa do termo, está em melhor posição do que um departamento ou agência/autoridade governamental para assumir a sua própria regulação.
- A profissão docente, como profissão do direito à educação, hoje, tem saberes e valores que lhe conferem uma identidade, uma autoridade e uma responsabilidade que transcendem o quadro de dependência e obediência em que tem sido exercida e justificam o reconhecimento da sua autonomia como profissão e maior autonomia para os seus profissionais.
- Quem melhor deve saber e mais interesse deve ter em cuidar do valor e dos valores da sua profissão?

3. É do interesse da educação e da profissão distinguir tanto entre responsabilidades governamentais e responsabilidades profissionais como entre questões estritamente laborais e questões mais amplamente profissionais

Quando a maioria dos professores e professoras são funcionários públicos, a posição do Estado como empregador e regulador da profissão, ao mesmo tempo, coloca-os numa situação de conflito de interesses que pode afetar a credibilidade e a confiança que deve ter junto dos profissionais e da opinião pública. Por isso, segundo o relatório do Parlamento australiano de 1998:

> [...] as responsabilidades fundamentais [*core responsibilities*] dos governos na educação devem ser descritas em termos da qualidade dos recursos e condições de trabalho nas escolas. [...] O Comitê sublinha a clara responsabilidade dos governos de assegurar que as condições nas escolas correspondem aos requisitos de uma boa prática docente. Compete à profissão, todavia, especificar as normas que devem aplicar-se à prática docente. (PARLIAMENT OF THE COMMONWEALTH OF AUSTRALIA, 1998, p. 13)

Também as organizações profissionais podem ser confrontadas com situações de conflito de interesses. Em 1955, no seu Relatório da Assembleia de Delegados da Organização Mundial da Profissão Docente, reunida em Istambul tendo como tema "Situação da Profissão Docente", George Ashbridge, membro do seu Comitê Executivo, abordava a questão nestes termos:

> Pode ser que, no futuro imediato, o sucesso das nossas organizações docentes para elevar o estatuto dos(as) professores/professoras — no sentido amplo do termo — dependa da nossa capacidade de reconciliar as nossas funções sindicais (salários, condições de emprego, proteção legal dos membros etc.) com as nossas funções estritamente profissionais (elevar a qualidade do serviço que os(as) professores/professoras prestam). Pode haver, aqui, um real conflito entre a lealdade aos membros individuais que pagaram as suas quotas e a lealdade ao serviço docente como um todo e às crianças que servimos. (cit. in TOWSLEY, 1991, p. 6)

De resto, embora os Sindicatos da profissão docente não se preocupem apenas com os interesses econômico-laborais dos seus associados (*bread and butter questions*), a conotação com a sua defesa não é favorável à sua credibilidade e à confiança da opinião pública nas suas posições e propostas quando estão em jogo aspectos profissionais mais diretamente relacionados com o valor e a qualidade da educação.

Como se lê num relatório da OECD, "as questões de negociação coletiva podem ser separadas das questões profissionais, com sucesso, quando os professores e as professoras e as suas organizações colaboram com o Ministério em organismos de autorregulação profissional para supervisionar o acesso, a disciplina e o desenvolvimento dos professores e professoras". (OECD, 2011a, p. 56)

Segundo o NBEET, o "reconhecimento da importância de serem as profissões a regular a qualidade dos seus praticantes elevou, em toda a parte, a confiança pública, o estatuto e o moral das profissões e reforçou a sua influência" (NATIONAL BOARD OF EMPLOYMENT, EDUCATION AND TRAINING, s/d., p. 2). Sexton escreveu no seu estudo citado:

> A agenda da profissionalização, argumenta-se aqui, só pode ser adequadamente promovida através da promoção de um melhor profissionalismo docente. Esta abordagem permite aos professores e professoras afirmar a sua exigência de maior estatuto a partir de uma posição de força, apoiados nas muralhas do seu próprio castelo, em vez de subir pelas muralhas do de outros. Dado que um profissionalismo mais elevado está nas mãos dos próprios professores e professoras, pode-se argumentar que o projeto de profissionalização — ou seja, um estatuto mais elevado — não tem que ser uma oferta de uma qualquer força externa, seja o governo, os pais ou os meios de comunicação social. É aqui que o *Teaching Council* pode desempenhar um papel principal. Desempenhando a sua função de promover a docência como profissão, não será suficiente apenas chamar a atenção para aqueles aspectos do profissionalismo docente — os que têm como base a sala de aula — que são mais valorizados pelos professores, como mostra este estudo. O *Council* tem de procurar prestar atenção àquelas questões em que o profissionalismo docente é, atualmente, deficiente. (SEXTON, 2007, p. 95)

4. Um organismo de autorregulação da profissão docente não concorre com as obrigações do poder público relativas ao direito à educação nem com as funções dos sindicatos na defesa dos interesses dos seus associados

Num Estado de Direito, a base da legitimidade política e profissional em matéria de educação é a mesma: o conteúdo normativo do direito humano universal à educação. Se o Estado não cumpre as suas obrigações internacionais e constitucionais relativas ao direito à educação, os profissionais da educação não ficam desobrigados das suas obrigações deontológicas. Uma Deontologia confere aos seus membros o direito e a obrigação de questionar tudo o que ponha em causa os valores fundamentais da profissão. Recorde-se o que Freidson escreveu:

> A importância funcional de um corpo de conhecimentos e de saber-fazer é menos central na ideologia profissional do que o apego aos valores transcendentais que dão sentido e justificam a independência da profissão. É graças a esta independência que os membros de uma profissão podem arrogar-se o direito de julgar o que lhes é pedido por empregadores ou patrões ou pela lei de um Estado. (cit. in DUBAR; TRIPIER, 2009, p. 131)

Por isso, escreve Meryl Thompson:

> O conceito de ação independente e íntegra, no interesse do cliente e, se necessário, crítica, é um elemento essencial do profissionalismo. [...] Os professores, como corpo, têm o direito de questionamento político, com base na investigação educacional e no seu saber pedagógico, e de tentar influenciar o debate. (THOMPSON, 1997, p. 55, 57)

Além da legitimidade ético-jurídica fundada no direito à educação e da legitimidade epistemológica fundada nos saberes específicos da profissão, há uma outra base de legitimidade na profissão docente: a legitimidade pessoal das professoras e professores, quando se distinguem pela sua excelência pessoal, moral, intelectual, cívica.

Resumindo, o quadro institucional da autorregulação da profissão docente "tem de reconhecer a necessidade de o Estado prestar um serviço universal, ao mesmo tempo que confere aos professores e professoras o poder de exercer um maior controle sobre o seu trabalho" (Irish National Teachers' Organization, 1992, p. 19).

Um organismo de autorregulação da profissão docente também não concorre com as funções dos sindicatos. Os interesses profissionais (*professionalism*) e os interesses sindicais (*unionism*) de professoras/ professores não são dissociáveis.[47] Autorregulação profissional e sindicalismo têm legitimidades e funções diferenciadas, mas complementares.

> Estando sob a regulação do Estado, as atividades dos sindicatos de professores/professoras são provavelmente vistas como mais importantes do que a necessidade de associações profissionais. Os sindicatos de professores/professoras já oferecem proteção relativamente aos salários e às condições de trabalho, indicando talvez que consideram que têm interesses mais importantes a defender do que os títulos de distinção de estatuto. A falta de urgência do esforço para conseguir a promulgação de legislação criando o *Chomhairle Mhuinteoireachta* – a *Teaching Council* deve-se a um grau de ambiguidade, incerteza e falta de um claro apreço, entre as várias organizações de professores/professoras, pelo valor da autorregulação. O fato de que outras profissões que trabalham no seio de instituições burocráticas, nomeadamente os membros da profissão médica, se voltam cada vez mais para atividades sindicais para melhorar as suas condições de trabalho realça a necessidade de manter uma forte presença sindical ao lado da organização profissional. Não há qualquer razão aparente para que ambos os dispositivos institucionais não possam complementar-se um ao outro, nos seus esforços para elevar o estatuto dos(as) professores/professoras e aumentar o seu poder na relação com o Estado e outros grupos. (IRISH NATIONAL TEACHERS' ORGANIZATION, 1992, p. 17-18)

O ministro da Educação e da Ciência irlandês, ao apresentar no Parlamento a proposta de lei para a criação do *Teaching Council*, em 2000, sublinhou:

> O papel do *Teaching Council* na representação dos professores e professoras é distinto do papel dos sindicatos. Embora haja muitas áreas de

---

47. Falando das Ordens, escreveu Vital Moreira: "Tanto a ordem como o sindicato têm por função a defesa dos interesses profissionais. A ordem defende a profissão e os profissionais enquanto tais, abstraindo da sua situação jurídica (profissionais independentes ou assalariados), o sindicato defende o trabalhador dependente na sua relação com o empregador" (MOREIRA, 1997, p. 275). Encontra-se na mesma obra uma comparação mais pormenorizada entre as ordens, os sindicatos e outras associações profissionais.

interesse comum para um e outros, há uma diferença fundamental entre os seus papéis. O *Teaching Council* tem como finalidade promover e manter as mais elevadas normas na profissão docente. As negociações sobre as condições de trabalho, os salários e pensões continuarão a ser do foro de competência dos sindicatos. Não há nenhuma contradição nesta repartição de funções; o trabalho de um e outros será complementar entre si.[48]

Em consequência, nem os organismos de autorregulação podem envolver-se em matérias sindicais, nem os sindicatos podem assumir poderes públicos de regulação da profissão. Deste modo, a autorregulação profissional não invade o espaço do sindicalismo, que continua a ser tão indispensável como tem sido. Pelo contrário, expande-o, instituindo uma nova instância de intervenção profissional aberta à participação sindical.

5. Um organismo de autorregulação da profissão docente é uma instância superior de participação e decisão sobre algumas questões centrais para a profissão e para a educação

Embora o seu mandato público exclua tanto as matérias de natureza estritamente sindical como as de natureza estritamente política, um organismo de autorregulação da profissão docente não pode ser indiferente a nada que diga respeito à profissão e à educação.[49]

---

48. Disponível em: <www.oireachtas.ie/viewdoc.asp?fn=/documents/bills28/bills/2000/1600/default.htm>.

49. Como se lia no citado documento *The General Teaching Council Proposals* de Sayer, em 1990: "O GTC não se envolverá em questões de salários, pensões e condições de serviço, que dizem respeito às autoridades empregadoras e aos sindicatos. Não se envolverá diretamente em negociações sobre currículo e exames não relacionadas com formação de professores/professoras" (SAYER, 2000, p. 43). E o referido comunicado do *GTC (England and Wales)*, em 1991, observava:

Declarações governamentais recentes continuam a confundir estatuto medido pelo salário e condições materiais dos(as) professores/professoras e a responsabilidade propriamente dita da profissão docente pelo desenvolvimento do seu serviço ao público. [...] Deve haver a mais clara distinção entre estas propostas e questões de remuneração ou de condições

Tendo uma composição representativa (desejavelmente maioritária) da profissão, mas também do interesse público (através de representantes do Ministério, nomeadamente) e de outros legítimos interesses na educação (como as famílias e as instituições de formação, designadamente), conjuga a legitimidade social com a legitimidade profissional, que se fundem nas normas profissionais.

Um organismo de autorregulação da profissão docente é a instância mais apropriada, nomeadamente, para promover a adoção e supervisionar o respeito de uma Deontologia da profissão, pedra angular de uma profissionalidade superior. Tanto mais quanto a sua dimensão deontológica é muito descurada pelos sindicatos.[50] É compreensível que ela não seja uma prioridade sindical quando outras prioridades se impõem, mas pode-se perguntar: há prioridade maior para uma profissão do que a sua credibilidade e imagem públicas?

Em todo o caso, mesmo que um Sindicato ou outra associação profissional adote uma Deontologia, a sua validade é limitada aos seus associados e não pode torná-la obrigatória. Um governo pode impor uma Deontologia, mas não tem legitimidade para isso, porque a normatividade deontológica, para ser reconhecida e respeitada, deve emanar da consciência coletiva da profissão. A possibilidade, efetividade e credibilidade de uma Deontologia requerem um organismo de autorregulação em que se conjugam a legitimidade profissional e a legitimidade pública.[51]

---

de serviço, que devem ser objeto de acordo entre o governo e os empregadores e associações de professores/professoras. (SAYER, 2000, p. 47)

50. Na perspectiva da lógica sindical, a incompetência e conduta imprópria são assuntos que dizem respeito às entidades patronais. Segundo um estudo internacional (DRESSCHER, 2007), a Deontologia ou Ética Profissional figurava apenas em quatro dos sítios eletrônicos das organizações filiadas na Internacional da Educação (que eram, então, cerca de 350, mas só menos de metade tinha um sítio eletrônico). Isto apesar de a Internacional da Educação — que é a maior Federação profissional internacional no campo da educação — ter adotado em 2001 uma *Declaration on Professional Ethics*.

51. Em Portugal, a Associação Nacional de Professores realizou em 9-10 de novembro de 2012, em Lisboa, uma Conferência Internacional sobre "Deontologia e Autorregulação das Profissões da Educação" (de que fui coordenador científico).

Um organismo de autorregulação da profissão docente pode também intervir na avaliação das professoras e dos professores, com vantagens para todas as partes interessadas. Recorde-se que, em Ontário, o *Teacher Performance Appraisal* tem como referência normativa as *Standards of Practice for the Teaching Profession* adotadas pelo *Ontario College of Teachers*. Como disse o NBEET:

> Pode-se argumentar que um organismo representativo de professores e professoras, em cooperação com os empregadores, seria o organismo mais apropriado e eficaz para o desenvolvimento de princípios de avaliação e práticas aceitáveis para a profissão. Para realizar mudanças reais na prática, a avaliação deve estar intimamente ligada ao conceito de normas profissionais. (NATIONAL BOARD OF EMPLOYMENT, EDUCATION AND TRAINING, s/d., p. 13)[52]

A este propósito, Sexton escreveu na conclusão do seu estudo citado:

> Acima de tudo, os professores e professoras têm de querer preocupar-se com "questões de maior grandeza" — as questões morais, políticas, sociais e filosóficas que, de uma maneira ou de outra, são a tela de fundo das considerações mais práticas que constituem a experiência diária comum da sua vida profissional. Mais do que qualquer outro grupo profissional, os professores e professoras podem agir como agentes da criação de uma sociedade melhor e não devem recear esse papel. Se tiverem a coragem e a confiança para assumir esse papel, [...] é quase inevitável que o estatuto da profissão docente se eleve. Para o conseguir, é imperioso que as professoras e professores sejam proactivos no seu envolvimento na definição da política educacional, em vez de se limitarem a aplicá-la e, dada a sua função de representar a profissão docente nos assuntos

---

52. "Foi, de certo modo, um erro tático, pelo menos, da parte dos sindicatos de professores/professoras, terem sido vistos como relutantes em participar em qualquer processo relativo à prestação de contas [*accountability*]. Este estudo propõe que as professoras e os professores devem tentar conduzir eles próprios esse processo, e a elaboração pelo *Teaching Council*, logo que lhe seja possível, de um código de prática parece um bom lugar para começar" (SEXTON, 2007, p. 96).

educacionais, o *Teaching Council* é o organismo melhor colocado para fazer isso. (SEXTON, 2007, p. 96)

6. A autorregulação da profissão docente é uma via de apropriação de poderes que deixam de ser exercidos por entidades tutelares e passam a ser exercidos inter pares

Quando os governos regulam diretamente a profissão docente, cooptam profissionais para as suas agências e comissões de regulação. Esses profissionais têm uma legitimidade política (decorrente da nomeação) e podem ter uma legitimidade pessoal (fundada no mérito individual), mas falta-lhes a legitimidade profissional que só a profissão possui quando se autorregula.

> Por conseguinte, é necessária uma nova e radical abordagem do profissionalismo docente, para elevar o estatuto profissional dos professores/professoras, uma abordagem que implica que eles próprios assumam um maior controle sobre o seu trabalho e procurem a aprovação do Estado para um maior controle autorregulatório.
> [...]
> É claro que o controle regulado pelo Estado fomenta mais a dependência do Estado do que a independência e a autonomia. Os(as) professores/professoras têm, por isso, de conseguir o poder de romper com uma excessiva dependência do Estado e das suas várias agências. Para garantir que sejam encorajados e mantidos os mais elevados ideais profissionais, têm de prosseguir vigorosamente os esforços para a criação de um *Chomhairle Mhuinteoireachta* [*Teaching Council*]. (IRISH NATIONAL TEACHERS' ORGANIZATION, 1992, p. 34, 36)

Nos estudos sobre a atitude de professoras e professores relativamente à possibilidade do estabelecimento de um organismo de autorregulação para a profissão, as principais objeções dos mais críticos incluem as seguintes:

- As normas profissionais podem ser um instrumento de acrescido controle do seu trabalho, mais do que de elevação do seu estatuto.

- A disciplina profissional pode prestar-se a abusos e arbitrariedades, tanto das autoridades escolares como do público, nomeadamente das famílias.

Estas objeções têm pertinência se não se prevenir a possibilidade de desvios da razão de ser da autorregulação profissional. Se forem prevenidos, um organismo de autorregulação da profissão docente não é mais uma instância de poder sobre as professoras e os professores, mas sim um grande poder que conquistam. Não devem, pois, recear a existência de normas adotadas pela própria profissão, nem temer o poder disciplinar por ela exercido. As normas profissionais têm como finalidade principal a proteção do interesse das crianças, adolescentes, jovens e da sociedade em geral, mas servem também para proteger professoras e professores de interferências inaceitáveis no exercício das suas competências e responsabilidades, tanto da parte das autoridades escolares como da parte das famílias, assim como de acusações sem fundamento. E o exercício do poder disciplinar é tanto uma obrigação como um direito da profissão:

- É uma obrigação decorrente do princípio do primado do interesse público subjacente ao estatuto de autorregulação, que implica a sanção da incompetência grosseira e da conduta imprópria dos membros da profissão.
- É um direito, porque a sanção das infrações das normas profissionais é também do interesse da profissão, que deve poder defender-se dos comportamentos dos seus membros que afetem a sua dignidade, honra e prestígio.

Outra objeção é o pagamento de uma quota. Afinal, se a regulação profissional serve principalmente para proteger o público, não deveria ser financiada pelo Estado? Historicamente, um dos argumentos alegados pelas profissões na reivindicação da sua autorregulação foi que estavam dispostas a pagá-la. E assim acontece com todas as profissões autorreguladas. A independência orçamental é um fator de autonomia funcional.[53]

7. A autorregulação profissional é um privilégio que profissão docente deve querer e merecer ter

A regulação das profissões é um direito e uma obrigação do Estado.[54] Não é, pois, um direito que uma profissão possa reclamar, é um privilégio a que pode aspirar, que é fonte de poder e de prestígio.

- Poder de controlar o acesso ao exercício da profissão e de supervisionar o profissionalismo dos seus membros.
- Prestígio que advém da confiança pública, que é o bem maior de uma profissão.

---

53. As quotas podem ser dedutíveis na folha de impostos, como já acontece, entre nós, com as quotas sindicais e para as ordens profissionais.

James Casey, autor de um estudo de referência (*The Regulation of Professions in Canada*, 1994), comenta:

> Alguém disse, um dia, que todo o canadiano tem o direito divino e inalienável de se queixar do seu patrão. Parece também que todo o profissional tem o direito de se queixar das quotas que tem de pagar.
>
> As muitas tarefas atualmente desempenhadas pelos organismos profissionais requerem um nível significativo de recursos financeiros, a maior parte dos quais vêm diretamente dos seus membros. É assim que deve ser. Um forte apoio financeiro contribui para a construção de uma forte profissão, e uma profissão forte é, a longo prazo, do interesse superior dos seus membros. Mais importante ainda, uma profissão forte ajuda a promover e a proteger o interesse público. Uma das principais vantagens da autorregulação é que a profissão tem o poder de controlar o seu próprio destino. Uma profissão fraca que não é capaz de cumprir com as suas responsabilidades pode perder o privilégio da autorregulação. Disponível em: <www.cap.ab.ca/pdfs/selfgovprofchall.pdf>. Acesso em: jun. 2010.

54. Dizia o *Report of the Royal Commission on Civil Liberties* (Canadá, 1968):

> O estatuto de autogoverno é uma delegação de funções legislativas e judiciais e só pode ser justificada para proteção do interesse público. O poder não é conferido para dar ou reforçar um estatuto profissional ou ocupacional. A questão relevante não é "Os praticantes desta ocupação desejam o poder de autogoverno?", mas "O autogoverno é necessário para a proteção do público?". Nenhum direito de autogoverno deve ser reclamado meramente porque se juntou o termo "profissão" à ocupação. (cit in VAN NULAND, 1998, p. 86)

A confiança pública na profissão docente significa confiança na sua capacidade de responsabilidade pelo bem mais valioso de um ser humano, de cada povo e da humanidade em devir: a sua educação.[55]

Com efeito, uma profissão autorregulada compromete-se com o primado do interesse público e, em particular, do interesse dos destinatários dos seus serviços (clientes),[56] assumindo como sua preocupação principal cuidar do profissionalismo dos seus membros, através da adoção de normas elevadas e codificadas. Se assim for e se o público sabe que pode queixar-se de profissionais incompetentes e indignos, isso aumenta a confiança na profissão e o seu prestígio.

Como se lia no terceiro dos referidos *Ontario Education Discussion Papers*: "Autorregulação no interesse público significa definir as qualificações para ser professor/professora, assim como as permanentes obrigações de garantir contínua competência, elevada qualidade e proteção do público. Antes, era o governo que exercia este poder e agia como um regulador externo".[57] Ou seja: "A profissionalidade exige que haja confiança entre os professores/professoras e o público em geral, e isso consegue-se mostrando que estão comprometidos

---

55. Disse um parlamentar irlandês durante os debates para a criação do *Teaching Council*, em 2000: "A proposta de lei reconhece o elevado nível de confiança que o Parlamento tem na profissão docente ao permitir-lhe ser autorregulada". Irvine escreveu: "A autorregulação profissional está na base do conceito de uma 'profissão independente'. É um privilégio dado pelo Estado, através do Parlamento". E referindo-se à Medicina:

> A independência dá aos médicos, individualmente, a liberdade clínica, e à profissão, coletivamente, a autoridade para decidir sobre as normas de prática profissional e de formação, a organização do trabalho médico e a disciplina. [...]
> A nossa independência repousa em três exigências: em primeiro lugar, que o trabalho médico envolve um grau tão invulgar de conhecimentos e capacidades, que os não profissionais não estão preparados para avaliá-lo ou regulá-lo; em segundo lugar, que os médicos são responsáveis — pode-se confiar que trabalham conscienciosamente, sem supervisão; e, em terceiro lugar, que se pode confiar que a própria profissão toma as medidas necessárias quando os indivíduos não agem de um modo competente e ético. (IRVINE, 1997, p. 1541)

56. "[...] um dos conceitos que os membros do *College* têm mais dificuldade em compreender é que elegem os membros do seu Conselho para regulá-los mais "no interesse público" do que para desempenhar o cargo como seus representantes" (KRIEGER, 2011, p. 5).

57. Disponível em: <www.edu.gov.on.ca/eng/general/elemsec/partnership/index.html>.

com a preservação de normas elevadas" (IRISH NATIONAL TEACHERS' ORGANIZATION, 1994, p. 40). Uma profissão autorregulada tem de assumir, portanto, como sua preocupação principal, cuidar do profissionalismo dos seus membros, através da adoção de elevadas normas profissionais e da sanção das suas infrações. Diz a Introdução aos *Standards for the Education, Competence and Professional Conduct of Educators in British Columbia*:[58]

> As Normas são um modo de a profissão comunicar aos seus membros e ao público a descrição do trabalho dos profissionais — o que sabem, o que são capazes de fazer e como se comportam quando servem o público.
>
> As Normas constituem os fundamentos e a estabilidade que permitem à profissão crescer, articulando os valores e as características que distinguem a profissão. Os profissionais fazem um contrato com o público que lhes confere um nível de autonomia e autorregulação, tendo como contrapartida um acordo segundo o qual a profissão coloca os interesses do público acima dos interesses individuais. Os profissionais concordam em prestar contas ao público, e as Normas servem de pedra de toque dessa responsabilidade.
>
> [...]
>
> Quando os novos profissionais se tornam membros do *College*, serão solicitados a assinar um compromisso segundo o qual a sua prática profissional se orientará pela ética e princípios enunciados no documento das Normas. Ao concordar em respeitar as Normas, um educador/educadora faz um contrato com o público segundo o qual os pais podem entregar os filhos, com confiança, ao cuidado de um(a) educador/educadora.

O exercício do poder disciplinar é o teste da legitimidade da autorregulação e da confiança pública na profissão.[59]

---

58. Disponível em: <www.bcteacherregulation.ca/documents/AboutUs/Standards/edu_stds.pdf>.

59. Que podem ser perdidas se ela se torna uma *comunidade de delinquentes* (Freidson). Por exemplo, no Reino Unido, o *General Medical Council* (GMC) perdeu parte dos seus poderes e funções de autorregulação por ter falhado na prevenção e pronta e adequada intervenção em casos graves de violação das normas profissionais. Escândalos médicos com grande repercussão pública, na década passada, são "uma das principais razões pelas quais a profissão deixou de

Como escreveu Kelly: "Para ser uma profissão, uma ocupação tem de agir coletivamente. [...] Para se profissionalizar, o todo da ocupação tem de falar com uma só voz, em nome de todas as professoras e professores" (KELLY, 1995).[60] Disse o ministro da Educação e da Ciência irlandês, em 2000, na apresentação ao Parlamento da proposta de lei para a criação do *Teaching Council*:

> No que respeita às professoras e professores, ser parte de uma reconhecida e coletiva identidade profissional, com autoridade estatutária, elevará o seu estatuto e identidade individuais. [...] Uma imagem da profissão melhorada e amplamente promovida terá benefícios para as professoras e os professores de hoje e encorajará outros a nela ingressar futuramente.[61]

A propósito da referida abolição do *General Teaching Council for England*, um editorial do *Times Educational Supplement* de 29 julho de 2011[62] concluía assim:

> O governo diz constantemente a professoras e professores que devem ser muito profissionais. [...]. Considera-se geralmente que uma dimensão essencial de qualquer profissão é a existência de um organismo de regulação que a responsabiliza e controla a entrada nela. Um organismo deste tipo é sempre independente do governo e, embora influenciado e pago pela profissão, não é refém dela. O *General Medical Council* enun-

---

ser autorregulada no país. E o número de membros do *General Medical Council* que são médicos já não é superior ao daqueles que não são", 150 anos depois da criação do GMC (COLLIER, 2012).

Foi criado um organismo de metarregulação das profissões da saúde denominado *Council for Healthcare Regulatory Excellence*. O mesmo se passou na Nova Zelândia, onde foram criados um *Health and Disability Commissioner* e um *Health Practioners Disciplinary Tribunal*.

60. Como se lê no Decreto-lei n. 349/1999, de 2 de setembro, criando a Associação Nacional dos Engenheiros Técnicos (em Portugal): "A criação de uma associação de direito público dos engenheiros técnicos vem dar resposta à necessidade de uma representação unitária da profissão, condição da sua valorização e da realização do interesse público subjacente à natureza da pessoa coletiva na qual esta repousa".

61. Disponível em: <www.oireachtas.ie/viewdoc.asp?fn=/documents/bills28/bills/2000/1600/default.htm>.

62. Disponível em: <www.tes.co.uk/article.aspx?storycode=6106649>.

cia o seu dever de uma forma sucinta: "Não estamos aqui para proteger a profissão médica — os seus interesses são protegidos por outros. A nossa missão é proteger os(as) pacientes". E cobra aos médicos uma quota anual de £ 420 pelo privilégio.

Se o governo quer seriamente tornar a profissão docente mais profissional, não pode tratá-la como uma espécie de adolescente rebelde e nomear um tutor. Tem de legislar no sentido de permitir a professoras e professores terem o seu organismo independente e autônomo relativamente à profissão e aos Sindicatos. E se professoras e professores querem ver a sua profissão tratada com mais respeito, têm de aceitar a existência de um robusto guardião pago por si para proteger o público. Para poderem dizer: "Somos suficientemente crescidos para cuidar de nós próprios".

A autonomia não é barata mas, a longo prazo, custa menos que a dependência infantil.

8. Com a sua autorregulação, professoras e professores ganham uma profissão

A autorregulação profissional é um valor acrescentado à profissão. Correspondeu a uma aspiração das associações profissionais, incluindo geralmente os Sindicatos. Com efeito, há uma constelação de associações da profissão docente cuja representatividade e funções são parcelares: cada uma representa apenas os seus associados, tem objetivos focados na defesa de certos interesses e há, entre elas, por vezes, divergência e concorrência.

Não há profissão, na acepção sociologicamente mais densa do termo — ou seja, como comunidade organizada de pessoas com saberes muito especializados e valores mais elevados, aplicados à satisfação de direitos humanos e necessidades fundamentais dos indivíduos e das sociedades, com um sentido de serviço superior ao seu legítimo interesse econômico — sem um organismo profissional transversal à sua diversidade associativa que seja:

- *Corpo* da sua unidade
- *Rosto* da sua identidade
- *Voz* da sua autoridade

- *Guardião* da sua integridade
- *Profeta* do seu futuro

Com a sua autorregulação, professoras e professores poderão assim orgulhar-se da sua profissão. Para dar expressão e visibilidade a esse orgulho, os membros do OCT (Canadá) passaram a exibir, a partir do ano letivo de 2009/10, o título profissional de *Ontario Certified Teacher* (OCT ou EAO, em francês: *Enseignant Agréé de l'Ontario*). Os membros do TRCN (Nigéria) têm o direito de usar o título *Teacher (TR)* antes dos respectivos nomes.

9. A profissão e a educação nada têm a perder — e muito podem ganhar — com a autorregulação profissional

As conclusões dos relatórios de avaliação do desempenho dos organismos de autorregulação da profissão docente são globalmente positivas, recomendando, por vezes, o aumento dos seus poderes e funções, como foi o caso do *General Teaching Council for Scotland* que, a partir de abril de 2012, se tornou completamente independente.

A autorregulação profissional é boa para a profissão e para a educação. As professoras e os professores devem examiná-la com a maturidade e a seriedade que delas e deles se espera, e os responsáveis políticos devem acolhê-la com a visão e boa vontade próprias da superioridade da causa pública. Pode ter repercussões decisivas na visão da identidade e atratividade da profissão; na seleção, formação e avaliação dos seus profissionais; no seu estatuto, autoestima e motivação; na missão da escola como instituição da humanização; e na qualidade da educação como direito fundamental e bem público global.

10. Em todo o caso, a autorregulação profissional não é um "Abre-te Sésamo"...

Os professores e as professoras não podem iludir-se, nem a sociedade pode esperar da autorregulação profissional o que ela não pode garantir. Também o estado da saúde individual e pública não depende apenas da existência de uma Ordem dos Médicos nem da qualidade destes, mas também da política da saúde. Por isso, três *caveat lector* se impõem:

- A autorregulação não é solução automática para todos os problemas da profissão docente.

A autoridade e a influência de um organismo de autorregulação profissional dependem da sua autonomia estatutária, da amplitude do seu mandato, da sua composição e da qualidade dos seus membros. Deve ser formado por profissionais que representem o melhor que tem a profissão, e os seus membros não profissionais devem ser um valor acrescentado, independentemente dos interesses que representem. Não pode ser uma correia de transmissão governamental nem uma caixa de ressonância de interesses corporativos.

Em todo o caso, como disse um parlamentar irlandês durante os debates sobre a proposta de lei para a criação do *Teaching Council*, em 2000, recorda-se, a autorregulação profissional, por melhor que seja, "nada adiantará se professoras e professores estiverem frustrados por causa da sua remuneração e as suas condições de trabalho forem inadequadas. [...] Instalações e remuneração apropriadas para professoras e professores são elementos básicos, e é importante que não se perca isso de vista". Outro parlamentar resumiu: *It is about money and morale...*[63] As causas mais profundas do estado em que se encontra geralmente a profissão são sistêmicas, como concluíram os referidos estudos e relatórios internacionais e nacionais, bem como as Cimeiras de Nova York. Por exemplo, o Relatório Pochard (França) afirma: "Sejam quais forem as eventuais falhas individuais, se há dificuldades, devem ser procuradas mais no sistema do que nos indivíduos tomados isoladamente". Com efeito:

---

63. Disponível em: <www.oireachtas.ie/viewdoc.asp?fn=/documents/bills28/bills/2000/1600/default.htm>.

1. A profissão docente está confrontada, no princípio do século XXI, na França, menos com dificuldades pontuais, pedindo soluções isoladas, do que com um conjunto de problemas fundamentais.
2. A abordagem caso a caso não resolverá esses problemas, cujo tratamento reclama reformas profundas e concertadas. (POCHARD, 2008, p. 28, 85)

O relatório norte-americano *Tough Choices or Tough Times* conclui também: "O problema não está nas nossas educadoras e educadores. Está no sistema em que trabalham" (NATIONAL CENTER ON EDUCATION AND THE ECONOMY, 2007, p. 9). O sistema escolar, em geral, continua à espera de uma reforma tão radical quanto necessário para romper o círculo vicioso dos seus impasses. Uma reforma não é suficientemente radical enquanto não for às raízes daquilo que está mal. Ora o mal está tão metastizado que, como conclui o mesmo relatório norte-americano: "A única coisa que é indispensável é um novo sistema" (p. 8-9).

- *A plenitude identitária da profissão docente não pode realizar-se com políticas redutoras da missão da escola.*

A escola foi uma instituição configuradora dos tempos modernos e continua necessária à Civilização. A missão que lhe é socialmente e juridicamente atribuída expandiu-se e inclui, hoje, todo o conteúdo normativo do direito à educação, isto é, a satisfação de todas as necessidades de desenvolvimento das crianças, adolescentes, jovens e adultos, como seres humanos, trabalhadores e cidadãos. A sua missão está condensada nos quatro pilares enunciados no fim do capítulo 4 do Relatório Delors *Educação, um tesouro a descobrir* (1996), que inspira a ação da UNESCO no domínio da educação: "A educação ao longo da vida está fundada em quatro pilares: aprender a conhecer, aprender a fazer, aprender a viver juntos, aprender a ser". Esta visão é o fundamento de três conceitos programáticos internacionais para uma educação de qualidade: educação inclusiva, educação holística, educação amiga das crianças.[64]

---

64. V. UNESCO (2005). *Guidelines for Inclusion — Ensuring Access to Education for All.* Paris, 40 p. Disponível em: <http://unesdoc.unesco.org/images/0014/001402/140224e.pdf>. UNESCO/Economic and Social Council (2008). *Inclusive Dimensions of the Right to Education:*

Contudo, tal como é, a escola não é a escola a que as crianças, adolescentes e jovens têm direito.[65] É uma escola que funciona em regime redutor, onde as professoras e professores são constrangidos ao exercício da profissão num formato restrito, reduzido, funcionalista, aplicacionista, centrado no dia a dia da sala de aula, polarizado nos imperativos institucionais de "manter a disciplina" e "dar o programa" (procurando um equilíbrio entre silêncio e participação), reduzidos a meros técnicos de instrução e funcionários de qualquer política da educação. Corresponde-lhe um modelo de formação profissional dominado pela preparação disciplinar-didática (*subject matter approach*). Como se instrução e educação não fossem duas faces

---

Normative Bases — Concept paper. Paris, 42 p. Disponível em: <http://unesdoc.unesco.org/images/0017/001776/177649e.pdf>. UNESCO (2009). *Policy Guidelines on Inclusion in Education*. Paris, 36 p. Disponível em: <http://unesdoc.unesco.org/images/0017/001778/177849e.pdf>. UNICEF (2009). *Child Friendly Schools — Manual*. New York, 244 p. Disponível em: <www.unicef.org/publications/index_49574.html>.

65. Veja-se a atualidade desta *Declaração sobre os adolescentes do ensino secundário obrigatório e o currículo*, adotada pela Conferência Permanente dos Ministros da Educação Europeus em 1983, em Dublin:

1. No decurso das últimas décadas, a maior parte dos países da Europa introduziram, com sucesso, importantes reformas no seu sistema educativo. [...]
2. [...] apesar de algumas mudanças profundas e positivas, há presentemente em muitos países da Europa um sentimento de insatisfação e de inquietação quanto ao progresso conseguido. [...]
3. O problema da falta de motivação dos alunos na escola pode ser parte de um sentimento mais geral de alienação: o absentismo, a violência na escola, a delinquência juvenil, o abuso do álcool e de outras drogas pelos jovens devem ser vistos, muitas vezes, como problemas conexos. [...]
4. As desilusões causadas pela falta aparente de relevância do currículo [...] podem ser igualmente um fator importante. [...]
6. É indispensável elaborar, uma vez mais, uma nova abordagem da educação [...].
7. Mais importante do que saber que matérias específicas devem ser incluídas, é a mensagem que a escola deve comunicar: que respeita a dignidade de cada aluno, como indivíduo e como membro da sociedade, e que tem em vista as suas capacidades pessoais. O elemento essencial para atingir esse objetivo é a qualidade e dedicação de professores e professoras e os recursos de que dispõem. [...]
9. Considerações orçamentais nunca devem excluir medidas em favor da qualidade e do potencial de inovação na educação. [...]
10. O processo da educação não decorre no isolamento. [...] Para vencer os desafios do futuro, as políticas da educação têm de ser concebidas em estreita cooperação com outros domínios políticos, como a cultura, os assuntos sociais, o trabalho, os assuntos familiares e a economia, que exercem uma influência importante sobre o futuro dos jovens.

indissociáveis da função docente; como se a responsabilidade profissional de uma professora ou um professor estivesse circunscrita aos objetivos de uma matéria de ensino e não incluísse os objetivos comuns a um ciclo de estudos e os fins gerais da educação como direito de todo o ser humano.

Uma escola assim não é plenamente uma escola do direito à educação. Por isso, como foi afirmado no Parlamento irlandês, em 2000, é necessária "uma mudança radical" para "reconstruir o nosso sistema educativo desde os seus alicerces".

Realizar a integridade do conteúdo normativo do direito à educação é, portanto, um imperativo ético, jurídico, político, pedagógico e deontológico.

- *A profissão e a escola não podem ser muito diferentes enquanto o modelo de desenvolvimento dominante no mundo for como é.*

O sistema escolar é um subsistema do sistema social, sobredeterminado por um modelo de desenvolvimento. Este é, hoje, um modelo neoliberal, ultraliberal, uma *religião do mercado* cujo dogma é a *competitividade* e cuja virtude é o *lucro*. É uma ditadura da economia, destruidora da natureza, redutora dos seres humanos à condição de mão de obra e consumidores. Diaboliza o Estado, Órgão do bem comum e garantia da personalidade jurídica dos cidadãos. Por isso, em 1990, o primeiro *Relatório sobre o desenvolvimento humano* do PNUD (Programa das Nações Unidas para o Desenvolvimento) começava por esta afirmação: "A verdadeira riqueza de uma nação é o seu povo".[66]

A escola e a profissão docente estão, pois, reféns do império do economicismo. Dingwall observa que, se Freidson "concluiu *Profession*

---

66. Disponível em: <http://hdr.undp.org/en/media/hdr_1990_en_chap1.pdf>.

Amartya Sen, Prêmio Nobel da Economia em 1998, publicou no ano seguinte um livro intitulado *Development as Freedom* (O desenvolvimento como liberdade), em que propunha uma visão do desenvolvimento como "processo de expansão das liberdades reais de que as pessoas gozam". É esse o sentido proclamado pela *Declaração sobre o direito ao desenvolvimento* adotada pela Assembleia Geral das Nações Unidas em 1986.

of Medicine [1970] com preocupações sobre uma nova tirania do profissionalismo, *Third Logic* [2001] conclui com um apelo ao apoio da independência das profissões como fonte de resistência às tiranias maiores dos mercados e do capital" (DINGWALL, 2008, p. 139).

4.4 Expansão

O argumento mais irrefutável em favor da autorregulação da profissão docente é este: já existe, funciona e está em expansão. Começou em 1965, mas a maioria dos seus organismos foram criados na primeira década do século XXI.

A Austrália é o país-continente onde a autorregulação da profissão mais rapidamente e recentemente se expandiu. Como vimos, todos os seus estados e territórios (com exceção da pequena *Norfolk Island*) têm organismos de autorregulação profissional, todos com a sua presente base legal estabelecida na década de 2000. A sua criação foi recomendada por sucessivos estudos e relatórios sobre o estado da profissão docente.

Por exemplo, em 2000 foi publicado o Relatório *Quality Matters — Revitalising teaching: Critical times, critical choices*, sobre a formação docente, preparado para o ministro da Educação e Formação de Nova Gales do Sul, o mais populoso Estado da Austrália. O relatório recordava que, apesar de terem sido realizados mais de vinte relatórios sobre a profissão docente, nas duas décadas anteriores, ela continuava em declínio. A este propósito, citava o relatório do Parlamento Australiano de 1998, assim como o relatório de 1997 do Comitê Conjunto de Especialistas da OIT/UNESCO para a aplicação da Recomendação sobre a condição do pessoal docente (UNESCO, 1966).[67]

---

67. Disponível em: <www.ilo.org/wcmsp5/groups/public/---ed_dialogue/---setor/documents/meetingdocument/wcms_162259.pdf>.

Na opinião do autor do relatório (Gregor Ramsey), a causa principal do estado em que se encontrava a profissão era a falta de um organismo para cuidar dos seus interesses mais gerais como profissão, com uma composição predominantemente profissional, sem o qual ela não é uma verdadeira profissão. "As profissões estão, cada vez mais, a adotar um modelo de contrato social que realça um compromisso com o serviço do cliente, tendo como contrapartida o privilégio da autorregulação. Esse modelo requer um código de ética para regular a prática dos membros da profissão" (RAMSEY, 2000, p. 95).

Em consequência, retomando uma recomendação do relatório do Parlamento Australiano, a sua Recomendação n. 1 foi a seguinte: "Que o governo de Nova Gales do Sul estabeleça um *Institute of Teachers* cuja finalidade principal é elevar o nível de profissionalismo dos professores e professoras e da docência" (RAMSEY, 2000, p. 215). Deveria ter os seguintes poderes e funções principais:

- Adoção de normas profissionais
- Acreditação/desacreditação profissional
- Aprovação de programas de formação inicial e contínua
- Acreditação de instituições envolvidas na formação
- Fazer recomendações às universidades e governo em matérias relacionadas com os vários aspectos da profissão
- Promover o estatuto da profissão
- Difundir informação profissional entre os seus membros

A recomendação teve seguimento em 2004, quando foi criado o *New South Wales Institute of Teachers*, ano em que foram criados organismos similares em mais dois Estados, seguidos de outros dois no ano seguinte.

Outros organismos de autorregulação da profissão docente são esperados ou são desejados.

Nas Caraíbas, a *Caribbean Community* (CARICOM), formada por quinze Estados-membros mais cinco Associados, criou em 2006 um *Advisory Committee* para as questões da qualidade da educação e, em

2007, uma *Task Force on Teaching and Teacher Education* para preparar um *CARICOM Council for Teaching and Teacher Education (CCCTTE)* que supervisionará o funcionamento de *National Teaching Councils* a criar. A *Task Force* já elaborou um *Draft Document to Establish National Councils* e um *Draft Professional and Academic Standards for Teachers*, que estão a ser objeto de consultas nacionais e regionais, desde 2010, com a colaboração da *Caribbean Union of Teachers*.

Na Alemanha, um artigo publicado numa revista de formação de professoras/professores, em 2008, sobre a experiência dos *Teaching Councils* na Irlanda, no Canadá e na Austrália, concluía: "Também aqui a profissão docente poderia, sob vários pontos de vista, através da criação de uma instituição comparável, superar as suas fragmentações e ganhar em perfil e reconhecimento público". (SLIWKA, 2008, p. 51)

Na Áustria, em 2005, o Ministério da Educação (agora Ministério Federal do Ensino, Arte e Cultura) encomendou a um grupo de especialistas um estudo sobre os problemas da profissionalidade (*Professionalität*) e profissionalização docentes, no contexto da crescente internacionalização da educação, que deveria incluir linhas de desenvolvimento para o futuro. O Grupo de Trabalho denominava-se "Desenvolvimento da Profissionalidade no Contexto Internacional". O estudo foi publicado em 2011. No seu contributo pessoal, o presidente do grupo (Michael Schratz) dedica algumas páginas ao *Ontario College of Teachers* (em que se refere à autora alemã citada) e conclui:

> O *Ontario College of Teachers* é um bom exemplo de como a profissão pode ganhar em perfil e reconhecimento, se houver uma organização profissional própria que assume a responsabilidade pela profissionalidade da profissão, no sentido de preocupação pela sua qualidade, tanto no plano interno como no plano externo. Uma tal organização profissional não só adota normas para a formação inicial e contínua, mas também serve para o desenvolvimento da carreira e para influenciar a política da educação. Como entidade independente, não está exposta diretamente à influência estatal ou política, o que torna possível a sua autonomia profissional e autorregulação. A criação de uma entidade desta natureza poderia também, nos países de língua alemã, dar novos impulsos à

profissionalização e influenciar o desenvolvimento da qualidade da profissão docente. (SCHRATZ, 2011, p. 74)

Na Índia, uma comissão nomeada pelo *National Council for Teacher Education* (NCTE), em junho de 2010, para preparar um projeto de *Code of Professional Ethics of Teachers* escreveu no seu relatório, entregue em outubro do mesmo ano: "Tal como todas as outras profissões, a profissão docente deve também avançar para a sua autorregulação".[68]

Na Itália, em 2 de novembro de 2001, a ministra da Educação, Universidade e Investigação criou uma *Commissione Ministeriale per il Codice Deontologico* cujo presidente honorário era o cardeal Ersilio Tonini (DM n. 3.146/MR, de 2/11/2001).[69] Tinha como mandato "definir critérios para um código deontológico do pessoal escolar que lhes permita ver tutelada a sua própria dignidade, tanto pessoal como profissional, a fim de potenciar a qualidade do sistema escolar". A comissão funcionou em plenário e três grupos de trabalho, tendo examinado as seguintes questões:

- Deontologia comparada
- Atual enquadramento jurídico da função docente
- Uma nova identidade profissional para as professoras e professores

A comissão concluiu o seu mandato em 15 de janeiro de 2003. O seu *Documento Finale*, que utiliza o conceito de *professionalità*, começa por citar algumas disposições da *Recomendação sobre a condição do pessoal docente* (OIT/UNESCO, 1966). Eis as suas ideias e conclusões principais:

- A função docente, na Itália, ainda não é verdadeiramente definida nem reconhecida como profissão. Esse reconheci-

---

68. Disponível em: <www.ncte-india.org/Approved%20by%20CP%20Final%20-%20Code%20of%20Professional%20Ethics%204%20march%202011.pdf>.

69. Disponível em: <www.sissco.it//index.php?id=1180>.

mento passa pela adoção de normas profissionais, incluindo um código deontológico. Este é um aspecto da questão mais ampla da sua profissionalização.

- A adoção e supervisão do respeito das normas profissionais devem ser confiadas à própria profissão, através da criação de um organismo de autorregulação profissional. O reconhecimento da autonomia da profissão docente está em consonância com as posições mais avançadas em nível internacional sobre a sua profissionalização.

- A alternativa é entre a ordem profissional, de natureza autorreferencial, e o *General Council* anglo-saxônico, com membros exteriores à profissão. Na Itália, o modelo de autorregulação da profissão docente poderia inspirar-se no *Consiglio Superiore della Magistratura*, pois a docência, tal como a justiça, está constitucionalmente tutelada.

- O organismo de autorregulação da profissão docente deve ser criado por lei, mas não de modo unilateral nem por via de negociação sindical, devendo envolver todos os docentes.

- Deve distinguir-se entre o código de disciplina, que é matéria do âmbito contratual, sindical, e o código deontológico, que é da competência da profissão, através de um organismo de autorregulação.

- O código deontológico deve ser geral, comum a todas as professoras e professores, mas podem ser adotadas normas específicas, em nível de escola, e um código próprio para os diretores escolares.

- As profissões adotam códigos deontológicos com estes objetivos principais:
    — Harmonizar a autonomia profissional com os interesses dos destinatários de seus serviços e o interesse geral.
    — Elevar o nível de prática e de conduta profissionais, para afirmar a sua identidade profissional.

— Reforçar o sentido de pertença à comunidade profissional e proporcionar-lhes referências para a sua autoavaliação.
— Dar prova de maturidade profissional.

- "Recomendações ao ministro":
    — Distinguir entre o plano profissional, estatutário, onde se colocam as questões da profissionalidade, e o plano sindical, contratual, onde se colocam as questões de carreira, de remuneração e outras relativas aos direitos laborais de professoras e professores.
    — Desencadear o processo de consulta e um debate com vista à criação de um organismo de autorregulação da profissão, de natureza análoga aos *General Teaching Councils* dos países anglófonos, que pode ter como referência o *Consiglio Superiore della Magistratura*. Poderá chamar-se *Consiglio Superiore della Docenza* e deverá ser formado por uma maioria de membros da profissão eleitos e outros nomeados em representação da universidade e de outras instituições de alta cultura. A sua autonomia requer que seja independente tanto da Administração como dos Sindicatos, assim como dos pais e dos estudantes, para salvaguarda do princípio da autorregulação. Deve ter amplos poderes relativamente à:
        ☐ garantia e promoção da liberdade de ensino e da liberdade de associação;
        ☐ definição e controle das normas de formação e de acesso à profissão, assim como de desenvolvimento profissional;
        ☐ administração do Registro [*Albo*] obrigatório de todas as professoras e professores habilitados, condição para o exercício da profissão em todas as escolas públicas, estatais ou com paridade;
        ☐ adoção e supervisão do respeito do código deontológico.

As recomendações da comissão não tiveram seguimento, até à data, e a causa principal parece ter sido a resistência sindical.

A primeira *International Conference of Teaching Councils* teve lugar em junho de 2005, em Edimburgo (Escócia). Na sua breve *Declaration of Edinburgh*,[70] os participantes concordaram, nomeadamente, em "promover, internacionalmente, as mais elevadas normas e os valores compartilhados da profissão docente, no interesse público", respeitando "a diversidade dos alunos, estudantes e professoras/professores", e em apoiar "novos e emergentes *Councils* para desenvolver modelos apropriados de autorregulação profissional [*professionally-led regulation*]". A segunda *International Conference of Teaching Councils* realizou-se em Melbourne (Austrália), em 2006. A terceira teve lugar em Cardiff (País de Gales) em 2009. Os mais de cinquenta participantes na Conferência de Cardiff (24-26 de junho) adotaram o "Compromisso de Cardiff", segundo o qual deveria ser criado um *International Forum*, elaborada uma *Charter for Teaching Council* e os *Teaching Councils* deveriam ter um encontro internacional bienal.[71]

Já foi criado o *International Forum for Teaching Regulatory Authorities* (IFTRA), sediado no *General Teaching Council for Wales*. Espera-se que venha a transformar-se numa *International Federation of Teaching Regulatory Authorities*.[72]

Na sequência de uma decisão da Conferência de Cardiff, o Teachers Registration Council of Nigeria e o South African Council for Educators organizaram a 1st *Roundtable of Teaching Regulatory Authorities in Africa*, em Abuja, Nigéria, em 11-14 de outubro de 2010, tendo como tema "The Role of the African Nations in the Globalisation of the Teaching Profession". Concluiu, nomeadamente, que:

---

70. Disponível em: <http://pesquisa.sapo.pt/?barra=resumo&location=pt&format=html&q=%22This+1st+International+Conference+of+Teaching+Councils+resolved+that%22&st=local>.

71. O quarto realizou-se em julho de 2011, em Durban (África do Sul), tendo como tema "Elevar o estatuto da profissão docente para a prestação de uma educação de qualidade".

72. Disponível em: <www.iftra.org>.

1. Deve haver uma lei estabelecendo uma *Teachers Regulatory Authority* (TRA) em cada país africano.
[...]
3. A lei deve aplicar-se a todas as instituições de ensino/educação, públicas e privadas.
4. Deve haver um registro e licenciamento de professoras/professores.
[...]
6. Deve haver um Código de Conduta e de Ética para todas as professoras e professores.
7. Deve haver um Desenvolvimento Profissional Contínuo de Professoras e Professores.
8. Que seja institucionalizada a Mesa-Redonda Africana e se realize anualmente.

Foi criado um *Africa Forum for Teaching Regulatory Authorities* (AFTRA).

Está a ser examinado um projeto de *Charter for Teaching Councils* com vista a um consenso internacional sobre a finalidade, princípios e atribuições dos organismos de autorregulação da profissão docente.

Inerente à ideia de autorregulação de uma profissão é, pois, a existência de um organismo independente, cuja composição seja majoritariamente profissional para que não haja heterorregulação endógena (heterorregulação dentro da autorregulação). Mas não basta. De que vale uma maioria de membros da profissão sem poderes reais de decisão sobre as questões mais importantes para a profissão?

As atribuições de um organismo de autorregulação profissional são tipicamente os poderes e funções de autorregulamentação, de autodisciplina e autoadministração. Podem, no entanto, ser muito amplas ou as mínimas compatíveis com a ideia de autorregulação.[73] Se o poder de suspender ou excluir do exercício da profissão ("pena de morte" econômica) é o poder supremo da autorregulação profis-

---

73. "Não quer isto dizer que para haver autorregulação tenha de haver todas estas dimensões. Pode haver apenas uma ou duas delas. A realidade exibe exemplos de todas as combinações possíveis" (MOREIRA, 1997, p. 69).

sional, "a criação de normas, de regras de conduta, é a mais nobre das dimensões da autorregulação. Em sentido estrito tal é o sentido do termo *autonomia*", como escreveu Vital Moreira (1997, p. 69).[74]

O perfil autorregulador dos organismos de autorregulação da profissão docente é variável. Segue-se uma visão possível da sua lógica, sentido e plenitude, que tem em conta o projeto de *Charter for Teaching Councils*:

- *Finalidade*
  - Personificar e cultivar a identidade da profissão docente.
  - Cuidar do profissionalismo das professoras e professores.
  - Elevar a confiança pública na profissão e a qualidade da educação.

- *Princípios*
  - Autonomia estatutária.
  - Primado do interesse público.
  - Benefícios da autorregulação.

---

74. Sayer caracterizou assim os organismos de autorregulação da profissão docente:

Os GTCs não serão agências governamentais, mas organismos profissionais autorreguladores independentes, governados por uma maioria de professoras e professores registrados, eleitos ou nomeados pelos pares, trabalhando em parceria com os pais, os diretores, os formadores de professores/professoras, os proprietários de escolas e outros vitalmente interessados na educação.
[...]
Os GTCs não são organismos consultivos, mas têm a responsabilidade estatutária de aconselhar e falarão com a autoridade da sua profissão. Espera-se que se tornem a fonte principal de conselho sobre as qualidades e qualificações que devem ser requeridas para ingressar na profissão docente; sobre os critérios de reconhecimento da formação inicial dos(as) professores/professoras e de cursos de formação; sobre os critérios da indução como professor/professora; sobre aquilo que deles se espera profissionalmente; e sobre o desenvolvimento profissional contínuo e a renovação das qualificações.
[...]
Os objetivos dos GTCs são, no interesse de quem aprende e do público, ser a voz de toda a profissão docente; manter e promover elevadas normas de serviço público; e promover o estatuto público das(os) professoras/professores. Isto é o que eles querem, o que o público quer e, no fim de contas, o que o governo e, na verdade, todos os grupos políticos reconheceram ser essencial. (SAYER, 2000, p. 3-4, 9)

- *Atribuições*
  — Certificação e registro dos membros da profissão.
  — Investigação e eventual sanção de alegadas infrações deontológicas.
  — Adoção ou participação na aprovação das normas profissionais para:
    ☐ formação inicial e contínua,
    ☐ certificação/recertificação,
    ☐ prática e conduta profissionais.
  — Acreditação e/ou supervisão dos programas de formação, inicial e contínua.
  — Difusão de informação de interesse para os membros da profissão, através de todos os meios apropriados.
  — Iniciativa/patrocínio de investigações sobre a profissão.
  — Emissão de pareceres e de recomendações sobre questões relativas ao seu mandato.
  — Representação da profissão.
  — Outras atribuições e atividades, como:
    ☐ promoção e organização de programas de desenvolvimento profissional;
    ☐ supervisão da indução e probação profissionais e função de instância de recurso da sua avaliação;
    ☐ reconhecimento de habilitações profissionais adquiridas fora da sua jurisdição, designadamente no caso de Estados federais;
    ☐ criação das comissões/Comitês necessários ao exercício das suas atribuições, recorrendo eventualmente a especialistas exteriores à profissão.

- *Autorregulação profissional de perfil elevado*
  — Organismo autorregulador com autonomia estatutária, maioria profissional e um presidente/diretor eleito.

— Jurisdição sobre toda a profissão docente, tanto no setor público como no privado, incluindo a educação pré-escolar e tendencialmente o ensino superior.

— Amplos poderes normativos, de acreditação da formação inicial e contínua, de prática e de conduta, para além do registro e certificação.

— Autoridade reconhecida e respeitada pela profissão, pelo público e pelos governos.

Em 2011, a Internacional da Educação, que é a maior Federação Sindical do mundo no campo da educação, adotou no seu 6º Congresso Mundial (Cape Town, África do Sul, 22-26 de julho) uma "Resolução sobre o futuro da profissão docente" que faz uma referência aos *Teaching Councils* (u.).[75] Na sequência desta Resolução, a International da Educação solicitou a John MacBeath, professor emérito da Faculdade de Educação da Universidade de Cambridge, um estudo sobre a profissão docente que foi publicado em 2012 com o título *Future of the Teaching Profession*.[76] Nele se pergunta: "Qual será a natureza da identidade profissional e as prioridades da próxima geração de professoras e professores? Que significa a mudança ser conduzida pela profissão, por organismos profissionais e por valores profissionais essenciais?" (MACBEATH, 2012, p. 93)

---

75. Disponível em: <http://pages.ei-ie.org/library/en/libraries/detail/159>.

76. Tema que foi objeto de um Seminário, em fevereiro do mesmo ano, na Universidade de Cambridge, patrocinado pela Universidade de Cambridge, a International da Educação, a OECD e a *Open Society Foundation on the Future of the Teaching Profession*.

5
Futuro da profissão docente

As instituições e profissões transformam-se com as sociedades. Também a instituição escolar e a profissão docente estão em transformação. Algum dia a escola e a profissão docente deixarão de ser necessárias?

Durante séculos, as escolas e os professores foram as principais fontes do saber, quando não havia livros ou eram muito escassos. Professores eram aqueles que possuíam saberes raros. Eram profissionais do saber.

Em nossos dias, a multiplicação e democratização das fontes de informação operada pela revolução científico-tecnológica está a colocar ao alcance de um número crescente de seres humanos uma biblioteca planetária, afetando a missão tradicional da escola e a função típica das professoras e professores. Estão a tornar-se sobretudo profissionais do saber aprender. Fala-se mesmo em mudança de paradigma.[1] Como se lê no Relatório da Cimeira de Nova York de 2012:

---

1. Lia-se no Documento de Referência da 47ª Sessão da Conferência Internacional da Educação (no quadro da UNESCO), reunida em Genebra, em 2004, tendo como tema "Educação de qualidade para todos os jovens: desafios, tendências e prioridades":

"O modelo de escola "transmissão de conhecimentos" deixou de ser adequado" (ASIA SOCIETY, 2012, p. 6). Há uma contradição entre os discursos e a realidade, um "desfazamento entre o que se avalia e o que se valoriza" (p. 23). Parafraseando o que disse uma participante na Cimeira, a escola do século XXI não pode continuar a funcionar segundo uma lógica do século XIX e com professoras e professores que continuam no século XX.

Na realidade, a instituição escolar permanece amplamente ensimesmada, é criticada de todos os lados, não agrada a ninguém, mas o mal-estar escolar atinge sobretudo os seus diretos "utentes" — as crianças, adolescentes e jovens — que manifestam, de vários modos, a sua insatisfação e má relação com esta escola que são obrigados a frequentar. Todavia, a escola não se reforma com medidas avulsas. Uma conclusão da Cimeira de Nova York de 2011 foi esta: "Para ter sucesso, os esforços de reforma não podem limitar-se a uma pequena peça do *puzzle*, mas têm de ser parte de uma abordagem compreensiva" (ASIA SOCIETY, 2011, p. 26), orientados por "uma visão de longo prazo e um sonho partilhado" (ASIA SOCIETY, 2012, p. 24).

MacBeath conclui, depois de examinar seis potenciais cenários projetados por um estudo da OECD em 2001:

> Em cada um destes hipotéticos cenários, a escola desempenha um papel que vai desde a ocupação do centro, num extremo, até um lugar de

---

A questão de saber se este tipo de funcionamento [do sistema educativo] é viável, a longo prazo, pode ser, com razão, questionada.

A análise, neste documento, do estado de desenvolvimento no mundo e do papel dos sistemas educativos na satisfação das necessidades educacionais dos jovens, para lhes permitir tomar parte na vida, participar no desenvolvimento sustentável e construir um mundo mais humano, sugere que não. Muitos observadores consideram que é necessário um "novo paradigma" para a educação no mundo, pois parece que, a continuar como está, o problema está realmente na solução. Continuar a fazer "mais do mesmo", ainda que haja melhorias, pode ter um efeito perverso. Disponível em: <www.ibe.unesco.org/International/ICE47/English/index_ICE47.htm>.

No discurso inaugural da Conferência, o diretor-geral da UNESCO (então Koïchiro Matsuura) disse também: "Sinto que está em curso uma sutil mudança de paradigma". Disponível em: <www.ibe.unesco.org/International/ICE47/English/FinalRep/Finalrep_main.htm>.

apoio, no outro extremo. Quer os conhecimentos e capacidades possam ou não ser adquiridos em lugares diferentes da escola, o poderoso papel social e moral da escolarização não devem ficar de fora da equação. [...] Aplicando a máxima de Einstein segundo a qual os problemas não podem ser resolvidos pensando dentro do mesmo quadro em que surgiram, o futuro das escolas, da escolarização e da educação pode tomar essencialmente duas direções diferentes – uma no sentido da extensão do seu âmbito (uma forma de re-escolarização), a outra no sentido de um papel mais modesto de centro de coordenação, de peça central de uma rede de lugares comunitários pequenos, amigáveis, de base local (uma forma de des-escolarização). (MacBeath, 2012, p. 80, 86)

A Cimeira de Nova York de 2012 realçou esse "poderoso papel social e moral da escolarização", para que a humanidade saiba controlar os seus poderes e destino. Uma das suas conclusões foi a seguinte visão da finalidade da educação escolar:

Não se falou apenas das competências e conhecimentos básicos, mas do desenvolvimento de um mais amplo leque de competências e disposições, incluindo o desenvolvimento da imaginação, do pensamento crítico, de uma consciência transcultural e global, do empenhamento cívico e político, da criatividade, da engenhosidade e da inventividade. Foram também referenciados como importantes objetivos a educação para a sustentabilidade ambiental, para a prosperidade, para o emprego, para a igualdade, para os direitos humanos e a paz. Esta visão moral fortalece o debate sobre o futuro da profissão docente. (ASIA SOCIETY, 2012, p. 22)

Esta "visão moral" do futuro da escola inspira, por exemplo, o relatório intitulado *Refondons l'École de la République*,[2] com os resultados de uma consulta nacional sobre a escola, na França, que decorreu de 5 de julho a 9 de outubro de 2012. Eis algumas das suas recomendações:

---

2. Disponível em: <www.refondonslecole.gouv.fr/wp-content/uploads/2012/10/refondons_l_ecole_de_la_republique_rapport_de_la_concertation1.pdf>.

- "Não se trata nem de nos contentarmos com reformar o que existe nem de deitar abaixo todo o edifício [...] mas de reexaminar para dar sentido, fundado em valores" (DULOT et al., 2012, p. 3).
- Há, "por vezes, uma relação consumista com a educação", uma "mercantilização" da educação (p. 15), designadamente pelos "modelos liberais, que privilegiam o funcionamento de quase mercados educativos" (p. 23).
- É preciso reafirmar a responsabilidade e "papel central do Estado" pela escola como "um serviço público nacional" (p. 29).
- A escola deve abandonar a sua "postura enciclopédica". Hoje, tão importante como aprender é "aprender a aprender" (p. 25).
- A escola "é um lugar de instrução, de formação intelectual e de transmissão de valores, tanto como de preparação para a vida social e profissional" (p. 23).
- É necessário superar a "oposição estéril entre instrução e educação", que são as "duas pernas" do sistema educativo, que deve também "transmitir uma ampla cultura, humanista, científica e artística" (p. 25).
- A escola deve abrir-se e legitimar novas aprendizagens ligadas ao quotidiano (*life skills* ou "educação para..."), como a educação digital, a educação para os *media*, a educação para a saúde, a educação para a sexualidade, a educação para a cidadania etc.
- A escola não é propriamente um espaço político, nem uma democracia, mas é "um espaço pré-cívico", onde as novas gerações devem poder aprender "a informar-se sobre questões políticas, a julgar do ponto de vista do interesse geral, a preocupar-se com o bem comum, a justiça e a igualdade, a argumentar e a debater, a assumir responsabilidades coletivas", designadamente através da "participação nas instâncias representativas e/ou na vida associativa do seu estabelecimento" (p. 26).

- É necessário repensar as modalidades de avaliação, para que não sejam fatores de diminuição do sentimento de valor pessoal e de desmotivação. "A avaliação, para ser reconhecida e útil, deve ser coerente, cientificamente legítima e participativa" (p. 30).
- Há que reconhecer o "caráter crucial da reconstrução de uma formação docente de qualidade. Uma formação que dará à sua dimensão profissionalizante toda a importância que ela requer, ao lado dos saberes acadêmicos indispensáveis. A matéria e a maneira. Ensinar é um ofício exigente que se aprende" (p. 31).
- A formação docente deve ter nível de mestrado nas novas Escolas Superiores do Professorado e da Educação (ESPE), integradas nas universidades. "A formação docente inicial deve caminhar com as suas duas pernas: acadêmica e pedagógica. A sua vocação profissionalizante deve ser afirmada" (p. 46).
- "A escola não é apenas um lugar de aprendizagens, mas também um lugar de vida. Deve estar, pois, atenta à qualidade do acolhimento" (p. 41). Deve ser arquitetonicamente, ergonomicamente e humanamente acolhedora para os estudantes, suas famílias e professoras e professores.
- Além disso, deve ser um centro comunitário, "um serviço público ao serviço do público". "Os meios fornecidos pelas colectividades (salas de reunião, equipamentos informáticos, centros documentais, equipamentos desportivos) devem poder beneficiar o maior número possível" (p. 42).

Eis uma visão do futuro da escola e da profissão docente:
- Durante milênios, as escolas e os professores foram as fontes principais do saber, sobretudo quando não havia livros ou eram muito escassos. Os professores eram *profissionais do saber*.

- Em nossos dias, a revolução científico-tecnológica e a multiplicação e democratização do acesso às fontes do saber estão pondo ao alcance de um número crescente de seres humanos uma biblioteca planetária, afetando a missão tradicional da escola e a função típica dos professores e das professoras. Estão tornando-se sobretudo *profissionais do saber aprender*.

- Os poderes gerados pela revolução científico-tecnológica geram novos perigos potenciais que requerem dos seres humanos uma consciência e sabedoria que conferem às dimensões ética, cívica e internacional da educação escolar uma importância tão grande, pelo menos, como a das suas dimensões intelectual e profissional, tradicionalmente predominantes. Além disso, à medida que os seres humanos se libertam das premências da satisfação das suas necessidades básicas, tornam-se mais disponíveis e sensíveis a níveis superiores da vida humana, do seu aperfeiçoamento.

- Em consequência, sejam quais forem os futuros "milagres" do gênio científico-pedagógico, é difícil imaginar sociedades sem uma instituição onde as novas gerações se encontram, com a sua diversidade, para aprender valores comuns e saberes fundamentais. A escola básica será, cada vez mais, uma escola do direito à educação como direito de aprender, de aprender a aprender, de aprender a ser humano e a viver humanamente, com profissionais cuja lição principal deve ser a exemplaridade profissional. Para isso, terão de ser escolhidos entre os melhores dos seres humanos.

- É uma exemplaridade *profissional*, isto é, não deve ser reduzida e eventualmente capturada por uma interpretação moralista conservadora, mas compreendida como excepcional encarnação de qualidades, valores e saberes. Profissionalmente exemplar, em educação, é quem, pelas suas qualidades humanas, morais, intelectuais e outras, pela coerência com os valores fundamentais da profissão, suscita respeito e admiração, exercendo uma positiva e duradoura influência.[3]

- Por conseguinte, a profissão docente tem futuro, mas o seu futuro não está na ilusão tecnológica, isto é, na crença em que as *próteses tecnológicas* poderão, algum dia, fazer a economia das *pessoas dos educadores e educadoras*. No coração da relação educacional está a comunicação interpessoal. O princípio do método pedagógico será sempre a personalidade da professora ou do professor. Como tantos testemunhos documentam, o ser humano que é uma professora ou um professor é a lição com mais ressonância na vida das crianças, adolescentes ou jovens que passam por si nas salas de aula. É por isso que as qualidades pessoais e o valor do exemplo são um tema clássico na história do pensamento pedagógico.

- Em suma: A exemplaridade profissional pode ser considerada como a quinta-essência da identidade da profissão docente. Em mais nenhuma profissão ela é tão essencial e central.

---

3. Donald Irvine observou, referindo-se à Medicina:

O exemplo [*role modelling*] é uma força poderosa na medicina. Marinker utilizou o termo "currículo oculto" para descrever o efeito das atitudes profissionais e do comportamento das professoras e professores clínicos sobre os estudantes e os médicos na formação. O comportamento quotidiano das professoras e dos professores clínicos é a demonstração viva dos seus saberes, ética e dedicação: do seu profissionalismo. Aquilo que fazem e como o fazem é tão importante como aquilo que dizem [...].
A avaliação das atitudes e das capacidades interpessoais deve, portanto, ter uma prioridade elevada na formação médica. (IRVINE, 1997, p. 1542)

Se assim deve ser na educação médica, muito mais o deverá ser na educação das crianças, adolescentes e jovens.

No relatório da OECD de 2005 há uma sugestão com pertinência relativamente a esta ideia:

Na sua forma mais radical, uma ênfase maior na qualidade docente poderia consistir em repensar o trabalho das professoras e professores para ser focado mais nas componentes especificamente profissionais, com a contratação de menos professoras e professores, talvez, mas com o recrutamento de um maior número de outras pessoas para fazer aquele trabalho atual de professoras e professores que não requer as suas competências profissionais, sendo as professoras e os professores substancialmente melhor remunerados, para atrair e reter os melhores dos candidatos. (OECD, 2005, p. 13)

O futuro da humanidade precisa de professoras e professores que sejam *profissionais do aprender a ser*.

E quanto aos pais?

Para as filhas e os filhos, as mães e os pais são pessoas únicas no mundo, mas podem não ser as melhores pessoas do mundo... Não podem ser escolhidos, mas pode-se escolher e formar profissionais da educação que incarnem o melhor que uma sociedade e a humanidade têm para dar às suas crianças.

O nó górdio do círculo vicioso da reprodução dos males da educação e dos piores males humanos só pode ser desatado quando as crianças, adolescentes e jovens puderem aprender com os melhores de nós. E para atrair os melhores:

- O direito à educação deve ser reconhecido e valorizado como o maior poder e a maior responsabilidade do mundo, porque o mundo é feito pelos seres humanos, e um ser humano é, através dos ventos e marés da sua vida, o seu nome, o seu rosto, o seu corpo e tudo o que a sua educação gerar dentro de si.

- Os profissionais da educação devem ser reconhecidos como profissionais cuja personalidade constitui o radical da sua identidade, com todas as consequências para a sua seleção, formação, avaliação e outros fatores de elevação da sua profissionalidade.[4]

---

4. "Para termos melhores professores/professoras, tem de haver uma profunda revolução na atitude global da generalidade da população relativamente à profissão docente. Os melhores homens e mulheres hesitarão em ingressar nesta profissão enquanto o público tender a olhar para os professores/professoras sobretudo como um infeliz grupo de pessoas mais ou menos incapazes de fazer qualquer outra coisa" (SILCOX, 1952, cit. in VAN NULAND, 1998, p. 123).

Um estudo publicado pelo *National Board of Employment, Education and Training* (NBEET), na Austrália, em princípios dos anos 1990, citava uma publicação onde se lia que:

[...] se as professoras e os professores fossem melhor pagos, mais altamente respeitados na sociedade e tivessem uma imagem de si próprios mais positiva, seriam mais respeita-

Concluindo: Para "substituir os círculos viciosos do declínio por círculos virtuosos de elevação do estatuto da profissão" (ASIA SOCIETY, 2012, p. 15), é indispensável uma abordagem sistêmica que abranja o recrutamento, a formação inicial, a indução/probação, o desenvolvimento profissional, a remuneração, a avaliação e possibilidades de carreira. Sem esquecer as condições de trabalho, a autonomia profissional, a qualidade da gestão escolar, assim como a imagem pública da profissão. Os países com melhores resultados escolares são aqueles que melhor têm agido neste domínio.

Os fatores de elevação da profissionalidade docente são, portanto, principalmente os seguintes:

- Ponderação, nos critérios de acesso à profissão, das características de personalidade, para verificação da sua compatibilidade com as suas exigências de profissionalismo.
- Formação inicial de duração suficiente para dar às suas componentes teórica e prática o tempo que cada uma requer, e de preferência em alternância para favorecer a sua integração.
- Formação inicial e contínua orientada por elevadas normas profissionais, como referenciais de prática e de conduta, inspiradas no direito à educação e sua natureza comunicacional.
- Valorização da profissão no que respeita às suas condições de trabalho, remuneração e perspectivas de progressão na carreira, para motivar quem a exerce e atrair candidatos que a valorizem e prestigiem.
- Avaliação profissional que não denegue a complexidade da profissão, reduzindo-a às elementaridades instrumentais mais fáceis de observar, objetivar e quantificar, para fins burocráticos, estatísticos e outros.

---

dos na sala de aula, mais professoras e professores gostariam de continuar na profissão, por ser mais intrinsecamente e extrinsecamente gratificante, e um maior número de pessoas mais capazes se candidatariam para ingressar nela. (NATIONAL BOARD OF EMPLOYMENT, EDUCATION AND TRAINING, s/d., p. 7)

- Responsabilização de professoras e professores pela identidade e futuro da sua profissão, conferindo-lhe uma ampla autonomia coletiva e uma maior autonomia individual.

A autorregulação profissional é uma via real para uma profissionalidade superior. Pode ser uma ponte entre o passado e o futuro da profissão docente, se os seus organismos tiverem a sabedoria e a grandeza de assumir a sua singularidade e plenitude, gerando um círculo vicioso de transfiguração.

Concluindo

A relação entre o Estado, o mercado, o público e as profissões é complexa e continua problemática. Dingwall formula esta questão essencial:

> Há um problema não resolvido no coração do estudo tanto econômico como sociológico das profissões. Estas ocupações são meros monopólios, cujos efeitos anticompetitivos distorcem a organização social e econômica de uma sociedade, ou são instituições que se desenvolveram por razões de interesse público e devem ser preservadas? (DINGWALL, 2008, p. 61)

É a questão que Dubar e Tripier também suscitam, quando interrogam: "Com efeito, não se assiste, desde meados dos anos 1980, a uma desregulação generalizada das atividades econômicas e mesmo a tentativas de transpor a lógica do mercado para todas as atividades profissionais?" (DUBAR; TRIPIER, 2009, p. 8). Os mesmos autores concluem que, "apesar de todas as profecias, previsões ou teorias anunciando o declínio inelutável e mesmo a morte programada das "profissões independentes", sejam elas artesanais, comerciais ou liberais, estas continuam bem vivas, ainda que se proclamem perpetuamente ameaçadas" (p. 205). Esta é também a opinião de outros sociólogos que, embora reconhecendo as mudanças que estão acontecendo no mundo das profissões, designadamente o crescente assalariamento de profissionais até agora independentes, observam que não há estudos empíricos que comprovem o alegado declínio das profissões. Por exemplo, Freidson escreveu, em *Professionalism: the third logic* (2001):

> O monopólio instalado pelo profissionalismo não se exerce nem sobre a propriedade, nem sobre a riqueza e o poder político, nem mesmo sobre o conhecimento, mas sobre a prática de um corpo definido de saberes especializados e a sua aplicação, sobre uma disciplina. Este termo monopólio está sujeito a fantasmas da parte daqueles que criticam o seu estereótipo. Ignoram que as instituições do profissionalismo não estão fundadas apenas na relação econômica, mas servem um objetivo geral, o de fazer progredir o saber e a prática de um conjunto de conhecimentos singulares e a sua aplicação. (cit. in DUBAR e TRIPIER, 2009, p. 131)

Também Dingwall (que Freidson cita) se pronuncia pela salvaguarda da especificidade das profissões, cuja função e valor não parecem substituíveis num futuro próximo:

- "Estes não parecem ser tempos propícios para as profissões", mas "os obituários das profissões parecem claramente prematuros", conclui Dingwall (2008, p. 139, 110). "Diz-se que a desregulação dos mercados de trabalho é uma condição crucial do sucesso no mercado global e as profissões nacionais são amplamente vistas como obstáculos ao mercado livre dos serviços" (p. 99). Todavia: "A ordem global pode achar que precisa tanto como os Estados-Nação de grupos promotores de confiança", ou seja, de "profissões globais" para um mundo globalizado (p. 110).
- Por um lado: "Quanto mais aumenta a escala e a complexidade das sociedades, mais difícil é verificar se alguém realmente possui as competências que alega ter" (p. 105), e são os membros da profissão que "têm uma capacidade maior para reconhecer normas de baixo nível" (p. 66). Por outro lado: "A expansão da informação não nos torna mais competentes para avaliá-la. Como todos reconhecemos, o difícil não

é reunir dados, mas saber o que é que eles significam". Por conseguinte:

Não será fácil eliminar os intermediários, cuja capacidade para interpretar a informação e aplicá-la ao nosso caso tem uma conhecida legitimidade. O profissional é o nosso recurso para reduzir a incerteza sobre coisas importantes que nós não sabemos facilmente ou economicamente verificar por nós próprios (p. 107-108).

- Em última instância, "a instituição social de "delegação e confiança" funciona para facilitar um resultado coletivamente razoável" (p. 68). E se a profissão "parecer abusar da sua posição privilegiada, esses privilégios devem ser retirados. Esta é a única 'disciplina real e efetiva'" viável (p. 76). É a disciplina da autorregulação.

A relação entre autorregulação e competição não tem que ser um jogo de soma zero. Todas as ocupações tendem a organizar-se para cuidar dos seus interesses. A autorregulação profissional clássica está mudando e há mesmo quem pense que deve acabar, mas se ela subsiste, com tanta vitalidade, especialmente no mundo anglófono, é porque as sociedades continuam a ver mais vantagens do que desvantagens no contrato público que a sustenta.[1]

O *core* da insubstituibilidade das profissões e o *foyer* da sua indissolubilidade numa lógica de pura competitividade no mercado dos serviços é de natureza ética e cultural. E não há profissão com maior densidade e ressonância, eticamente e culturalmente, do que a profissão docente. É, por natureza, mais do que qualquer outra, uma daquelas profissões mediadoras cujos serviços Dingwall considera indispensáveis para ajudar as pessoas a interpretar a informação, a

---

1. "Durante mais de um século, as principais profissões controladas pelos pares convenceram o público de que o contrato social dessas profissões tem mais benefícios para o público do que um modelo meramente comandado pelo mercado. Todavia, os contratos sociais pressupõem a confiança pública em que a profissão e os seus membros levam o profissionalismo a sério" (HAMILTON, 2007, p. 6-7).

aprender a utilizá-la e a tomar decisões importantes para a sua vida. E mais do que isso, como se argumentou.

No que respeita à autorregulação da profissão docente, eis algumas notas de síntese e lições da sua história:

- A ideia emergiu no Reino Unido em meados do século XIX, tendo como referência principal o *General Medical Council*, mas apenas se implantou definitivamente um século depois.

- Em geral, a criação de organismos de autorregulação da profissão docente correspondeu a uma aspiração das suas organizações profissionais, incluindo os Sindicatos, que os acolheram como um valor acrescentado à profissão. Por exemplo, na Irlanda, a INTO [*Irish National Teachers' Organisation*] publicou em 2004 um guia intitulado *The Teaching Council Act 2001 — Question and Answer Guide* em cujo Prefácio o seu secretário-geral afirmava: "Recomendo insistentemente a todos os membros que se interessem activamente pelo desenvolvimento do *Council*, cuja criação foi um objetivo da INTO durante décadas".[2] Já durante o debate no Parlamento irlandês um dos intervenientes tinha observado:[3]

A proposta de lei foi saudada pelos três sindicatos. John Carr, tesoureiro da INTO, afirmou que a organização tinha reclamado um tal organismo desde 1974 e que ele iria ajudar a promover a imagem profissional das professoras/professores e dar-lhes um maior poder de intervenção na formação das professoras/professores e no desenvolvimento profissional.

Outros exemplos: o Sindicato dos Professores de Malta (MUT) saudou a criação do *Council for the Teaching Profession* (2008) como "um passo importante na história da educação em Malta";[4] a

---

2. Disponível em: <www.into.ie/ROI/Publications/TeachingCouncilAct01QA.pdf>.

3. Disponível em: <www.oireachtas.ie/viewdoc.asp?fn=/documents/bills28/bills/2000/1600/default.htm>.

4. Disponível em: <www.doi.gov.mt/EN/commentaries/2008/08/tim09.asp>. Acesso em: mar. 2010.

Caribbean Union of Teachers (CUT) apoia a iniciativa em curso para a sua criação na região das Caraíbas.[5]

- A criação de organismos de autorregulação da profissão docente foi sempre preparada por estudos de especialistas ou comissões. Em Ontário, o governo seguiu a recomendação da *Royal Commission on Learning*, formou o *Ontario College of Teachers Implementation Committee* e concretizou as suas propostas. Os títulos dos relatórios de uma e de outro são significativos: *For the Love of Learning* e *The Privilege of Professionalism*, respectivamente. Outro exemplo: na Irlanda, o Ministério da Educação e da Ciência, na sequência de recomendações no mesmo sentido, criou um *Steering Committee on the Establishment of a Teaching Council*, formado por 25 representantes de entidades e organizações do campo da educação, que examinou todas as questões relativas à criação do *Teaching Council* e fez propostas para a sua operacionalização.

- No seu *Avis* de 2004, o *Conseil Supérieur de l'Éducation* do Quebec falava de "um organismo que se assemelhe a uma Ordem", mas que "não devia ser composto unicamente por professoras/professores" (CONSEIL SUPÉRIEUR DE L'ÉDUCATION, 2004, p. 71). Os organismos de autorregulação da profissão docente existentes no mundo anglófono incluem na sua composição — além de membros da profissão, eleitos ou não, representativos da sua diversidade — representantes do interesse público e de outras partes legitimamente interessadas, como as instituições de formação de professoras e professores, as entidades empregadoras e as famílias. É uma composição que reflete a ideia de "profissionalidade aberta".[6]

---

5. Disponível em: <www.caricom.org/jsp/pressreleases/pres419_10.jsp>. Acesso em: abr. 2011.

6. Kaye observa que "nenhum outro organismo formalizou tão claramente um sistema para dar voz aos interesses exteriores" (à profissão), sistema que é um aspecto de "um novo paradigma" de regulação profissional (KAYE, 2006, p. 113, 117).

- Pela composição do seu organismo e por ser uma profissão exercida principalmente em regime assalariado, geralmente na função pública, a autorregulação da profissão docente é menos suscetível da deriva corporativista a que outras profissões autorreguladas estão mais expostas.[7]
- Os organismos de autorregulação da profissão docente existentes têm denominações diversas, como vimos: *(General) Teaching (Teachers) Council, College of Teachers (Teaching) (Educators), Council for Educators, Teacher(s) Registration Board (Council), Institute of Teaching (Teachers)*. A sua configuração e intensidade autorreguladora são variáveis. O perfil mais elevado é o do GTCS, do TCI e do OCT.
- A concretização da ideia de autorregulação da profissão docente foi um processo mais ou menos longo, em cada país, mas o caminho já aberto permite que se possa avançar, hoje, mais rapidamente.
- Há duas condições determinantes para a institucionalização da autorregulação da profissão docente: vontade profissional e vontade política. Como sublinhava o relatório do Parlamento australiano de 1998, um organismo de autorregulação da profissão docente deve ser da iniciativa da profissão e "tem de ser constituído de um modo que tenha credibilidade junto das professoras e professores, dos governos e do público em geral". Requer "a boa vontade dos governos, dos sindi-

---

7. Num texto intitulado "As ordens na ordem" (*Público*, 20 dez. 2005), Vital Moreira escrevia:

As ordens profissionais apresentam uma incontornável duplicidade: por um lado, são associações de agentes econômicos, de prestadores de serviços, cujos interesses coletivos visam defender; por outro lado, são organismos oficiais (associações ou corporações públicas), encarregados da regulação da profissão (acesso à profissão, disciplina profissional etc.). [...] Por isso, as ordens profissionais tendem a funcionar, na melhor das hipóteses, como um "grupo de interesse oficial" e na pior como um cartel público. [...]
Sou dos que entendem que faz sentido a autorregulação e a autoadministração profissional, sobretudo no caso da autodisciplina profissional, dispensando o Estado de investir em tarefas que ele não está em condições de desempenhar a contento e aproveitando o próprio interesse das profissões em regularem-se a si mesmas. Mas [...] as ordens não são o único formato possível para a autorregulação profissional, longe disso [...].

catos de professoras/professores, das organizações profissionais disciplinares e das instituições de formação de professoras e professores" (PARLIAMENT OF THE COMMONWEALTH OF AUSTRALIA, 1998, p. 18-19). Para que assim aconteça, é necessário que todas as partes compreendam bem a natureza e as vantagens da autorregulação profissional.

As conclusões dos relatórios de avaliação do desempenho dos organismos de autorregulação da profissão docente têm sido globalmente positivas, como se disse. Vejamos, por exemplo, o caso do *General Teaching Council for Scotland* (GTCS) e do *Ontario College of Teachers* (OCT), que têm sido os mais influentes na criação de organismos semelhantes.

Em Ontário, no terceiro dos referidos *Ontario Education Discussion Papers*, intitulado *Revitalizing the Ontario College of Teachers*, com data de 18 de março de 2004,[8] o Ministério da Educação declarava que "as professoras e os professores merecem o privilégio da autorregulação", mas o OCT tem algumas fraquezas. Eram principalmente as seguintes:

- A profissão manifesta "uma aparente falta de respeito por ele", pois as professoras e professores "olham para ele como uma entidade adversária, focada nas sanções e não no reconhecimento da profissão". Um sintoma dessa "profunda falta de confiança" é a baixíssima percentagem de participação na eleição do seu *College*.

- Há problemas estruturais na sua composição, que afetam a sua independência. Com efeito, o seu Conselho é dominado por dois grupos: os membros nomeados pelo governo e os membros eleitos pelas federações profissionais, situação que "enfraquece a própria ideia de um organismo independente capaz de promover o interesse público". A questão que se coloca é esta: "Se as professoras e os professores são profis-

---

8. Disponível em: <www.edu.gov.on.ca/eng/general/elemsec/partnership/index.html>.

sionais, são dignos da confiança que isso implica. Se não, por que ter um *College*?".

Para reforçar a independência do OCT, o governo propunha-se fazer "apenas nomeações de minorias plenamente qualificadas, validadas por terceiros", para garantir o seu caráter público e a representação de interesses de minorias profissionais. Por outro lado, era também indispensável pôr fim a candidaturas patrocinadas pelas federações profissionais.

> As federações de professoras/professores têm um papel legítimo e importante na prossecução dos seus interesses nas discussões sobre a sua remuneração e condições de trabalho. Contudo, o papel de proteção do público atribuído ao *College* suscita inevitavelmente um conflito com o papel das federações, pois haverá ocasiões em que o interesse público e o interesse das(os) professoras/professores não coincidem.

Na Escócia, em janeiro de 2008, o primeiro-ministro (Alex Salmond) anunciou a intenção de tornar o GTCS um "organismo de autorregulação profissional semelhante ao *General Medical Council*", plenamente independente. Em abril de 2009, foi lançada uma ampla Consulta sobre o seu futuro Estatuto.[9] A maioria dos inquiridos (83%) manifestou-se favorável à atribuição de mais poderes ao GTCS, que foram efetivamente aumentados através da *Public Services Reform (General Teaching Council for Scotland) Order 2011*, adotada em 17 de março de 2011, para entrar em vigor em 2 de abril de 2012.[10] A partir de então, o GTCS, que era um organismo oficial não departamental, financeiramente independente mas cuja autonomia de decisão era limitada, é completamente independente. Os seus poderes incluem, nomeadamente, além da certificação e registro profissional, a adoção e supervisão do respeito de normas profissionais de entrada nos cursos de

---

9. Disponível em dezembro de 2009: <www.scotland.gov.uk/Resource/Doc/266699/0079774.pdf>.

10. Disponível em: <www.legislation.gov.uk/ssi/2011/215/contents/made>.

formação para o exercício da profissão nas escolas primárias e secundárias, bem como de competência e de conduta; a investigação da idoneidade para exercer a profissão, tanto no que diz respeito à competência como à conduta (*Fitness to Teach*, com *Appeals Rules*); a criação de um sistema de reacreditação profissional (*Professional Update*). Poderá também, eventualmente, estabelecer um registro de outros profissionais a trabalhar em instituições de educação. A sua composição passou de cinquenta membros a 37, dezenove dos quais são professoras e professores eleitos, sendo onze nomeados por entidades representativas do campo da educação e sete designados através de um processo de seleção conduzido por um painel independente.

O pequeno príncipe, de Saint-Exupéry, começou a sua viagem interplanetária — em busca de "uma ocupação e para se instruir" — pela visita ao planeta habitado por um rei que "estava orgulhoso de ser, enfim, rei para alguém" e "fazia essencialmente questão de que a sua autoridade fosse respeitada. Não tolerava a desobediência" nem "a indisciplina". Era "um monarca absoluto" mas esclarecido que, para melhor se fazer obedecer, "dava ordens razoáveis". *O pequeno príncipe* podia fazer o que quisesse, mas só depois da injunção "ordeno-te que... ordeno-te ora que... e ora que...". Como diria o acendedor de candeeiros do quinto planeta, "não há nada que perceber [...]. Ordens são ordens". O drama era que "o planeta gira cada vez mais depressa, de ano para ano, e as ordens não mudaram".

A autorregulação profissional confere a professoras e professores um poder que devem saber exercer de modo a que a educação deixe de ser um processo de *clonagem* das gerações mais novas pelas gerações mais velhas...

Síntese

Introdução

1. Nas últimas décadas, foram publicados vários estudos e relatórios internacionais e nacionais sobre o estado da educação e da profissão. Em 2011 e 2012, realizaram-se duas inéditas Cimeiras sobre a profissão docente, em Nova York, que continuaram em 2013, em Amsterdã. Três das suas principais conclusões podem ser assim enunciadas:
   — A qualidade da profissão docente está no coração da qualidade da educação.
   — Todavia, a profissão tende para o declínio, na maior parte dos países do mundo.
   — Selecionar, formar, tratar e confiar em professoras e professores como profissionais é essencial para elevar a qualidade da profissão e melhorar a qualidade da educação.
2. Uma medida de confiança na profissão docente, em vários países, foi conferir-lhe o estatuto de autorregulação. Contudo, na maior parte do mundo, a autorregulação profissional não está na agenda das organizações da profissão nem da política da educação.

Profissão

3. Na origem da Sociologia das Profissões está a distinção anglo-saxônica entre *profession* e *occupation*. O termo "profissão" continua a ter uma conotação de superioridade no mundo anglófono, mas no resto do mundo considera-se geralmente que toda a ocupação (com algum reconhecimento social) através da qual alguém obtém licitamente os seus principais meios de vida é uma profissão com sua utilidade e dignidade, seja qual for a sua realidade. Há, no entanto, diferenças objetivas e uma diferenciação social das profissões. Na acepção sociologicamente mais densa do termo, profissão é uma comunidade organizada de pessoas com saberes muito especializados e valores mais elevados aplicados à satisfação de direitos humanos e necessidades fundamentais dos indivíduos e das sociedades, com um sentido de serviço superior ao seu legítimo interesse econômico. Por isso, são profissões com maior relevância, responsabilidade e reconhecimento sociais.

   As profissões distinguem-se pelo seu nível de profissionalidade.

4. Profissionalidade e profissionalismo são dois termos cuja definição é instável na literatura sociológica sobre as profissões, mas o segundo é mais comum. Propõe-se a distinção que se segue:
   — Profissionalidade designa o perfil global de uma profissão, tudo o que a distingue de outros grupos ocupacionais.
   — Profissionalismo significa o exercício de uma profissão de acordo com o seu conteúdo identitário (saberes, valores e qualidades que a distinguem). As suas coordenadas são o grau de especialização e de exigência deontológica da profissão, tendo como bissetriz as qualidades dos seus profissionais. Assim compreendido, profissionalismo é a unidade de ciência, consciência e excelência.

   O critério do profissionalismo são as normas profissionais.

5. Toda a profissão tem as suas normas ou "regras da arte", por mais elementares que sejam, mesmo que não estejam escritas, mas as profissões principais têm normas profissionais elevadas e codificadas. Definem o seu objeto e serviços, identificam os saberes, valores e qualidades que a distinguem e devem distinguir os seus profissionais, e declaram as responsabilidades que assumem. São principalmente as normas de formação, de prática e de conduta.

    O centro de gravidade das normas profissionais é a deontologia da profissão.

6. Deontologia é uma Moral ou Ética Profissional. Proclama os valores fundamentais de uma profissão, que são a fonte das responsabilidades profissionais, formuladas em princípios e operacionalizadas em deveres para com todos os seus interlocutores (de que decorrem também direitos).

    A adoção e supervisão do respeito de normas profissionais é uma responsabilidade das profissões com maior relevância, responsabilidade e reconhecimento sociais, através de um organismo de autorregulação.

Autorregulação profissional

7. O Estado tem o direito e a obrigação de regular as profissões cujos serviços são vitais para os indivíduos e para a sociedade, e outras que justifiquem a sua regulação para proteção do público. A regulação profissional é uma modalidade de regulação econômica que consiste basicamente no controle do acesso ao exercício de uma profissão através da certificação e registro dos seus membros. Procura garantir que os seus profissionais prestam serviços de um modo ético, competente, seguro, com a maior qualidade e pelo melhor preço.

    A regulação profissional pode ser operada diretamente pela administração pública, realizada por uma agência/autoridade reguladora criada para o efeito, mais ou menos independente, ou delegada na própria profissão. A diversidade e complexidade das tarefas da administração pública, por um lado, e o interesse e melhor preparação de uma profissão para se regular a si própria, por outro, recomendam a autorregulação profissional, sempre que possível, como princípio de racionalidade político-administrativa.

8. Autorregulação profissional é a regulação de uma profissão por membros seus. Pode ser privada, privada mas com reconhecimento oficial, e pública. É pública quando se realiza através de um organismo com um mandato estatutário para o exercício de poderes e funções de natureza pública, que ele se compromete a exercer dando prioridade ao interesse dos destinatários dos serviços da profissão e ao interesse geral.

9. O perfil autorregulador dos organismos de autorregulação profissional é variável. Adotar e aplicar normas profissionais é a sua missão superior e mais árdua. O seu poder supremo é o poder disciplinar. O modo como é exercido é a pedra de toque da legitimidade e credibilidade da autorregulação.

10. Há dois tipos principais de autorregulação profissional no mundo: o tipo europeu e o tipo anglo-saxônico. A diferença está sobretudo na natureza do organismo autorregulador: no tipo europeu, são corporações profissionais, isto é, organismos formados exclusivamente por membros da profissão; no tipo anglo-saxônico, são principalmente institutos públicos, ou seja, organismos criados para o efeito, com base associativa ou representativos da profissão, incluindo frequentemente representantes de outros legítimos interesses.

11. A autorregulação profissional pode suscitar objeções que são principalmente as seguintes:
    — Não tem legitimidade democrática.
    — É contrária à liberdade de associação.
    — Tem inerente um potencial conflito de interesses.
    — É um obstáculo à competitividade.

Estas objeções não têm justificação ou têm solução. A autorregulação profissional tem benefícios para todas as partes interessadas, que podem ser resumidas em "4 Ps": públicos, profissionais, pessoais e políticos.

12. As profissões autorreguladas são bastante mais numerosas nos países anglófonos (nomeadamente no Canadá) do que no resto do mundo onde, tradicionalmente, eram só as "profissões liberais". Em Portugal, há um "Regime das Associações Públicas Profissionais" estabelecendo critérios para a sua criação. As mais típicas são as ordens profissionais. Outra forma de autorregulação profissional é a Comissão da Carteira Profissional de Jornalista, cujo modelo é de inspiração anglo-saxônica: não é exclusivamente corporacional, pois tem uma composição paritária de representantes da profissão e das entidades empregadoras, com um presidente exterior ao setor profissional (jurista).

Profissão docente

13. A profissão docente não tem estatuto de autorregulação profissional na maioria dos países do mundo, por várias razões. Para examinar a possibilidade e benefícios da sua autorregulação, importa começar por examinar a sua identidade.
14. Profissões da educação são aquelas cujos profissionais possuem uma formação de base especializada em educação, que é o seu campo de atividade principal e permanente, e exercem a profissão sobretudo em instituições de educação. A principal é a profissão docente, isto é, os professores e professoras de todos os níveis da educação formal, desde a educação pré-escolar até ao ensino superior, incluindo a educação especial, profissional e de adultos. Todavia, quando se fala de profissão docente pensa-se sobretudo em professoras e professores da escola básica e secundária.

15. Embora a situação da profissão docente varie de país para país, nomeadamente entre países economicamente mais ricos e mais pobres, os seus problemas fundamentais são transnacionais. É uma profissão cada vez mais complexa, difícil, exigente, exercida em condições adversas e sem elevada profissionalidade.

16. A profissão docente sofre de uma crônica patologia identitária. As professoras e os professores vivem numa tensão de identidades.

    Para examinar a natureza ocupacional de uma profissão, há duas abordagens principais: abordagem-atributos e abordagem-diferença. A primeira consiste em comparar uma ocupação com os atributos do chamado "modelo profissional". Este refere-se a ocupações de elevado estatuto profissional e social, isto é, muito especializadas, com ampla autonomia (individual e coletiva), geralmente bem pagas e prestigiadas, cujo paradigma é a Medicina. A segunda consiste em identificar e valorizar as suas características próprias, aquilo que mais a distingue das outras.

17. A profissão docente não pode ser abordada segundo o modelo profissional. É uma comunidade epistêmica, isto é, uma profissão que possui e aplica saberes especializados, mas está longe de ter as certezas e de ser capaz de garantir uma eficiência comparável a profissões com outras bases epistêmicas.

18. Pode-se dizer que uma profissão consiste num *saber-fazer-bem* alguma coisa, ou seja, na utilização de saberes especializados para a satisfação de direitos, necessidades e resolução de problemas humanos. Definir a identidade da profissão docente é, pois, basicamente evidenciar o que distingue os seus profissionais das mães e pais que melhor sabem educar filhos e filhas, bem como de outros profissionais com formação acadêmica análoga.

19. Pode-se afirmar que a profissão docente consiste num *saber-ser-comunicar-pedagogicamente*. Mais precisamente: as professoras e professores devem considerar-se e serem con-

siderados como profissionais do direito à educação e da comunicação pedagógica, sendo a relação interpessoal o centro de gravidade da profissão. A personalidade das professoras e dos professores está no coração da sua identidade.

20. Assim compreendida, o conteúdo identitário da profissão docente é cognitivo-prático, ético e pessoal. Os critérios da seleção e formação de professoras e professores devem, pois, incluir as qualidades que os seus profissionais devem ter, tudo o que a profissão faz, todos os saberes que requer, os valores fundamentais que deve respeitar, as responsabilidades que devem poder assumir, individualmente e coletivamente. Não havendo seleção, formação e avaliação adequadas ao profissionalismo que se espera de professoras e professores, é toda a credibilidade e futuro da profissão, bem como a qualidade da educação, que ficam comprometidas.

21. A generalizada insatisfação com o estado da educação escolar tem um *leitmotiv* desde princípios dos anos 1980: educação de qualidade. Para melhorar a qualidade da educação, os sistemas educativos têm sido objeto de sucessivas reformas, em grande número de países.

    Há duas abordagens principais da qualidade da educação: abordagem "capital humano" e abordagem "direito humano".

22. Nas últimas décadas, o reformismo tem a marca do neoliberalismo. É uma ideologia dita da liberdade e do progresso social, mas cuja "alma" está no lucro pelo lucro, reduzindo os seres humanos à condição de trabalhadores/as e de consumidores/as, cuja utilidade conta mais do que a sua dignidade. E não tem escrúpulos ecológicos. A sua lógica coisificante é potencialmente tão bárbara como o biologismo *nazi*.

    A onda neoliberal inundou também o campo da educação, sobretudo nos principais países anglófonos. A educação é tratada sobretudo como um bem de consumo cuja produção e distribuição deve ser organizada segundo uma lógica puramente de mercado.

A política neoliberal da educação não tem legitimidade, nem sucesso, nem futuro.

23. Uma educação de qualidade, hoje, não pode deixar de ter como critério a qualidade da educação como direito humano e bem público que obriga a generalidade dos Estados do mundo. À luz do seu conteúdo normativo, a qualidade da educação é um conceito complexo, com dimensões materiais, não materiais e até estéticas. Os seus ingredientes são múltiplos, mas o gênio da sua alquimia quotidiana está na qualidade das professoras e dos professores, como geralmente se reconhece. A avaliação do seu desempenho deve ser consequente com o critério da qualidade da educação.

24. Há dois tipos principais de avaliação da profissão docente: uma administrativo-burocrática e desprofissionalizante, outra profissional e profissionalizante.

    — A primeira é uma avaliação que, reduzindo a profissão docente ao ensino de um saber curricular, desintegra-a, desfigura-a, desidentifica-a e trata as professoras e professores como uma espécie de ventríloquos do currículo.

    — A segunda tem como fim primeiro o desenvolvimento da plenitude da competência de professoras e professores ao longo da sua carreira.

25. A avaliação do desempenho de professoras e professores não pode ser isolada da globalidade dos fatores da qualidade da profissão e da educação. É indispensável uma abordagem sistêmica da profissão docente que abranja o recrutamento, a formação inicial, a indução/probação, o desenvolvimento profissional, a remuneração, a avaliação e perspectivas de carreira. Sem esquecer as condições de trabalho, a autonomia profissional, a qualidade da gestão escolar, assim como a imagem pública da profissão.

26. Confiança é a palavra-chave para a elevação da qualidade da profissão e da educação. É um poderoso fator de elevação da profissionalidade docente, cujo edifício deve ter como:

— Alicerces: o conteúdo normativo do direito à educação.

— Pórtico: as qualidades, os valores e os saberes das professoras e dos professores.

— Abóbada: a autonomia individual e coletiva da profissão.

A autonomia da profissão docente implica a sua autorregulação.

Autorregulação da profissão docente

27. No mapa da regulação da profissão docente, pode-se distinguir dois mundos: o mundo anglófono e o resto do mundo. Na grande maioria dos países, a sua regulação é operada pelo Estado, diretamente ou através de alguma entidade dedicada. No mundo anglófono, há mais de duas dezenas de organismos de autorregulação da profissão, em mais de uma dezena de países de todos os continentes, com denominações e perfil autorregulador variáveis. São geralmente conhecidos como *Teaching Councils*.

28. Se a autorregulação da profissão docente ainda é exceção, é porque tem encontrado resistências. São principalmente de origem política e sindical.

    — Os governos estão, em princípio, pouco disponíveis para a partilha do poder de controle de uma função social tão ideologicamente sensível e economicamente fundamental como é a profissão docente.

    — Os sindicatos podem recear a "concorrência" de um novo organismo profissional, representativo de toda a profissão.

    Da parte das professoras e dos professores há frequentemente uma inércia e acomodação à condição de meros funcionários, propícias a reações defensivas perante mudanças cujos benefícios têm o seu preço.

29. Comparada com as principais profissões autorreguladas, a profissão docente tem um conjunto de características que não são favoráveis à sua autorregulação, mas tem outras

equiparáveis ou que a distinguem vantajosamente. A sua exigência, ressonância e responsabilidade não são globalmente inferiores.

30. O argumento mais irrefutável em favor da possibilidade e benefícios da autorregulação no campo da educação é este: já existe, com sucesso e é uma ideia em expansão. A maioria dos seus organismos foram criados na primeira década do século XXI. Outros são esperados ou desejados. A primeira *International Conference of Teaching Councils* teve lugar em junho de 2005, em Edimburgo (Escócia), tendo sido adotada uma breve *Declaration of Edinburgh*. Já foi criado o *International Forum for Teaching Regulatory Authorities* (IFTRA).

31. Os argumentos e benefícios da autorregulação da profissão docente poderão ser resumidos nas seguintes proposições:

    — A profissão docente é uma grande profissão, mas não tem uma grande profissionalidade.

    — Ninguém fará pelas professoras e pelos professores aquilo que só elas e eles, individualmente e coletivamente, podem e devem fazer por si.

    — É do interesse da educação e da profissão distinguir tanto entre responsabilidades governamentais e responsabilidades profissionais como entre questões estritamente sindicais e questões mais amplamente profissionais.

    — Um organismo de autorregulação da profissão docente não concorre com as obrigações do poder público relativas ao direito à educação nem com as funções dos sindicatos na defesa dos interesses dos seus associados.

    — Um organismo de autorregulação da profissão docente é uma instância superior de participação e decisão sobre algumas questões centrais para a profissão e a educação.

    — A autorregulação da profissão docente é uma via de apropriação de poderes que deixam de ser exercidos por entidades tutelares e passam a ser exercidos "inter pares".

— A autorregulação profissional é um privilégio que a profissão docente deve querer e merecer ter.
— Com a sua autorregulação, as professoras e os professores ganham uma profissão.
— A profissão e a educação nada têm a perder — e muito podem ganhar — com a autorregulação profissional.
— Em todo o caso, a autorregulação profissional não é um "Abre-te Sésamo...".

Futuro da profissão docente

32. Durante milénios, as escolas e os professores foram as fontes principais do saber, sobretudo quando não havia livros ou eram muito escassos. Os professores eram *profissionais do saber*. Em nossos dias, a revolução científico-tecnológica e a multiplicação e democratização do acesso às fontes do saber estão pondo ao alcance de um número crescente de seres humanos uma biblioteca planetária, afetando a missão tradicional da escola e a função típica dos professores e das professoras. Estão a tornar-se sobretudo *profissionais do saber aprender*.

33. Os poderes gerados pela revolução científico-tecnológica geram novos perigos potenciais que requerem dos seres humanos uma consciência e sabedoria que conferem às dimensões ética, cívica e internacional da educação escolar uma importância tão grande, pelo menos, como a das suas dimensões intelectual e profissional, tradicionalmente predominantes. Além disso, à medida que os seres humanos se libertam das premências da satisfação das suas necessidades básicas, tornam-se mais disponíveis e sensíveis a níveis superiores da vida humana, do seu aperfeiçoamento.

34. Em consequência, sejam quais forem os futuros "milagres" do gênio científico-pedagógico, é difícil imaginar sociedades sem uma instituição onde as novas gerações se encontram,

com a sua diversidade, para aprender valores comuns e saberes fundamentais. A escola básica será, cada vez mais, uma escola do direito à educação como direito de aprender, de aprender a aprender, de aprender a ser humano e a viver humanamente, com profissionais cuja lição principal deve ser a exemplaridade profissional. Para isso, terão de ser escolhidos entre os melhores dos seres humanos.

35. A exemplaridade profissional pode ser considerada como a quinta-essência da identidade da profissão docente. Em mais nenhuma profissão ela é tão essencial e central. O futuro da humanidade precisa de professoras e professores que sejam *profissionais do aprender a ser*.

36. Para as filhas e os filhos, as mães e os pais são pessoas únicas no mundo, mas podem não ser as melhores pessoas do mundo... Não podem ser escolhidos, mas pode-se escolher e formar profissionais da educação que incarnem o melhor que uma sociedade e a humanidade têm para dar às suas crianças.

37. O nó górdio do círculo vicioso da reprodução dos males da educação e dos piores males humanos só pode ser desatado quando as crianças, adolescentes e jovens puderem aprender com os melhores de nós.

Concluindo

38. A autorregulação profissional é uma via real para uma profissionalidade superior. É uma insígnia de profissionalidade. Pode ser uma ponte entre o passado e o futuro da profissão docente, se os seus organismos tiverem a sabedoria e a grandeza de assumir a sua singularidade e plenitude, gerando um círculo vicioso de transfiguração. É um poder que as professoras e os professores devem saber exercer de modo a que a educação deixe de ser um processo de *clonagem* das gerações mais novas pelas gerações mais velhas...

Referências*

AA.VV. Du culte du testage à une culture de la responsabilisation professionnelle. In: *Conférence Nationale de la Fédération Canadienne des Enseignantes et des Enseignants*, du 13 au 15 mai 2004, Hôtel Marriot, Ottawa (Ontário) — Rapport de la Conférence, 2004, 35 p. Disponível em: <www.ctf-fce.ca/documents/Priorities/FR/pd/accountability/Acctconfferencereport-french.pdf>. Acesso em: jan. 2010.

_____. Regulatory Review 2006/2007, 10th Anniversary Edition. Bath: University of Bath School of Management, Centre for the Study of Regulated Industries. *Research Report*, n. 12, p. 2007, 510. Disponível em: <www.bath.ac.uk/management/cri/pubpdf/regulatory_reviews/2006-2007.pdf>.

ANDERSON, Lorin W. *Increasing teacher effectiveness*. Paris: UNESCO, International Institute for Educational Planning, 2004. Disponível em: <http://unesdoc.unesco.org/images/0013/001376/137629e.pdf>. Acesso em: jan. 2010.

APPLE, Michael W. Creating difference: neo-liberalism, neo-conservatism and the politics of educational reform. *Educational Policy*, v. 18, n. 1, p. 12-44, 2004. Disponível em: <www.jcu.edu/education/ed500/Apple_Curric_Intl.pdf>. Acesso em: maio 2011.

ARANGUREN, José-Luís. A razão na ética. In: AA.VV. *Balanço do século*: ciclo de conferências promovido pelo presidente da República. Lisboa: Imprensa Nacional/Casa da Moeda, 1990. p. 95-101.

---

* Apenas são referidas as fontes citadas, não todas as fontes consultadas.

ARISTÓTELES. *Politics*. (Translated by Benjamin Jowett, with Introduction, analysis and index by H. W. C. Davis.) Mineola, New York: Dover Publications, 2000. 355 p.

ASIA SOCIETY. *The International Summit Teaching on the Teaching Profession*: improving teacher quality around the world, 2011. 31 p. Disponível em: <http://asiasociety.org/files/lwtw-teachersummitreport0611.pdf>.

_____. *The 2012 International Summit Teaching on the Teaching Profession*: teaching and leadership for the twenty-first century, 2012. 36 p. Disponível em: <http://asiasociety.org/files/2012teachingsummit.pdf>.

BÆCHLER, Jean. *Précis de la démocratie*. Paris: Calman-Lévy/Éditions UNESCO, 1994. 15 p.

BARBER, M.; Mourshed, M. *How the world's best-performing school systems come out on top*. McKinsey & Company, 2007. 56 p. Disponível em: <www.mckinsey.com/locations/UK_Ireland/~/media/Reports/UKI/Education_report.ashx> Acesso em: jul. 2009

BARTLE, Ian; VASS, Peter. Self-regulation and the regulatory state: a survey of police and practice. *Research Report*, Bath, University of Bath School of Management, Centre for the Study of Regulated Industries, n. 17. 2005. 76 p. Disponível em: <www.bath.ac.uk/management/cri/pubpdf/Research_Reports/17_Bartle_Vass.pdf>.

BEATON, George. Why professionalism is still relevant. *Legal Studies Research Papers*, Melbourne Law School, The University of Melbourne, n. 445, 2010. 23 p. Disponível em: <www.professions.com.au/Files/Professionalism_Beaton.pdf>. Acesso em: fev. 2013.

BETTER Regulation Task Force. *Regulation — Less is More — Reducing burdens, improving outcomes*: a BRTF report to the prime minister, 2005. 69 p. Disponível em: <http://archive.cabinetoffice.gov.uk/brc/upload/assets/www.brc.gov.uk/lessismore.pdf>.

BICENTENNIAL COMMISSION ON EDUCATION FOR THE PROFESSION OF TEACHING. *Educating a profession*. Washington: American Association of Colleges for Teacher Education, 1976.

BOURDONCLE, Raymond. La professionnalisation des enseignants: analyses sociologiques anglaises et américaines. *Revue Française de Pédagogie*, n. 94, 1991. p. 73-92.

BOURDONCLE, Raymond. La professionnalisation des enseignants: les limites d'un mythe. *Revue Française de Pédagogie*, n. 105, 1993. p. 83-119.

_____. Autour des mots: "Professionnalisation, formes et dispositifs". *Recherche et Formation*, n. 35, 2000. p. 117-132.

BRAITHWAITE, John. Neoliberalism or regulatory capitalism? *Occasional Paper*, n. 5, Canberra, Australian National University, Research School of Social Sciences, Regulatory Institutions Network, 2005. 43 p. Disponível em: <http://ctsi.anu.edu.au/publications/nontaxpubs/ROP5.pdf>. Acesso em: fev. 2010.

BROWN, Boyce. *Standards-Based Education Reform in the United States since "A nation at risk"*. Honolulu: University of Hawaii College of Education, Curriculum Research & Development Group, 2009. 24 p. Disponível em: <www.hawaii.edu/hepc/pdf/Reports/FINAL-History_of_Standards-Based_Education_Reform.pdf>. Acesso em maio 2011.

BURNS, Edgar. Developing a post-professional perspective for studying contemporary professions and organisations. In: CRITICAL MANAGEMENT STUDIES PROCEEDINGS, 2007, 11-13 july 2007, University of Manchester, Waikato Management Schoo, New Zealand. Disponível em: <www.mngt.waikato.ac.nz/ejrot/cmsconference/2007/proceedings/newperspectives/burns.pdf>. Acesso em: jan. 2010.

CANOTILHO, J. J. Gomes; MOREIRA, Vital. *Constituição da República portuguesa anotada*. 4. ed. rev. Coimbra: Coimbra Editora, 2007. v. 1, 1152 p.

CARNEGIE FORUM ON EDUCATION AND THE ECONOMY. *A nation prepared*: teachers for the 21st century — the report of the Task Force on Teaching as a Profession. Washington, 1986.

CARR, David. *Professionalism and ethics in teaching*. London/New York: Routledge, 2000. 275 p. [Reimpr. 2004.]

CASTIGLIONE, Dario. Accountability. *Encyclopedia of governance*. Sage Publications, 2006.

CHASERANT, Camille; HARNAY, Sophie. Reputation on a credence good market: an economic analysis of professional self-regulation. *Working Paper*, n. 32, 2011. 8 p. Disponível em: <http://economix.fr/pdf/dt/2011/WP_EcoX_2011-32.pdf>. Acesso em: nov. 2011.

CHEVALLIER, Jacques. *L'État de droit*. 2. ed. Paris: Montchrestien, 1994. 158 p.

COLLIER, Roger. Professionalism: the privilege and burden of self-regulation. *Canadian Medical Association Journal*, n. 6, set. 2012. Disponível em: <www.cmaj.ca/content/early/2012/09/10/cmaj.109-4286.full.pdf+html?sid=-42996655-8b85-477e-afc7-75a216438d6d>. Acesso em: set. 2012.

COMPETITION BUREAU (Canada). *Self-regulated professions — Balancing competition and regulation*, 161 p., 2007. Disponível em: <www.competitionbureau.gc.ca/eic/site/cb-bc.nsf/eng/02523.html>. Acesso em: out. 2009.

CONSEIL SUPERIEUR DE L'ÉDUCATION. *Rapport annuel 1990-1991 sur l'état et les besoins de l'éducation — La profession enseignante*: vers un renouvellement du contrat social. Québec: Les Publications du Québec, 1991. 57 p. Disponível em: <www.cse.gouv.qc.ca/fichiers/documents/publications/RapportsAnnuel/ra90-91.pdf>.

_____. *Un nouveau souffle pour la profession enseignante — Avis au Ministre de l'Éducation*, set. 2004, 113 p. Disponível em: <www.cse.gouv.qc.ca/fichiers/documents/publications/50-0446.pdf>.

_____. *Projet de règlement modifiant le règlement sur les autorisations d'enseigner — Avis à la ministre de l'Éducation, du Loisir et du Sport*. Québec, 2010. 90 p. Disponível em: <www.cse.gouv.qc.ca/fichiers/documents/publications/Avis/50-0470.pdf>.

CONWAY, Paul F. et al. *Learning to teach and its implications for the continuum of teacher education*: a nine-country cross-national study — Report commissioned by the Teaching Council. Teaching Council, Ireland, 2009. 399 p. Disponível em: <www.teachingcouncil.ie/_fileupload/Publications/LearningToTeach-ConwayMurphyRathHall-2009_10344263.pdf>. Acesso em: fev. 2010.

COOPER, James M.; ALVARADO, Amy. *Preparation, recruitment, and retention of teachers*. Paris, Brussels: International Academy of Education (IAE)/International Institute for educational Planning (IIEP), 2006. (Educational policy series, v. 5.)

COUNCIL ON LICENSURE, ENFORCEMENT AND REGULATION. *Glossary of General Terminology Used in Professional and Occupational Regulation*, 2007. Disponível em: <www.clearhq.org/resources/Glossary_Combined.pdf>. Acesso em: dez. 2012.

COX, Carolyn; FOSTER, Susan. *The costs and benefits of occupational regulation*. Bureau of Economics, Federal Trade Commission, 1990. ix+69 p. Disponível em: <www.ramblemuse.com/articles/cox_foster.pdf>. Acesso em: dez. 2012.

DAHAN, Yossi. Privatization, School Choice and Educational Equality. *Law & Ethics of Human Rights*, v. 5, issue 2, article 4, p. 306-334, 2011. Disponível em: <www.clb.ac.il/uploads/Dahan.pdf>. Acesso em: abr. 2011.

DAMÁSIO, Antonio. *O livro da consciência*: a construção do cérebro consciente. Tradução de Luís Oliveira Santos. Lisboa: Círculo de Leitores, 2010. 437 p.

DELMAS-MARTY, Mireille. *Vers un droit commun de l'humanité* — Entretien avec Philippe Petit. Paris: Les Éditions Textuel, 1996. 126 p.

DELORS, Jacques et al. Learning: the treasure within. In: REPORT TO UNESCO OF THE INTERNATIONAL COMMISSION ON EDUCATION FOR THE TWENTY-FIRST CENTURY, Highlights. Paris, UNESCO, 1996. 266 p. Disponível em: <www.see-educoop.net/education_in/pdf/15_62.pdf>. Acesso em: ago. 2009.

DEN HERTOG, Johan (2000). General Theories of Regulation. In: DE GEEST, Gerrit; BOUCKAERT, Boudewijn (Org.). *Encyclopedia of Law and Economics*: The Regulation of Contracts, Cheltenham, Edward Elgar, 2000. v. 3, p. 223-270.

DEPARTMENT OF EDUCATION, CULTURE AND SCIENCE. *Summary of the action plan 'Teachers matter*: tackling the teacher shortage and improving the position and quality of teachers in the Netherlands", 2008. 16 p. Disponível em: <www.government.nl/issues/education/teaching-staff>.

DINGWALL, Robert. *Essays on Professions*. Aldershot: Ashgate, 2008. 168 p.

DOLTO, Françoise. Textes recueillis, annotés et présentés par Claude Halmos. *Les chemins de l'éducation*. Paris: Éditions Gallimard, 1994. 539 p.

DRESSCHER, Eduard. *Professional Ethics in Teaching and Professional Teachers Organisations — An inquiry into the background of Education International's Declaration on Professional Ethics*, 2007. 50 p. Disponível em: <http://old.ei-ie.org/ethics/file/(2007)%20Professional%20Ethics%20in%20Teaching%20and%20Professional%20Teachers%20Organisations%20by%20Eduard%20Dresscher.pdf>. Acesso em: maio 2012.

DUBAR, Claude; TRIPIER, Pierre. *Sociologie des professions*. Paris: Armand Colin, 2009. 283 p.

DULOT, Alain et al. *Refondons l'École de la République* — Rapport de la concertation, 2012. 52 p. Disponível em: <www.refondonslecole.gouv.fr/wp-content/uploads/2012/10/refondons_l_ecole_de_la_republique_rapport_de_la_concertation1.pdf>.

EVANS, Linda. Professionalism, professionality and professional development. In: CONFERENCE ON PROFESSIONAL LIFELONG LEARNING: CRITICAL DEBATES ABOUT PROFESSIONALISM, Leeds, jul. 2007. Disponível em: <www.leeds.ac.uk/medicine/meu/lifelong07/papers/Linda_Evans.pdf>. Acesso em: nov. 2009.

EVETTS, Julia. Changing teacher roles, identities and professionalism — The management of professionalism: a contemporary paradox. *Lecture at the Kings College*, London, 19th October 2005. Disponível em: <www.kcl.ac.uk/content/1/c6/01/41/71/paper-evetts.pdf>. Acesso em: jan. 2010.

FAURE, Edgar et al. *Learning to be*: the world of education today and tomorrow. Paris/London: UNESCO/Georg G. Harrap & Co., 1972. 346 p. Disponível em: <http://unesdoc.unesco.org/images/0000/000018/001801e.pdf>. Acesso em: ago. 2009.

FOX, Jeremy. *Chomsky and globalisation*. Cambridge: Icon Books, 2002. 80 p.

FREIRE, Paulo. *Professora sim, tia não*: cartas a quem ousa ensinar. São Paulo: Olho d'Água, 1993. 127 p.

FREUD, Sigmund. *Choix de textes*. Tradução de M. Th. Laveyssière. Paris: Masson, 1984. 147 p.

GINSBURG, Mark B.; MEGAHED, Nagwa M. Comparative Perspectives on Teachers, Teaching and Professionalism. In: SAHA, L. J.; DWORKIN, A. G. (Org.). *International Handbook of Research on Teachers and Teaching*. Springer, EUA, 2009. p. 539-556.

GLAESER, Edward L.; SHLEIFER, Andrei. The rise of the regulatory State. *Working Papers*, Havard University, Department of Economics, National Bureau of Economic Research, 8650, 42 p., 2001. Disponível em: <www.crei.cat/activities/crei_seminar/02-03/glaeser.pdf>. Acesso em: fev. 2010.

GLASSFORD, Larry A. A triumph of politics over pedagogy? The Case of the Ontario Teacher Qualifying Test, 2000-2005. *Canadian Journal of Educational Administration and Policy*, 2005. p. 45. Disponível em: <www.umanitoba.ca/publications/cjeap/articles/glassford.html>. Acesso em: maio 2011.

GOHIER, Christiane et al. Vers une vision renouvellée de la professionalisation de l'enseignement et de la construction de l'identité professionnelle de l'enseignant. In: GOHIER, Christiane et al. (Org.). *L'enseignant*: un professionnel. Québec: Presses de l'Université du Québec, 2000. 174 p., 21.56.

GORMAN, Elizabeth H.; SANDEFUR, Rebecca L. "Golden Age", quiescence, and revival: how the sociology of professions became the study of knowledge-based work. *Work and Occupations*, v. 38, n. 3, p. 275-302, 2011. Disponível em: <http://sociology.virginia.edu/files/Gorman-SandefurW&O-Knowledge-BasedWork.pdf>. Acesso em: nov. 2012.

GREEN, Andrew; HRAB, Roy. *Self-regulation and the protection of the public interest*, 2003, 87 p.. Disponível em: <www.law-lib.utoronto.ca/investing/reports/rp26.pdf>. Acesso em: jun. 2010.

GRZEGORCZYK, Christophe. *La théorie générale des valeurs et le droit*: essai sur les prémisses axiologiques de la pensée juridique. Paris: Librairie Générale de Droit et de Jurisprudence, 1982. 282 p.

HALL, D.; LANGTON, B. *Perceptions of the status of teachers*. New Zealand: Ministry of Education, 2006. 201 p. Disponível em: <www.teacherscouncil.govt.nz/communication/publications/research0005.pdf>. Acesso em: jul. 2009.

HAMILTON, Neil W. Professionalism clearly defined. *Professional Lawyer*, University of St. Thomas School of Law, v. 18, n. 4, 2007. (Legal Studies Research Paper Series, v. 7.) Disponível em: <http://ssrn.com/abstract=1015396>.

_____. Assessing professionalism: measuring progress in the formation of an ethical professional identity. *University of St. Thomas Law Journal*, v. 5, 2008. p. 101-143. (Legal Studies Research Paper Series, v. 8-10.) Disponível em: <http://papers.ssrn.com/sol3/papers.cfm?abstract_id=1118204##>. Acesso em: jun. 2010.

HARGREAVES, Linda et al. *The status of teachers and the teaching profession in England*: views from inside and outside the profession — Final Report of the Teacher Status Project. United Kingdom, Department for Education and Skills, 2007. Disponível em: <www.dfes.gov.uk/research/data/uploadfiles/RR831A.pdf>. Acesso em: maio 2009.

HARPER, Douglas. Work and Occupations. In: CENTURY SOCIOLOGY, 21., SAGE Publications, 2006.

HINDS, Michael de Courcy. *Teaching as a clinical profession*: a new challenge for education. New York: Carnegie Corporation of New York, 2002. 17 p. Disponível em: <http://carnegie.org/fileadmin/Media/Publications/PDF/teachered.pdf>. Acesso em: jan. 2013.

HOUSE OF COMMONS. Great teachers: attracting, training and retaining the best Ninth Report of Session 2010 n. 12, v. I: Report, together with formal minutes great teachers: attracting, training and retaining the best Ninth Report of Session 2010, n. 12, v. I: Report, together with formal minutes. London: Education Committee, 2012, 84 p.

HOYLE, Eric. Professionalization and deprofessionalization in education. In: HOYLE, Eric; MEGARRY, Jacquetta (Org.). *World Yearbook of Education 1980*: the professional development of teachers. Oxon: Routledge, 1989. p. 42-53.

_____. Teaching: prestige, status and esteem. *Educational Management Administration Leadership*, v. 29, n. 2, 2001. p. 139-152. Disponível em: <http://ema.sagepub.com/cgi/content/abstract/29/2/139>. Acesso em: mar. 2009.

HURSH, David. Assessing no child left behind and the rise of neoliberal education policies. *American Educational Research Journal*, v. 44, n. 3, p. 493-518, set. 2007.

HYSLOP-MARGISON, Emery J.; SEARS, Alan M. Enhancing teacher performance: the role of professional autonomy. *Interchange*, v. 41, n. 1, 2010. p. 1-15. Disponível em: <www.springerlink.com/content/1825426161033234/fulltext.pdf>. Acesso em: jun. 2010.

ICHILOV, Orit. *The retreat from public education*: global and israeli perspectives. Springer, 2009. 128 p.

ILO. Resolution concerning the International Standard Classification of Occupations, and Annex to the Resolution: ISCO 08 — Structure, Group Titles and Codes, 2007. Disponível em: <www.ilo.org/public/english/bureau/stat/isco/docs/resol08.pdf>. Acesso em: abr. 2009.

ILO. *Handbook of good human resource practices in the teaching profession.* Geneva: International Labour Organization, Setoral Activities Department, 2012. 316 p.

INSTITUTO NACIONAL DE ESTATÍSTICA. Classificação Nacional de Profissões (CNP-94), 1994. Disponível em: <http://metaweb.ine.pt/sine/UInterfaces/SineFam_Class.aspx>. Acesso em: jun. 2009.

IRISH NATIONAL TEACHERS' ORGANISATION. *Professionalism in the 1990's.* Dublin, 1992. 42 p. Disponível em: <www.into.ie/ROI/Publications/PublicationsPre2000/Professionalisminthe1990s_1992.pdf>.

_____. *Comhairle Muinteoireachta*: a teaching council. Dublin, 1994. 207 p. Disponível em: <http://www.into.ie/ROI/Publications/PublicationsPre2000/ATeachingCouncil1994.pdf>.

_____. *The Teaching Council Act 2001 — Question and Answer Guide.* Dublin, 2004. 30 p. Disponível em: <www.into.ie/ROI/Publications/TeachingCouncilAct01QA.pdf>.

IRVINE, Donald. The performance of doctors. I: Professionalism and self regulation in a changing world. *British Medical Journal*, v. 314, maio 1997, p. 1540-1542.

JOSKOW, Paul L. *Deregulation.* MIT, Alfred P. Sloan Foundation., 2009. 57 p. Disponível em: <http://econ-www.mit.edu/files/3875>. Acesso em: out. 2009.

KANE, Ruth G.; MALLON, Mary. *Perceptions of teachers and teaching.* New Zealand: Ministry of Education, 2006. 201 p. Disponível em: <www.educationcounts.govt.nz/__data/assets/pdf_file/0015/7710/perceptions-teachers-teaching.pdf>. Acesso em: dez. 2012.

KANT, Immanuel. *On education* [In: C. A. Foley Rhys Davids, M. A. 'Über Pädagogik' Introdução. Tradução de Annette Churton I by]. Boston, Mass.: D. C. Heath & Co., Publishers, 1906. 121 p. Disponível em: <http://archive.org/details/kantoneducationu00kantuoft>.

KAYE, Robert P. Regulated (self-)regulation: a new paradigm for controlling the professions? *Public Policy and Administration*, v. 21, n. 3, 2006. p. 105-119. Disponível em: <http://ppa.sagepub.com/cgi/content/abstract/21/3/105>. Acesso em: mar. 2009.

KELLY, Philip P. *Teaching as a profession?* 1995. Disponível em: <http://education.boisestate.edu/pkelly/webpages/920PPR.html>. Acesso em: jan. 2010.

KLEINER, Morris M.; KRUEGER, Alan B. Analysing the extent and influence of occupational licensing on the labor market. *Working Paper*, Princeton University, Industrial Relations Section. #549, 2009. 35 p.

KRIEGER, Kit. A letter from the Registrar. *TC — The Official Magazine of the BC College of Teachers*, summer/fall, 2011. Disponível em: <www.bcct.ca/documents/TC/TCMagazine_Current.pdf>. Acesso em: set. 2011.

KRITZER, Herbert M. The professions are dead, long live the professions: legal practice in a postprofessional world. *Law & Society Review*, n. 1, jan. 1999. Disponível em: <http://findarticles.com/p/articles/mi_qa3757/is_199901/ai_n8840598/?tag=content;col1>. Acesso em: mar. 2009.

KULICK, Rachael B. Occupational professionalization. In: *Encyclopedia of Career Development*, SAGE Publications, 2006.

LECOMPTE, Margaret D. Trends in research on teaching: an historical and critical overview. In: SAHA, L. J.; DWORKIN, A. G. (Org.). *International Handbook of Research on Teachers and Teaching*. Springer, EUA, p. 25-60, 2009.

LEEPER, Kathie A.; LEEPER, Roy V. Professional and professionalism. *Encyclopedia of Public Relations*, SAGE Publications, 2004.

LEVI-FAUR, David. Regulation & Regulatory Governance. Jerusalem Papers in Regulation & Governance, *Working Paper*, n. 1, 2010. 47 p. Disponível em: <http://regulation.huji.ac.il/papers/jp1.pdf>. Acesso em: jun. 2010.

LINDKVIST, Lars. Epistemic Communities. *International Encyclopedia of Organization Studies*, SAGE Publications, 2007.

LUCÁKS, Georges. La science et l'humanisme (allocution d'ouverture). In: DINER, Simon (Org.). *La pensée physique contemporaine*: à Nicolas Claude Fabri de Peiresc, 1580-1637, amoureux de vérité et de beauté. Paris: Augustin Fresnel, 1982. p. 23-28.

MACBEATH, John. *Future of teaching profession*. Education International Research Institute, University of Cambridge — Faculty of Education, Leadership for Learning. The Cambridge Network, 2012. 111 p. Disponível em:

<http://download.ei-ie.org/Docs/WebDepot/EI%20Study%20on%20the%20 Future%20of%20Teaching%20Profession.pdf>.

MARKS, Jonathan H. Toward a unified theory of professional ethics and human rights. *Michigan Journal of International Law*, Forthcoming, 61 p., 2011 Disponível em: <http://papers.ssrn.com/sol3/papers.cfm?abstract_ id=1818331##>.

MENDEL, Gérard. *Pour décoloniser l'enfant*: sociopsychanalyse de l'autorité. [Traduzido de Publicações Dom Quixote, 1973.] Paris: Payot, 1971. 292 p.

MINISTER FOR CUSTOMS AND CONSUMER AFFAIRS. *Codes of conduct*: policy framework. Canberra: Department of Industry, Science, Tourism, Consumer Affairs Division, 1998. 26 p. Disponível em: <www.treasury.gov. au/documents/1125/PDF/Conduct_PolicyFramework.PDF>.

MONTEIRO, A. Reis. *Educação e deontologia*. Lisboa: Escolar Editora, 2004. 206 p.

_____. *Deontologia das profissões da educação*. Coimbra: Almedina, 2005. 204 p.

_____. *Qualidade, profissionalidade e deontologia na educação*. Porto: Porto Editora, 2008. 157 p.

_____. Droit International de l'Éducation: une discipline nouvelle? *International Review of Education/Internationale Zeitschrift für Erziehungswissenschaft/ Revue Internationale l'Éducation*, n. 54, 2008a. p. 193-210.

_____. *Autorregulação da profissão docente*: para cuidar do seu valor e dos seus valores. Braga: Associação Nacional de Professores, 2010. 326 p.

MOREIRA, Vital. *Autorregulação Profissional e administração pública*. Coimbra: Almedina, 1997. 427 p.

MORRIS, Charles. *Signification and significance*: a study of the relations of signs and values. Cambridge: The MIT Press, 1964. 99 p.

MORRIS, Paul. Teacher professionalism and teacher education in Hong Kong. In: JOHNSON, David; MACLEAN, Rupert (Org.). *Teaching*: Professionalization, development and leadership, Springer, n. 317 , 2008. p. 119-138.

MULCAHY, Donal E. Deskilling. *Encyclopedia of the Social and Cultural Foundations of Education*, SAGE Publications, 2008.

NATIONAL BOARD OF EMPLOYMENT, EDUCATION AND TRAINING. *A national professional body for teachers*: a discussion paper. Canberra: Australian Government Publishing Service, s/d., 41 p.

NATIONAL CENTER ON EDUCATION AND THE ECONOMY. *Tough choices or tough times*: The report of the New Commission on the Skills of the American Workforce, Executive Summary. Washington, 2007, 20 p. Disponível em: <www.skillscommission.org/wp-content/uploads/2010/05/Tough Choices_EXECSUM.pdf>.

NATIONAL COMMISSION ON EXCELLENCE IN EDUCATION. *A nation at risk*: the imperative for educational reform. Washington, 1983. Disponível em: <www.ed.gov/pubs/NatAtRisk/index.html>. Acesso em: jan. 2010.

NATIONAL COMMISSION ON TEACHING & AMERICA'S FUTURE. *What matters most*: teaching for America's future. New York: Teachers College, Columbia University, 1996. 162 p. Disponível em: <www.teaching-point.net/Exhibit%20A/What%20Matters%20Most.pdf>. Acesso em: dez. 2012.

OECD. *Les écoles et la qualité*: un rapport international. Paris, 1989. 155 p.

_____. *Teachers matter*: attracting, developing and retaining effective teachers. Paris, 2005a. 241 p. Disponível em: <http://browse.oecdbookshop.org/oecd/pdfs/browseit/9105041E.PDF>. Acesso em: jul. de 2009.

_____. *Teachers matter*: attracting, developing and retaining effective teachers — Overview. Paris, 2005a. 12 p. Disponível em: <www.oecd.org/dataoecd/39/47/34990905.pdf>. Acesso em: ago. 2009.

_____. *Glossary*, 2008. Disponível em: <www.oecd.org/document/9/0,3343,en_2649_39263238_41266761_1_1_1_37455,00.html>.

_____. Building a high-quality teaching profession: lessons from around the world. In: INTERNATIONAL SUMMIT ON THE TEACHING PROFESSION. Paris, 2011a. 65 p. Disponível em: <www2.ed.gov/about/inits/ed/internationaled/background.pdf>. Acesso em: abr. 2012.

_____. *Strong performers and successful reformers in education*: lessons from PISA for the United States. OECD Publishing, 2011a. 257 p. Disponível em: <www.oecd.org/pisa/46623978.pdf>. Acesso em: jan. 2013.

OGUS, Anthony. Comparing regulatory systems: institutions, processes and legal forms in industrialized countries. *Paper*, Manchester, Centre on Regulation and Competition, n. 35, 2002. 58 p. (Working Paper Series.)

PARLIAMENT OF THE COMMONWEALTH OF AUSTRALIA. *A Class Act*: inquiry into the status of the teaching profession. Canberra: Senate Employment, Education and Training Reference Committee, 1998. 316 p.

_____. *Top of the class*: report on the inquiry into teacher education. Canberra: House of Representatives, Standing Committee on Education and Vocational Training, 2007. 258 p. Disponível em: <www.aph.gov.au/house/committee/evt/teachereduc/report/fullreport.pdf>. Acesso em: jul. 2009.

PARKER, Christine. Self-regulation and the not-for-profit setor. *Legal Studies Research Paper*, University of Melbourne, Law School, n. 372 , 2007. 33 p.. Disponível em: <http://papers.ssrn.com/sol3/papers.cfm?abstract_id=1337278>. Acesso em: fev. 2010.

PASCOE, Susan. Regulating the not-for-profit setor. Victoria (Australia): State Services Authority, 2008. 26p.

PELTZMAN, Sam. The economic theory of regulation after a decade of deregulation. *Brookings Papers on Economic Activity*: Microeconomics, 1989. p. 1-41. Disponível em: <http://team.univ-paris1.fr/teamperso/fsteiner/econ_of_reg/peltzman_1989.pdf>. Acesso em: junho de 2009

PIAGET, Jean. *Le Droit à l'Education dans le Monde Actuel*. [Publiée par l'Organisation des Nations Unies pour l'Éducation, la Science et la Culture (UNESCO).] Liège/Paris: Sciences et Lettres/Librairie du Recueil Sirey, n. 1, 1949. 57 p. (Col. Droits de l'Homme.)

PLACIER, Peggy L. Educationese. *Encyclopedia of Social and Cultural Foundations of Education*. SAGE Publications, 2008.

PLATÃO. In: COOPER, John M.; HUTCHINSON, D. S. (Org.). *Complete works*. Indianapolis/Cambridge: Hackeht Publishing Company, 1997. 1808 p.

POCHARD, Marcel. *Livre vert sur l'évolution du métier d'enseignant*: rapport au ministre de l'Éducation nationale. Paris: La documentation Française, 2008. 229 p. Disponível em: <http://lesrapports.ladocumentationfrancaise.fr/BRP/084000061/0000.pdf>. Acesso em: ago. 2009.

PROCURADORIA-GERAL DA REPÚBLICA. *Pareceres*: Constituição da República — Direitos, Liberdades e Garantias. Lisboa: Boletim do Ministério da Justiça, s/d., v. II, 830 p.

PRZETACZNIK, Franciszek. The philosophical concept of the right to education as a basic human right. *Revue de Droit International de Sciences Diplomatiques et Politiques* (The International Law Review), Genève, t. LXIII, 1985. p. 257-288.

RAMSEY, Gregor. Quality Matters — Revitalising teaching: Critical times, critical choices — Report of the Review of Teacher Education, New South Wales, 2000. 259 p. Disponível em: <www.det.nsw.edu.au/teachrev/reports/reports.pdf>.

REAGAN, Timothy. The professional status of teaching. *The Sage Handbook of Philosophy of Education*, SAGE Publications, 2010.

REBOUL, Olivier (1971). *La philosophie de l'éducation*. 3. ed. Paris: PUF, 1981. 143 p.

REVELL, Phil (2005). Professionais, or parrots? *The Guardian*, 8 mar. 2005.

RODRIGUES, Maria de Lurdes. *Sociologia das profissões*. [2. ed. 2002]. Oeiras: Celta Editora, 1997. 160 p.

ROUSSEAU, Jean-Jacques [1762]. *Émile ou de l'éducation*. [Chronologie et introduction par Michel Launay.] Paris: Garnier-Flammarion, 1966, 633 p.

ROYAL COMMISSION ON LEARNING. *For the Love of Learning*, 1994. 503 p. Disponível em: Disponível em: <www.edu.gov.on.ca/fre/general/abcs/rcom/mainf.html>. Acesso em: maio 2009.

RUIVO, João et al. *Ser professor*: satisfação e papel das organizações de docentes (Um Estudo Nacional). Castelo Branco: Instituto Politécnico de Castelo Branco/Associação Nacional de Professores, 2008. 75 p.

RUNTÉ, Robert. Is Teaching a Profession? In: TAYLOR, Gerald; RUNTÉ, Robert (Org.). *Thinking about teaching*: an introduction. Toronto: Harcourt Brace, 1995. Disponível em: <www.uleth.ca/edu/runte/professional/teaprof.htm>. Acesso em: jan. 2010.

SAHA, J. Lawrence; DWORKIN, A. Gary (Org.). *International handbook of research on teachers and teaching*. New York: Springer, 2009.

SAYER, John. *The general teaching council*. London/New York: Cassell, 2000. 195 p.

SCHRATZ, Michael. Professionalität und Professionalisierung von Lehrerinnen und Lehrern in internationaler Perspektive. In: _____ et al. (Org.). *Pädagogishe Professionalität*: quer denken, umdenken, neu denken — Impulse für next practice im Lehrerberuf. Wien: Facultas Verlag -und Buchandels AG, 2011. p. 46-94.

SCHMITT, Kara; SHIMBERG, Benjamin. *Demystifying occupational and professional regulation*: answers to questions you may have been afraid to ask. Lexington: CLEAR (Council on Licensure, Enforcement and Regulation), 1996. 116 p.

SEN, Amartya [1999]. *O desenvolvimento como liberdade*. [Development as freedom. Tradução de Joaquim Coelho Rosa, rev. Carla Barbosa Marques.] Lisboa: Gradiva, 2003. 382 p.

SEXTON, Michael. Evaluating teaching as a profession: implications of a research study for the work of the teaching council. *Irish Education Studies*, v. 26, n. 1, 2007. p. 79-105.

SHULMAN, Lee. The Signature Pedagogies. [Delivered at the Math Science Partnerships (MSP) Workshop: "Teacher Education for Effective Teaching and Learning', hosted by the National Research Council's Center for Education. Irvine, California, February 6-8, 2005.] Disponível em: <http://hub.mspnet.org/media/data/Shulman_Signature_Pedagogies.pdf?media_000000005488.pdf>. Acesso em: dez. 2012.

SIMMONDS, Gillian; VASS, Peter. External Review: theory and practice for the regulatory State. *Research Report*, University of Bath School of Management, Centre for the Study of Regulated Industries, n. 12, 68 p. 2002. Disponível em: <www.bath.ac.uk/management/cri/pubpdf/Research_Reports/12_Simmonds_Vass.pdf>.

SLIWKA, Anne. Professionalisierung durch Selbstregulierung: Teaching Councils in Irland, Kanada und Australien. *Journal für Lehrerinnen -und Lehrerbildung* — Schnittstelle Lehrerbildung und Schule im internationalen Kontext, n. 3, 2008. p. 45-51.

SPRING, Joel. *The universal right to education*: justification, definition, and guidelines. Mahwah, Reino Unido: Lawrence Erlbaum Associates, Publishers, 2000. 191 p.

STIGLER, George Joseph. The theory of economic regulation. *Bell Journal of Economics and Management Science*, v. 2, 1971. p. 3-21. Disponível em: <http://team.univ-paris1.fr/teamperso/fsteiner/econ_of_reg/stigler_1971.pdf>. Acesso em: jun. 2009.

STIGLITZ, Joseph E. *Making globalization work*. New Cork, Reino Unido: W. W. Norton & Company, 2006. 358 p.

SUPIOT, Alain. *Homo juridicus*: essai sur la fonction anthropologique du Droit. Paris: Éditions du Seuil, Points-Essai, 2005. 334 p.

SVORNY, Shirler. Licensing, Market Entry Regulation. In: BOUCKAERT, Boudewijn; DE GEEST, Gerrit (Org.). *Encyclopedia of Law and Economics*, n. 5.120, 2000. p. 296-318. Disponível em: <http://encyclo.findlaw.com/5120book.pdf>. Acesso em: jul. 2009.

TARDIF, Maurice; GAUTHIER, Clermond (Org.). *Pour ou contre un ordre professionnel des enseignantes et des enseignants au Québec*. Québec: Les Presses de l'Université Laval, 1999. 195 p.

THE HOLMES GROUP. *Tomorrow's teachers*. New York, 1986. Disponível em: <www.canterbury.ac.uk/education/tf-mentors/ProfessionalDev/Documents/TomorrowsTeachers.pdf>. Acesso em: dez. 2012.

THE WORLD BANK. *What matters most in teacher policies*? A framework for building a more effective teaching profession. Human Development Network, SABER: Systems Approach for Better Education Results, 2012. 74 p. Disponível em: <http://siteresources.worldbank.org/EDUCATION/Resources/278200-1290520949227/SABER-Teachers-Framework-Updated_June14.2012.pdf>.

THOMPSON, Meryl. *Professional ethics and the teacher*: Towards a General Teaching Council. Oakhill: Trentham Books, 1997. 81 p.

TOWSLEY, Lona. *A work of justice and progress*: the story of the UNESCO/ILO 1966. Recommendation Concerning the Status of Teachers. Morges, Suíça: World Confederation of Organizations of the Teaching Profession, 1991. 38 p.

UK COMMISSION FOR EMPLOYMENT AND SKILLS. A review of occupational regulation and its impact. *Evidence Report*, London, n. 40, 183 p., 2011. Disponível em: <www.ukces.org.uk/assets/ukces/docs/publications/evidence-report-40-occupational-regulation-impact.pdf>. Acesso em: dez. 2012.

UNESCO. *International Standard Classification of Education* (ISCED 97), 1997. 49 p. Disponível em: <www.uis.unesco.org/TEMPLATE/pdf/isced/ISCED_A.pdf>.

_____. *World Education Report 1998* — Teachers and teaching in a changing world. Paris, 1998. Disponível em: <www.unesco.org/education/information/wer/PDFeng/wholewer98.PDF>. Acesso em: set. 2009.

_____. *Guidelines for Inclusion* — Ensuring access to education for all. Paris, 40 p., 2005. Disponível em: <http://unesdoc.unesco.org/images/0014/001402/140224e.pdf>. Acesso em: out. 2009.

_____. Economic and Social Council. Inclusive dimensions of the right to education: normative bases. *Concept Paper*, Paris, 42 p., 2008. Disponível em: <http://unesdoc.unesco.org/images/0017/001776/177649e.pdf>. Acesso em: jan. 2010.

UNICEF. *Child Friendly Schools — Manual*. New York, 2009. 244 p. Disponível em: <www.unicef.org/publications/index_49574.html>. Acesso em: out. 2009.

VAN DEN BERGH, Roger. Towards efficient self-regulation in markets for professional services. European University Institute, Robert Schuman Centre for Advanced Studies, EU Competition Law and Policy Workshop, *Proceedings*, 18 p., 2004. Disponível em: <www.eui.eu/RSCAS/Research/Competition/2004/200409-compet-VanDenBergh.pdf>. Acesso em: jan. 2010.

VAN NULAND, Shirley. *The development of the Ontario College of Teachers*. Toronto: University of Toronto, 1998. 760 p. Disponível em: <https://tspace.library.utoronto.ca/handle/1807/12402>. Acesso em: jan. 2013.

VEDRINE, Hubert. *Rapport pour le Président de la République sur la France et la Mondialisation*, 2007. 63 p.

VILLEGAS-REIMERS, Eleanora. *Teacher professional development*: an international review of the literature. Paris: UNESCO, International Institute for Educational Planning, 2003. Disponível em: <http://unesdoc.unesco.org/images/0013/001330/133010e.pdf>. Acesso em: nov. 2012.

YOUNG, S. David. Occupational licensing. *The Concise Encyclopedia of Economics*, 2009. Disponível em: <www.econlib.org/library/Enc1/OccupationalLicensing.html>. Acesso em: abr. 2009.

WASSERMAN, Stephen I. Editorial — Maintenance of certification and maintenance of professionalism. *American Academy of Allergy, Asthma & Immunology*, University of California San Diego, 2011. p. 1-2. Disponível em: <www.abai.org/newsletters/2011/summer/abai_presidents_jaci_editorial.pdf>. Acesso em: set. 2011.

WHITTY, Geoff. "Teacher professionalism in a new era", text of the first General Teaching Council for Northern Ireland Annual Lecture delivered at Queen's University, Belfast, 14th March 2006. Disponível em: <www.gtcni.org.uk/publications/uploads/document/Annual%20Lecture%20Paper.pdf>. Acesso em: jan. 2010.

WILLIS, Richard. *The struggle for the General Teaching Council*. New York: Routledge Falmer, 2005. 172 p.

Sítios eletrônicos dos organismos de autorregulação da profissão docente apresentados

British Columbia Teachers' Council
<www.bcteacherregulation.ca>

College of Early Childhood Educators
<www.collegeofece.on.ca>

Fiji Teachers Registration Board
<www.fiji.gov.fj>

General Teaching Council for England
<www.gtce.org.uk>

General Teaching Council for Northern Ireland
<www.gtcni.org.uk>

General Teaching Council for Scotland
<www.gtcs.org.uk>

General Teaching Council for Wales
<www.gtcw.org.uk>

Hawai'I Teacher Standards Board
<www.htsb.org>

Jamaica Teaching Council
<www.moe.gov.jm/HR%20Modernisation/Jamaica_teaching_Council.shtml>

New South Wales Institute of Teachers
<www.nswteachers.nsw.edu.au>

New Zealand Teachers Council
<www.teacherscouncil.govt.nz>

Ontario College of Teachers
<www.oct.on.ca>

Queensland College of Teachers
<www.qct.edu.au>

South African Council For Educators
<www.sace.org.za>

Teachers Council of Thailand
<www.tesol-asia.com/tct-02.html>

Teacher Registration Board of the Northern Territory
<www.trb.nt.gov.au>

Teachers Registration Board of South Australia
<www.trb.sa.edu.au>

Teachers Registration Board of Tasmania
<http://trb.tas.gov.au>

Teachers Registration Council of Nigeria
<www.trcn.gov.ng>

Teaching Council Ireland
<www.teachingcouncil.ie>

Victorian Institute of Teaching
<www.vit.vic.edu.au>

Western Australian College of Teaching
<www.wacot.wa.edu.au>

Outros sítios eletrônicos (internacionais)

Australian Capital Territory
<www.det.act.gov.au/employment/teacher_registration_projet>

Australian Council of Professions
<www.professions.com.au/defineprofession.html>

Conseil Supérieur de l'Éducation, Québec
<www.cse.gouv.qc.ca>

Council on Licensure, Enforcement and Regulation
<www.clearhq.org>

Education International
<www.ei-ie.org>

Eurydice, UE
<www.eurydice.org>

European Court of Human Rights
<www.echr.coe.int/echr>

Illinois Institute of Technology — Center for the Study of Ethics in the Professions at IIT
<http://ethics.iit.edu/codes/coe.html>

IBE, UNESCO
<www.ibe.unesco.org>

International Institute for Educational Planning
<www.iiep.unesco.org>

International Organization for Standardization
<www.iso.org>

National Board for Professional Teaching Standards
<www.nbpts.org>

National Center for Alternative Certification
<www.teach-now.org/index.asp>

National Education Association
<www.nea.org/aboutnea/code.html>

National Council for Accreditation of Teacher Education
<www.ncate.org>

OECD
<www.oecd.org>

Office des Professions du Québec
<www.opq.gouv.qc.ca>

OIT
<www.ilo.org>

Social Accountability International
<www.sa-intl.org>

Supreme Court of Canada
<http://scc.lexum.umontreal.ca/en/index.html>

UNESCO
<www.unesco.org>

United Nations
<www.un.org>

Outros (portugueses)

Assembleia da República
<www.parlamento.pt>

Fundação Francisco Manuel dos Santos
<www.pordata.pt>

Instituto do Emprego e Formação Profissional
<www.iefp.pt>

Instituto Nacional de Estatística
<www.ine.pt>

Procuradoria-Geral da República
<www.pgr.pt>

Tribunal Constitucional
<www.tribunalconstitucional.pt>

GRÁFICA PAYM
Tel. [11] 4392-3344
paym@graficapaym.com.br